진보적 유학을 향하여

진보적 유학을 향하여
현대유학의 정치철학

엮은이 / 스티븐 앵글
옮긴이 / 김선중 · 백민정
펴낸이 / 강동권
펴낸곳 / ㈜이학사

1판 1쇄 발행 2024년 11월 15일

등록 / 1996년 2월 2일 (신고번호 제1996 - 000015호)
주소 / 서울시 종로구 율곡로13가길 19-5(연건동 304) 우 03081
전화 / 02 - 720 - 4572
홈페이지 / ehaksa.kr
이메일 / ehaksa1996@gmail.com
인스타그램 / www.instagram.com/ehaksa_
페이스북 / facebook.com/ehaksa · 엑스 / x.com/ehaksa

한국어판 ⓒ ㈜이학사, 2024, Printed in Seoul, Korea.

ISBN 978-89-6147-460-3 93150

CONTEMPORARY CONFUCIAN POLITICAL PHILOSOPHY by Stephen Angle
Copyright © Stephen Angle 2012

All Rights Reserved.
Korean Translation Copyright ⓒ 2024 Ehaksa Inc.

This Korean edition is published by arrangement with Polity Press Ltd., Cambridge.

이 책의 한국어판 저작권은 Polity Press Ltd.와 독점 계약한 ㈜이학사에 있습니다.
저작권법에 의해 한국 내에서 보호를 받는 저작물이므로 무단 전재와 무단 복제를 금합니다.

* 책값은 뒤표지에 표시되어 있습니다.

진보적 유학을 향하여

현대유학의 정치철학

Toward Progressive Confucianism
Contemporary Confucian
Political Philosophy

스티븐 앵글 지음
김선중·백민정 옮김

일러두기

1. 이 책은 Stephen C. Angle, *Contemporary Confucian Political Philosophy: Toward Progressive Confucianism*(Polity, 2012)을 우리말로 옮긴 것이다.
2. 용어와 관련하여
- 이 책에서 지은이는 Confucian이라는 용어로 유학적 가치를 삶의 지침으로 삼았던 전근대의 유학자들과 이러한 정체성을 가지지는 않지만 유학에 대한 학문적 연구를 진행하는 현대의 연구자들을 모두 지칭한다. 이것은 한국에서 유학자라는 개념이 가지는 용례에 비추어 볼 때 독자들에게 혼란스러울 수도 있으므로 전근대 이전의 경우 '유학자'로, 현대의 경우 '유학 연구자'로 번역한다. 단 현대의 경우라고 할지라도 유학적 가치에 헌신하는 삶을 주장하거나 지향하는 사람들의 경우 유학자라고 번역한다. 예: contemporary Confucians=현대유학 연구자
- contemporary new confucianism은 현대 신유학으로, neo-confucianism은 신유학(송명이학)으로, new confucianism은 현대 신유학 또는 현대유학으로 번역한다. 다만 현대 신유학은 대만을 중심으로 활동하는 학자들의 학문적 성과를 주로 지칭하고, 현대유학이나 당대유학은 중국 본토, 그리고 오늘날 다양한 쟁점의 현대적인 유학 연구를 포괄하는 넓은 범주로 사용한다.
3. 병기와 관련하여
- 인명이나 용어의 한자 병기는 옮긴이가 추가한 것이다.
- 괄호 안의 고딕체 한자는 지은이가 영어 단어 뒤에 괄호를 하고 해당하는 한자(중국어)를 중국어 발음 알파벳으로 표기한 경우 이를 옮긴이가 한자로 표기한 것이다.
4. 부호의 쓰임은 다음과 같다.
    『 』: 도서명
    「 」: 논문명, 편명
    ( ): 지은이의 부연 설명
    [ ]: 인용문에서 지은이의 부연 설명, 본문에서 옮긴이의 부연 설명, 음이 다른 한자 표기
    [*]: 인용문에서 옮긴이의 부연 설명

차례

한국어판 서문	7
서문	13
1장 서론: 진보적 유학 문맥화하기	19
2장 자기규제: 윤리와 정치의 간접적 연결	59
3장 권위를 재고하고 권위주의 거부하기: 사람들에게 목소리 부여하기	83
4장 법치와 덕 정치를 논함: 장스자오, 머우쫑싼 그리고 현대	125
5장 천하 만물의 권리: 인권과 현대유학	154
6장 윤리도 법도 아닌 유학적 예	185
7장 덕, 정치, 사회 비판: 억압 없는 존중을 향하여	223
8장 결론: 유학의 덕-예-정치의 형태	269
참고 문헌	289
옮긴이의 말	311
찾아보기	317

한국어판 서문

2021년 1월, 코로나 팬데믹으로 인해 몇 달이 지체된 이후, 백민정 교수가 마침내 코네티컷 미들타운에 도착했다. 그녀는 웨슬리언대학교에서 매우 성공적으로 한국 철학에 대한 학부 수업을 진행했다. 사실 나의 입장에서는 한국에서 온 철학자와 긴 대화를 나눌 수 있었던 것이 더 소중한 경험이었다. 나는 한국이 세계에서 가장 유교적인 사회였다는 말을 사람들로부터 오랫동안 들어왔다. 하지만 불행히도 나는 아직까지 한국에서 많은 시간을 보낸 적이 없다. 그래서 백민정 교수와의 대화는 현대 한국에서 유학의 역할이 가지는 장단점에 대해 많은 것을 배울 수 있는 좋은 기회였다. 여러 측면에서 나는 『진보적 유학을 향하여: 현대유학의 정치철학』의 한국어판 출간이 새로운 독자들을 포함하여 대화의 참여자를 넓힘으로써 위와 같은 소통을 한 단계 더 확장할 수 있을 것이라고 생각한다.

2012년 처음 출간할 당시 나의 책은 두 가지 목표를 가졌다. 하나는 다양한 형식의 현대유학에 대한 비판적 논의를 살펴보는 것이고 또 다른 하나는 내가 "진보적 유학"이라고 부르는 유학에 대한 특정한 접근 방식을 설명하고 변호하는 것이었다. 이 책의 분석과 주장이 원숙하게 무르익었고 오늘날에도 여전히 유효하다는 것을 독자들이 알게 되기를 희망한다.

2024년인 지금 이 책을 다시 돌아보면서 나는 이 책의 두 가지 취약점을 인정하고자 한다. 첫째, 이 책에는 현재 한국에서 생동하고 있을 유학에 대한 논의가 빠져 있다. 이 점은 내가 한국어를 읽거나 말할 수 없기 때문에 생긴 아쉬운 문제점이다. 이 책을 읽는 독자들이 한국에 대한 나의 제한된 지식과 논의를 헤아려주고, 내가 더 많이 배울 수 있도록 도움을 주기를 기대한다.

둘째, 현대유학의 중요한 갈래 중 하나인 중국 현대 신유학에 대한 나의 논의가 협소하다는 한계가 있다. 유학의 미래에 관심을 가진 사람이라면 누구나 중국 현대유학 연구자들의 다양하고 발전하는 목소리를 진지하게 받아들일 필요가 있다. 이 책에서는 충분히 다루지 못했지만, 이후에 나는 이러한 작업을 계속 진행해왔다. 2017년 베이징에서 나는 다양한 중국 현대유학 사상가와 일련의 확장된 논의를 진행했는데 그 결과물이 『진보적 유학과 그 비평가들』이라는 제목으로 출간되었다.¹ 그 당시 대화에서 우리는 캉유웨이康有爲Kang Youwei(1858-1927)와 머우쭝싼牟宗三Mou Zongsan(1909-1995)의 중요성, 제헌주의와 다양한 형태의 종교가 현대유학과 갖는 관련성, 오늘날 고대 경전들의 위상에 대하여 논의하였다. 또한 2018년에 나는 「중국 현대 신유학의 청년기」²라는 제목으로 학술지 특별편에 중국 현대유학 연구자들의 중요한 논문 몇 개를 번역하여 게재함으로써 이러한 작업을 이어나갔다. 이 학술지 특별편의 서문에서 나는 중국 현대 신유학은

1　Angle and Jin(2024).
2　Angle(2018).

장칭蔣慶Jiang Qing이 주도하던 초기의 단계를 넘어 더욱 다양한 견해가 넘치는 "청년기"로 접어들었다고 말했다. 점점 다양한 견해가 등장하고 있지만 천밍陳明이 말했듯이 "중국 현대 신유학이 여전히 상당히 젊기 때문에 연구자들의 작업도 상당히 제한적이라는 것을 인정해야 한다."³ 2017년 당시 우리의 논의에 참여했던 어떤 사상가도 자신이 모든 것을 밝혀냈다고 주장하지는 않을 것이다. 장칭은 창의적이고 도발적이며, 자신의 주장을 뒷받침하는 몇 가지 좋은 논증(나쁜 논증도 있었지만)을 제시한 점에서 흥미로운 학자다. 이 점에서 오늘날 중국 현대유학 연구자들은 그의 계승자인데, 그들 대부분은 종종 장칭이 극단으로 치달은 선동적이고 비현실적인 측면에는 큰 관심을 가지지 않는다. 오늘날 중국어권 세계에서 등장하는 유학에 대한 가장 흥미롭고 혁신적인 성찰들 대부분은 중국 본토의 현대유학 연구자들에게서 나왔다.

이 책의 여러 한계에도 불구하고 나는 유학의 최선의 미래 그리고 실제로 인류의 최선의 미래의 한 양상이 여전히 진보적 유학에 있다고 확신한다. 진보적 유학은 유학 전통이 가지는 핵심적 통찰을 끌어내고 보존하는 동시에 나아가 새로운 깨달음과 새로운 도전에 건설적으로 대응하기 위해서 유학 전통을 발전시킨다. 이 책은 보존과 발전이라는 두 목표 사이에서 균형을 추구한다. 유학자들은 — 우리가 "도the Way"를 따를 때 — 가장 좋은 인간적 삶은 서로를 배려하는 가족과 공동체에서 함께 사는 것이라고 생각한다. 좋은 사회는 사랑하는 사람에 대한 애정을 유지하면서도 끊임없이 타자에 대한 관심의 범위를 확장하며, 개인이 배우고 성장할 수 있도록 지지하고 격려하

---

3 Chen(2018).

는 사회다. 유학자들은 자아를 포기하는 희생을 추구하지 않고, 신유학자들의 인상 깊은 경구인 "만물일체萬物一體"처럼 오히려 자아를 확장할 것을 요청한다. 포용성과 구별의 균형을 잡는 핵심은 이 책의 6장에서 (개인의 윤리와 국가 차원의 법제도가 의례와 다르며 또한 필요하다는 것을 보여주면서도) 분석하고 지지하는 예ritual propriety라는 유학의 오래된 개념과 관련이 있다. 이런 점들은 유학이 오늘날 우리가 직면한 양극화, 민족주의, 기후변화 등과 같은 도전에 대처하기 위한 훌륭한 틀이라는 것을 의미한다.

 이 책에서 내가 논의하듯이 유학은 내적 도전에도 직면해 있다. 우리는 간혹 이런 도전을 유학 이론가가 아닌 사람들의 도움을 받아서 좀더 명백하게 이해할 수 있다. 하지만 내가 이 책에서 주장하는 유학의 "진보"는 유학 전통에 내재적인 것을 의미한다. 광범위한 위계질서를 완고하게 주장하는 것은 나쁜 유학이다. 그 대신 우리는 어디서, 언제 그리고 왜 존중deference이 가치 있는 것인지를 이해해야 한다. 그리고 존중이나 위계가 진정한 가치를 가지지 못하는 때와 장소에서 우리는 그것을 거부해야 한다. 7장에서 특히 나는 젠더 문제에 초점을 맞춰 이 주장을 살펴본다. 내가 가장 우려하는 것 중 하나는 중국어권 세계의 일부 유학자가 현대 세계에서 더 이상 받아들여질 수 없는 젠더 위계에 대한 오래된 관점을 지지하는 경향을 보인다는 것이다. 첸신이陳倩儀가 보여준 것처럼 초기 유학에서 찾아볼 수 있는 가부장적인 성별관은 유학 용어 자체로는 정당화되지 않는다.[4] 오늘날 여성이 남성에게 종속되어야 한다고 암시하는 유학자가 있다면 그는 유학 전통의 올바른 가치관에 기반해서 그렇게 말하는 것이 아니라, 자신의

---

4 Chan(2000b).

가부장적인 편견에서 그렇게 말하는 것이다.

이 책에서 말한 것에 덧붙여 나는 한국 유학 전통에는 임윤지당任允摯堂(1721-1793)과 강정일당姜靜一堂(1772-1832) 같은 가장 통찰력 있는 전근대 여성 유학 사상가가 있다는 점을 말하고 싶다. 매우 가부장적이었던 조선 사회가 이 여성들의 삶에 배움과 자기 수양에 대한 노력을 가로막는 많은 장벽을 세웠음에도 불구하고 그들은 남성뿐만 아니라 모든 사람에게 성인을 향한 길이 열려 있어야 한다는 핵심 이념을 포함하는 독창적이고 통찰력 있는 사유를 간직하고 있음을 보여준다. 내가 이 책의 7장에서 주장하듯이 이는 오늘날 유학 연구자들이 사회 비평가가 되어 모든 사람이 최대한 번영할 수 있도록 정치와 사회 구조의 변화를 요구해야 한다는 것을 의미한다. 남성, 엘리트 혹은 현지인만을 우대하는 사회에 유학 연구자들이 만족해서는 안 된다. 나의 제한된 이해에서 보면 현대 한국 사회도 해야 할 일이 있다(물론 내가 속한 곳을 포함하여 모든 사회가 각자의 고민을 가지고 있을 것이다). 진보적 유학 연구자들이 이에 앞장서야 한다.

마지막으로 훌륭한 번역을 함께 해준 백민정 교수 그리고 김선중 씨에게 깊은 감사를 표한다. 또한 이 프로젝트를 지원해준 미국의 폴리티 프레스Polity Press와 한국 출판사 이학사의 모든 분의 열정과 노력에 감사드린다. 이 번역을 통해서 앞으로 한국의 학자들, 연구자들, 활동가들과 대화를 이어갈 수 있기를 진심으로 기대한다.

미국 코네티컷의 미들타운에서
스티븐 앵글

서문

거의 25년 전에 나는 유대계 미국인 여성과 사랑에 빠졌다. 그녀는 타이페이에 있는 중국어학 대학교 간 프로그램에 참여한, 중국어를 공부하는 동료 학생이었다. 물론 이 책이 그 사건의 가장 중요한 결과는 아니지만, 신기하게도 내가 유학철학자Confucian philosopher로서 글을 쓰게 된 것은 적어도 부분적으로는 타이베이에서 시작된 관계에서 비롯되었다. 어린 시절 나는 짧고 잊을 수 없는 성공회식 종교 교육을 받았다. [그러나] 나는 무신론자가 되었고 지금도 그렇다. 하지만 유대교는 나의 아내 데비Debbie와 그녀의 가족에게 중요성을 가지고 있었고, 이것은 유대교식 의례rituals가 나의 삶에도 들어오기 시작했음을 의미했다. 대축일 예식과 유월절 그리고 회당에 참여하여 딸들의 종교 교육을 참관하고 때때로 참여했으며, 딸들 모두 유대교 성인식 바츠 미츠바Bat Mitzvah의 화려한 의식ceremonies을 치렀다. 이러한 일들을 거치며 나는 유학 문헌들을 읽고 가르치면서 우리의 삶에서 의례의 중요성에 대해 다시 생각하게 되었다 ― 그리고 나는 내가 지금 참여하는 유대인 의례가 사실 오늘날의 우리의 삶에 영향을 미치는 여러 종류의 의례 중 하나에 불과하다는 것을 알게 되었다. 그리고 의례가 유학과 나의 삶 사이에서 공명을 발견한 유일한 측면은 아니었다. 성인이 되어서야 우리는 비로소 자신을 형성하는 데 있어 부모와 가족의 중요성을 진정으로 인식하게 되고, 이러한 중요한 관계를 유지하는 데 기여하는 우리의 역할에 대해서도 인식할 수 있다. 지역공동체에 참여하는 것 역시 유학 저술들에서 얻은 매력적이고 거대한 통찰로 다가왔다. 나는 점점 더 궁금해졌다. 나는 유학자인가? 여기 코네티컷의 미들타운에서 그것이 도대체 나에게 무엇을 의미하는가?

나는 이러한 의문들과 계속 씨름해왔다. 분명 유학이 오늘날 무엇을 의미하든 — 그리고 앞으로 살펴볼 테지만 이는 다양한 차원과 해석이 가능하다 — 그것은 의례, 가족, 공동체에 대한 모호한 입장 그 이상일 것이다. 그것은 더 폭넓으며, 더 구체적이다. 더 넓게 보면 거의 모든 유학은 도덕적 성장에 관한 지속적인 헌신과 문헌적 전통에 의 진지한 참여를 강조하며, 많은 유형의 유학은 우리가 살고 있는 환경에 대한 적절한 관심과 더불어 서로에 대한 관심의 균형을 맞추려는 노력을 더한다. [한편] 유학은 더욱 구체적이다. 왜냐하면 가족을 소중하게 여기는 유학적 방법은 다른 방법들과 어느 정도 다를 것이고, 유학적 전통 안에서도 세부 사항에 관한 의견 차이가 있기 때문이다. 그래서 현대 세계에서 유학자Confucian가 된다는 것이 정확히 무슨 의미인지 이해하는 것은 매우 복잡하다. 특히 나는 1장에서 유학이 지난 100년간 전례 없는 도전을 받고 있으며 동시에 역사상 어느 때보다 더 세계적이 되었다는 것에 대해 논할 것이다. 유학은 [현대사회와] 관련성을 갖지 못할 가능성의 위기에 처해 있지만, 새로운 방식과 새로운 장소에서 연구되고 있다. 중국 안팎에서 유학에 대한 다양한 해석이 철학, 정치 이론, 종교로서 주목을 받기 시작했다. 또한 유학을 추구해온 많은 학자와 실천가는 이제 나의 친구이자 대화 상대가 되었다. 내가 유학자인지 다소 확신할 수 없더라도 나는 현대 유학철학contemporary Confucian philosophy에 대한 흥미진진한 대화에 참여하고 있다고 확신하며, 이 책에서 유학 이론가들이 주장해온 것이 무엇인지 설명하고 유학 이론가들이 무엇을 말해야 하는지 규정하려고 시도한다.

2009년 나는 『성인의 경지: 신유학 사상의 현대적 의미』라는 책을 출간했다. 이 책은 두 가지 목표를 가지고 있다. 신유학의 주요 철학 기획·연구 과제 — 즉 성인의 경지를 추구하는 것을 중심으로 한 윤리적, 형이상학적, 심리적, 교육적 이론 — 에 대한 해석을 제시하는 것과 현대 서양철학의 관련 사상과 함께 비판적 대화에 이 이론들을 접목하는 것이다. 양쪽의 철학이 서로에게 자극받고 배울 수 있다는 것이 나의 가설이다. 주희朱熹(1130-1200)와 왕양명王陽明(1472-1529)이라는 두 명의 위대한 신유학자가 『성인의 경지』의 주요한 두 원천이었다. 나는 내가 언급한 두 영역에서 그들의 이론이 매력적이며 주목할 가치가 있다고 생각한다. 하지만 『성인의 경지』의 마지막 두 장에서 나는 신유학의 정치철학Neo-Confucian political philosophy이라는 주제에 관심을 돌렸으며, 주희와 왕양명의 접근 방식에 상당한 약점이 있다는 것을 알게 되었다. 아직도 배울 점이 많지만 성인sages과 정치politics가 어떻게 조화를 이루어야 하는지에 대해 고민하면서 나는 20세기 유학철학자인 머우쫑싼의 급진적인 사상에 끌리게 되었다. 『성인의 경지』의 마지막 장들에서 간략히 탐구하듯이 머우쫑싼은 많은 영역에서 유학적 전통이 제공하는 모든 통찰에도 불구하고 유학자들이 법과 정치적 권위에 대해 전통에서 일반적으로 받아들여지던 것과는 다른 이해를 받아들일 때만 그들의 가장 깊은 목표를 실현할 수 있다고 주장한다. (머우쫑싼은 그의 전근대의 선배 몇몇이 이러한 방향으로 나아갔으나 결코 분명한 방식은 아니었다고 언급한다.)

요컨대 『성인의 경지』는 유학 윤리의 — 적어도 나에게 매력적이고 흥미로워 보이는 — 한 형태에 대한 폭넓은 관점을 제공하지만, 만족스러운 유학적 철학이 어떠한 모습일 것인가에 대한 감질나는 힌트만을 보였을 뿐이다. 그래서 나는 이러한 정치철학이 무엇을 수반할 것인지에 대해 그리고 오늘날의 다른 유학철학자들이 이 주제에 대해 무엇이라고 말해야만 하는지에 대해 더욱 철저하게 탐구하고 싶었다. 이런 기회는 내가 예상했던 것보다 빨리 왔다. 나는 2009년 봄 미시간대학교에서 열린 탕쥔이唐君毅Tang Junyi(1909-1978) 강연 시리즈에서 첫 강연자로 초청받았다. 당시 강연들은 "현대유학의 덕 정치"라는 이름으로 묶였는데, 이는 이 책의 1장, 3장, 4장과 7장의 직접적인 원형이다. 그러므로 나는 나를 초청해준 아시아언어문학과의 도널드 로페즈Donald Lopez와 그의 동료들에게, 강의에 감사하고 도전적인 청중들에게, 다시 인연을 맺을 수 있었던 오래된 친구들과 스승들(특히 돈Don과 앤 먼로Anne Munro)에게 빚지고 있다. 그리고 탕쥔이에 관한 강연 직후 1년간 수업과 행정적 업무로부터 안식년을 가질 수 있었던 것은 행운이었다. 이 덕분에 강연을 통해 이미 쌓아놓은 기반 위에서 책을 완성할 수 있는 완벽한 환경을 가질 수 있었다.

나의 친구들과 동료들은 내가 이 책을 쓰는 동안 많은 도움을 주었다. 다니엘 벨Daniel Bell은 이 책의 전체 원고를 읽고 코멘트, 수정, 제안을 남겨주는 등 큰 조력자가 되어주었다. 2010 APSA 학회, 콜롬비아 비교철학 세미나, 코네티컷대학교, 하버포드대학교, 중국사회과학원 철학연구소, 2010 니산尼山Nishan 포럼, 쑤저우대학교에서 진행 중인 원고의 일부에 응답해준 청중들에게 감사한다. 데보라 모우어Debora Mower와 웨이드 로빈슨Wade Robinson이 편집한 『정치와 교육에서의 예의Civility in Politics and Education』(2012)의 나의 소논문을 사용하는 것을 허락해준 루틀리지Routeldge 출판사에게도 감사한다. 그 논문은 이 책의 6장과 상당히 중첩된다. 또한 나는 『중국철학과 문화[中國哲學與文化]』 8호(2010)에 실린 내 논문을 자료로 사용하도록 허락해준 잡지 편집자에게도 감사한다. 그것은 이 책의 3장의 전신이다. 다음의 훌륭한 분들이 내 원고 작업에 한 장 이상 기여해주었다. 세바스티앙 빌리우드Sebastien Billioud, 프레드 달마이어Fred Dallmayr, 루브나 엘아민Loubna El-Amine, 데이비드 엘스타인David Elstein, 판루이핑範瑞平Fan Ruiping, 구홍량Gu Hongliang, 황위쉰Huang Yushun, 리 젠코Leigh Jenco, 김성문Sungmoon Kim, 데이비드 리틀David Little, 카이 마샬Kai Marchal, 에밀리 맥레이Emily McRae, 데보라 모우어Deborah Mower, 펑궈샹Peng Guoxiang, 마티 파워스Marty Powers, 하곱 사키시안Hagop Sarkissian, 사라 슈니빈트Sarah Schneewind, 마이클 슬롯Michael Slote, 애나 선Anna Sun, 소훈 탄Sor-hoon Tan, 저스틴 티왈드Justin Tiwald, 숀 월시Sean Walsh, 왕주애Wang Jue, 캐슬린 라이트Kathleen Wright, 샤오 양Xiao Yang, 자오팅양趙汀陽Zhao Tingyang 등 모두에게 진심으로 감사한다. 이 책의 첫 제안서에 대해 여러 익명의 심사자가 유익한 피드백을 주었으며 그중 두 명은 이 책의 전체 원고를 읽고 코멘트를 주었다. 이 책은 그들의 적극적인 참여에 큰 도움을 받았으며 이에 매우 감사한다. 마지막으로 폴리티 프레스의 엠마 허친슨Emma Hutchinson과 직원분들의 큰 지지와 관심, 그리고 엠마의 지휘와 유머가 내게 큰 의미가 있었음을 언급하고 싶다. 이 모든 도움으로 남아 있는 결점이 거의 없기를 바라지만, 이는 피할 수 없을 것이다. 모든 부족한 점은 오롯이 나의 책임이다.

1장
서론: 진보적 유학 문맥화하기

이 책의 제목은 다소 도발적인 의미를 담고 있다. 공자(기원전 551-479)가 죽은 지 2500여 년 이상의 시간이 흘렀으며, 중국에서 공산주의 혁명이 일어난 지 60여 년이 지났다. 그럼에도 오늘날 유학에 생생하고 "현대적인" 것이 남아 있는가? "정치적"이라는 표현과 "철학"이라는 표현도 누군가에겐 의문스러워 보일 수 있다. 유학은 인仁과 효孝를 옹호하는 윤리적 가르침으로 잘 알려져 있으며, 아포리즘, 일화, 대화로 가득 찬 유학의 고전들은 철학적 논증보다는 종교적 글이나 정신적 수행을 위한 소책자처럼 보일 수 있다. 이것으로는 충분하지 않다는 듯 이 책의 부제는 이 책이 "진보적" 유학이라 불리는 것을 설명할 것이라고 주장한다.* 하지만 유학이 보수적이고 잃어버린 과거의 황금기를 회상하며 고대의 의례rituals와 가치values를 되살리고자 한다는 것을 누구나 알고 있다. 그런데 어떻게 유학이 진보적일 수 있다는 말인가?

* 이 책의 원제는 *Contemporary Confucian Political Philosophy: Toward Progressive Confucianism*이다. 한국어판은 원제의 부제를 제목으로, 원제의 제목을 부제로 삼았다.

먼저 유학이라는 개념 자체를 살펴보자. 사실 "유학들"이라고 말해야 할 것이다. 왜냐하면 공자의 유산은 수 세기에 걸쳐 다양하게, 심지어 상호 경쟁적인 방식으로 발전하였기 때문이다. 곧 살펴볼 테지만 오늘날에도 [유학의] 다양한 접근 방식이 확산하고 있다. 이 책에서 내가 쓰는 유학이라는 용어는 이러한 경쟁적인 입장들을 모두 포함하는 광범위하고 역동적인 실천과 사색의 전통을 지칭한다. 이것은 전통이 정확히 무엇인지에 대한 기준도 어느 때든 논쟁적일 수 있다는 것을 의미한다. 공자가 특정한 의미에서 신격divine을 가지는지 아닌지와 같은 일견 중요해 보이는 문제에 대해서도 유학자들은 일정한 합의를 내리지 못하고 있다. 유학자들이 동의하는 지점은 [기껏해야] 유학의 고전 문헌들과 용어들이 그들이 지지하는 가치와 실천의 핵심적인 원천이라는 것이다. 이 책을 통해 나는 공자와 다른 유학의 스승들의 정신을 어떻게 가장 잘 포착하고 발전시킬 것인가에 관해 현재 이루어지고 있는 몇몇 논쟁에 뛰어들 것이다. 이러한 논쟁들은 어느 정도 역사적 증거와 문헌에 대한 해석에 기반하고 있지만, 더 근본적으로 보자면 서술적이라기보다 규범적인 성격을 가진다. 즉 그들은 유학이라는 전통의 핵심에 있는 최고의, 가장 가치 있는, 가장 강력한 통찰이 무엇인가를 두고 논쟁하고 있는 것이다. 뒤에서 다시 설명할 테지만 나는 유학의 핵심이 상호 간 그리고 주변 환경과의 관계를 활용하여 — 궁극적으로 성인의 경지를 목표로 — 덕을 위한 역량을 발전시키는 모든 개인의 이상을 중심으로 이루어져야 한다고 믿는 사람들의 의견에 동의한다.

나는 우선 유학이 20세기의 대부분을 살아남기 위해 보냈다는 것을 인정한다. 그리고 21세기의 중국과 세계가 19세기의 그들과 극적으로 다른 것처럼 현대유학이 다시 중요해지려면 스스로를 성공적으로 다시 만들어야 한다. 이 서론의 목적은 이미 진행 중인 현대유학의 재편의 맥락을 개괄적으로 살펴보는 것이다. 오늘날 유학은 분명 철학일 뿐만 아니라 철학이 현대유학에서 중요한 요소라는 점을 알게 될 것이다. 즉 무엇보다도 철학이 유학의 가장 국제적인 측면인 것이다. 이 장에서 소개할 철학자들은 중국, 대만, 홍콩, 싱가포르 출신이다. 그리고 미국과 캐나다 출신도 있다. 어떤 철학자는 중국계이며, 어떤 철학자는 그렇지 않다. 어떤 철학자는 주로 중국어로 글을 쓰며, 어떤 철학자는 영어를 사용한다.¹ 이러한 대부분의 유학철학자들은 정치철학이 유학의 중요한 부분임을 확신하며, 또한 정치철학이 현대유학이 중요한 도전에 직면하고 있는 분야라는 점도 인정한다.

마지막으로 "진보적progressive"이라는 것은 무엇인가? 이 단어는 두 가지 다른 방식으로 기능한다. 한편으로 이 개념은 개인과 집단의 도덕적 진보에 대한 유학의 핵심적 기여가 무엇인지 설명하는 데 도움이 되며, 내가 언급하는 많은 다른 유학철학자도 이러한 종류의 진보가 유학에 있어 대단히 중요하다는 것을 인정할 것이다. 다른 한편으로 이 개념은 내가 이 책을 통해서 지지하고자 하는 유학의 정치철학에 대한 특정한 접근 방식을 나타낸다. 나는 "진보적 유학"이 다른 현대적인 "진보적" 사회 및 정치 운동과 특정한 유사성을 가지며, 몇몇 현대유학 연구자contemporary Confucians가 이러한 진보적 가치와 제도를 받아들이지 않는 실수를 범하고 있다고 주장할 것이다. 진보적 유학도 분명히 일종의 "유학"이라고 독자를 설득하는 것이 나의 핵심 주

---

1   내가 이렇게 언급하는 이유는 포괄적인 서술에 있다기보다 대표적 예를 드는 데 있다. 오늘날 유학철학을 추구하는 국가와 언어의 목록을 확장하는 것은 어렵지 않을 것이다.

장 가운데 하나이다. 앞으로 살펴볼 테지만 나는 20세기의 유학 사상가들, 특히 머우쭝싼이 시작한 기반 위에서 이 논증을 세우고자 한다. 나의 궁극적인 목표는 진보적 유학이 현대를 살아가고 있는 우리에게 깨닫게 해주는 것이 많고, 또한 많은 과제를 우리에게 제시하고 있다는 것을 보여주는 것이다.

고난의 세기

20세기는 유학에게 어려운 시기였다. 1905년 무너져가는 청나라를 개혁하기 위한 최후의 노력으로 수 세기 동안 중국의 고등교육의 기반이었던 광범위한 과거제도가 폐지되었다. 과거 시험은 대체로 유학의 경전들을 숙달하는 것을 기초로 하였으므로 과거 시험의 폐지는 유학 학습의 중요성에 대한 심대한 도전을 뜻했다. 이어서 1911년 중국의 마지막 왕조 자체가 무너졌다. 1915년 중국의 지식인들은 중국의 가치와 관행, 심지어 중국어에 대한 근본적인 변화를 시도하는 "신문화운동"을 시작하였다. 여러 방면에서 이 운동은 뒷날 같은 이름의 마오주의 운동보다 더 널리 퍼진 "문화혁명"이었다. "근대문명"의 가치가 부상하였고 유학과 같은 오래된 전통은 대대적으로 비판받았다. 유학은 사라지지 않았지만 20세기 초반 이후 중국 사회에서 의의가 있는 새로운 길을 찾아야 했다.

이러한 암울한 시작 후에도 20세기 동안 여러 난관이 유학의 재탄생을 가로막았다. 몇몇 정치인은 유학을 권력에 대한 충성이라는 얄팍한 이데올로기로 조작하려 하였다. 중국의 지식인들은 "새로운 중국"은 어떤 모습이어야 하는지 고민하면서 자유주의나 맑스주의에 더욱 끌렸다. 과학과 관련된 수사학과 가치는 큰 인기가 있었고 전통적인 유학과 양립할 수 없는 것으로 널리 여겨졌다. 마오쩌둥毛澤東이 공산주의 이데올로기를 점차 급진적인 방향으로 밀어붙이면서 유학의 설 자리는 더욱 쪼그라들었고, 1973-1974년 사이의 "비림비공批林批孔" 운동 동안 바닥을 치게 되었다. 마오쩌둥의 목표는 유학을 중국 인민들의 정신에서 완전히 몰아내는 것이었다.[2]

물론 이 암울한 상황에서도 몇몇 주요한 예외가 있었다. 1921년 량수밍梁漱溟Liang Shuming(1893-1988)이라는 젊은 학자는 개혁된 유학의 지속적 가치를 주장하며 서양 물질주의에 대한 문제를 짚어내는 『동서 문화와 철학Eastern and Western Cultures and Their Philosophies』을 출간하여 상당한 논의를 이끌어냈다. 1920년대 초에는 장쥔마이張君勱 Zhang Junmai(1886-1969)가 과학을 모든 문제에 대한 해결책으로 무분별하게 받아들이는 동시대인들을 비판하면서 촉발된 격렬한 지적 논쟁이 있었다. 장쥔마이는 인본주의적 가치의 중요성을 주장하면서 유학적 사상을 활용하였다.[3] 슝스리熊十力Xiong Shili(1885-1968)는 이 시기의 또 다른 주요 인물이다. 량수밍과 마찬가지로 슝스리는 불교의 형이상학적 이론에 흥미를 느꼈으나 점차 불교에 대한 영향력 있는 비판을 전개하였으며, 이를 바탕으로 유학의 형이상학에 대한 자신의 이해를 명확히 밝혔다. 슝스리는 20대 때 청나라를 무너뜨리고자 하

2   그러나 중국 공산주의가 분명히 중국 유학의 유산으로부터 여러 방식으로 영향을 받았다는 것에 유의해야 한다. 예를 들어 많은 학자는 류샤오치劉少奇의 1939년 강의 「공산당원의 수양에 대하여」(Liu, 1964)와 유학의 암시적, 명시적 공명에 대해 언급하고 있다. 자세한 논의는 Munro(1977)를 보라. 마오쩌둥 사상에 대한 유학(과 다른 사상)의 영향을 조사한 연구는 Wakeman(1973)을 보라.
3   량수밍과 장쥔마이는 모두 제1차 세계대전 이후의 유럽의 반물질주의 사상의 경향에 영향을 받았다. Alitto(1979)와 Jeans(1997)를 보라.

1장 서론: 진보적 유학 문맥화하기   23

는 공화주의 운동에 가담하기도 하였으나, 그는 경력의 대부분을 대학교수로 보냈다. 반면에 량수밍과 장쥔마이는 — 아주 어려운 환경에서도 — 일생 동안 철학적 글쓰기와 정치 및 사회 활동 사이의 균형을 유지했다.

이 책에서 가장 중요하게 다뤄지는 유학 사상가인 머우쭝싼은 때때로 20세기 유학 연구자 "2세대"로 언급되곤 한다. 다른 2세대 멤버로 탕쥔이와 쉬푸관徐復觀Xu Fuguan(1902-1982)이 있다. 이들은 머우쭝싼과 마찬가지로 슝스리와 함께 연구하였으며 중국 본토에서 경력을 시작하였고 1949년 이후 중국을 떠나 대만과 홍콩에 거주하며 강의했다. 세 사람 모두 활발한 학자였으며 머우쭝싼과 탕쥔이는 특히 다작을 하였다. 그들의 역사적 재해석, 칸트나 헤겔 등의 서양철학자들에 대한 열린 태도와 참여, 민주주의와 법치주의에 대한 헌신의 결합은 "현대 신유학comtemporary New Confucianism"이라고 불리며 중화권 학계에 지대한 영향을 주고 있다.[4][5] 하지만 학문 공동체 밖에서는 1950년대부터 1980년대에 이르기까지 현대 신유학의 존재감이 아주 미미하였다. 특히 우리는 머우쭝싼과 그의 동료들이 고립감과 좌절감을 느꼈다는 것을 이 시기에 좀더 대중적으로 쓰인 저술에서 감지할 수 있다. 결국 그들의 다소 외로운 목소리가 있었음에도 불구하고

---

[4] 현대 신유학은 중국어로 "당대신유학當代新儒學"이다. 이는 영어로 때때로 "Contemporary Neo-Confucianism"으로 번역되며, 부분적으로 머우쭝싼과 탕쥔이가 11세기에서 18세기까지의 독특한 유학적 운동인 "신유학"에 빚지고 있음을 나타내기도 한다. (중국어로 이 후자의 운동은 보통 "송명이학松明理學"이라 불린다.)

[5] 이 책의 나머지 부분에서 나는 머우쭝싼, 탕쥔이, 슝스리와 그 제자들을 단순히 "현대 신유학"이라 부를 것이다. "현대 신유학"의 출현에 대한 흥미로운 설명은 Makeham(2003)을 보라.

20세기는 여전히 유학에게 어려운 시기였던 것이다.[6]

  1980년대와 1990년대에 시작되어 2000년대 초반에 차츰 힘을 내면서 중국에서 유학에 대한 새로운 관심의 징후가 나타나기 시작하였다. 태도의 변화를 가장 먼저 드러낸 것은 학계였는데, (현대유학 연구자들은 대부분 신랄한 반공주의자였으나) 공자와 유학Confucianism 그리고 현대 신유학New Confucianism에 대한 연구와 저술이 등장하고 늘어났다. 우리는 뒤에서 이러한 논의와 관련된 몇몇 주요한 인물을 살펴볼 것이다. 두 번째로 중요한 무대는 정치 영역이었다. 유학적 상징들이 정부 활동 영역에서도 상당히 중요한 역할을 하기 시작한 것이다. 1989년부터 2002년까지 중국의 지도자였던 장쩌민江澤民은 — 스스로 이 점을 강조하지는 않았으나 — 명백히 유학적 주제라고 할 수 있는 "덕에 의한 통치rule by virtue"의 중요성을 강조하는 것을 좋아했다. 장쩌민의 후계자인 후진타오胡錦濤는 곧 "조화로운 사회"를 조성하기 위한 자신의 계획을 발표했는데, 조화는 유학과의 연관성이 명시적으로 드러나지 않았지만 유학의 또 다른 주요한 가치이다. 2004년부터 "공자학원"이라는 이름 아래 해외에서 중국어와 중국 문화에 대한 연구를 장려하는 대규모 프로그램이 시작되었다. 현재 전 세계에 300개가 넘는 이러한 기관들이 있다. 이 기관들은 유학과 명시적으로 관련되는 활동을 하는 경우는 거의 없지만 중국 문화의 중요한 상징으로서 공자의 역할을 확실히 강조한다. 2008년 베이징 올림픽의 개막식에서도 유학이 중심적인 역할을 하였으며, 이는 많은 관중을 놀라게 했다.

---

6   이 구절은 의도적으로 선택한 것이다. 20세기 중반의 유학에 대한 더 완전한 설명은 펑유란, 치안무錢穆Qian Mu, 허린賀麟He Lin 등을 포함해야 할 것이다. 청과 분닌Cheng & Bunnin(2002)의 글은 이러한 인물들에 대한 좋은 자료이다. 또한 Bresciani(2001)를 보라.

고풍스러운 복장을 한 2008명의 고수들이 공자의 『논어』 첫 구절을 외치면서 개막식이 시작되었으며 "조화"는 행사 내내 반복되는 중심 주제였다. 물론 유학적 상징과 유학적 가치에는 차이가 있고, 그 간극은 종종 매우 넓다. 그럼에도 유학적 수사를 공식적으로 사용하는 것은 사회 전반에 걸쳐 유학적 주제에 대해 논의하는 것을 정당화하는 데 도움이 될 수 있다.7

현대 중국 내에서의 유학의 부활과 관련된 또 다른 중요한 현상이 대중문화와 시민사회의 영역에서 발생하고 있다. 일부는 민간, 일부는 지방정부의 지원을 받는 다양한 교육 실험이 이루어지고 있다. 가장 일반적인 모델은 방과 후나 주말에 유학 경전을 암기하고 노래하는 수업이다(종종 학교에 따라서 셰익스피어도 함께 다룬다). 전통문화를 바탕으로 커리큘럼을 개발하는 사립학교들을 포함하는 더 정교한 선택사항들도 존재한다. 유학의 가르침들을 설명하는 책과 텔레비전 시리즈들 또한 인기가 있다. 베이징에서 활동하는 유단于丹 교수가 대표적이다. 유단의 2006년 저서 『유단의 논어에서 찾은 지혜』는 1,000만 부 이상 팔렸다. 이 책은 유단 교수가 현대의 사례와 세계 민속을 폭넓게 인용하여 『논어』의 교훈을 현대 중국과 연관 지어 설명하는 매력적인 책이다. 중국의 학자들은 이 책을 빈번히 무시하지만, 이는 다소 불공평한 처사이다. 왜냐하면 이 책은 『논어』에 대한 학문적 해석을 제시하고자 하는 의도가 없기 때문이다. 최근 베이징에서 살면서

---

7   이것은 정반대의 효과를 줄 수도 있다. 현대 중국어의 속어로 "조화롭게" 된다는 것은 정부 요원에 의해 제거된다는 것을 의미할 수 있다. "조화"를 이런 식으로 생각한다는 것은 이것이 유학에서의 진정한 입장과 얼마나 떨어져 있는지와 상관없이 분명 중국의 진보적 선택으로서의 유학에 대한 관심을 약화시킨다.

강의하고 있는 캐나다 출신의 정치 이론가인 다니엘 벨의 관찰이 더 적절할 것 같다. 즉 그는 유단 교수가 자신이 다루는 교훈을 개인적 성장과 인간 간의 상호관계에 국한시켰다는 점에서 그녀의 『논어』가 철저히 "탈정치적"이라고 말한다.[8] 아무튼 유단의 책이 엄청나게 팔렸다는 것은 물질주의와 허무주의에 맞서기 위한 보다 강력한 윤리 문화에 대한 현대 중국의 열망을 말해준다는 데 모두가 동의한다.

지난 30년 동안 중국에서는 (공식적으로 승인되었거나 승인되지 않은) 종교 단체 및 종교 활동과 (환경 NGO 같은) 세속적인 시민사회단체가 괄목할 만큼 성장하였다. 두 유형의 단체 모두 때때로 인터넷을 통해 정부의 규제를 우회하기 위해 힘쓰고 있다. 이러한 추세는 이들 단체를 다양한 방식으로 장려하고 억압하고 이용하려는 정부의 복잡한 대응과 얽혀 있다. 유학자들Confucians과 유학Confucianism은 이러한 발전에 자신들의 역할을 해왔다.[9] 공식적이든 비공식적이든 유교 시민사회단체들은 (특정 웹사이트에서 활동하는 비슷한 관심사를 가진 사람들의 커뮤니티처럼) 단순히 학문적 기능을 하는 것을 넘어서기 시작했다. 학자들과 유학 활동가들이 섞여서 공익 문제에 대해 입장을 취하고 공표하기 시작했으며 때때로 정부 기관에 직접 반대하기도 했다. 예를 들어 2010년 12월 — 공자의 탄생과 가장 밀접한 관련이 있는 도시이자 공자 집안의 고향인 — 산동성 취푸시 당국이 시내에 거대한 기독교 교회의 건설을 승인한 것에 대한 비판이 유학 웹사이트에 유통되기 시작하였다.[10] 2011년 4월 비슷한 사건이 일어났다. 정부 내의 다

---

[8] Yu(2006)와 Bell(2008: 163-174)을 보라.
[9] 현대유학의 종교성에 대해서는 Billioud & Thoraval(2008)의 연구를 보라.
[10] 유학 부흥주의에 대한 자세한 내용은 다음을 보라. 교회 계획을 비판하는 공개 서한 전문에 대해서는 warpweftandway.com/confucians-react-to-planned-

른 파벌faction의 압력에 굴복한 당국은 불과 몇 달 전 현대 중국의 상징적 중심지인 천안문 광장 외곽에 세워진 대형 공자상을 치워버렸다. 유학자들은 다시 항의하며 부르짖었다. 한 인터넷 사이트에 익명으로 게재된 공개 서한은 "신의(信)"의 중요성에 대해 『논어』를 인용하며 인민people의 신뢰를 잃은 정부는 유지될 수 없음을 주장했다.[11]*
신중하게 비정치적인 입장을 취한 유단과 비교해볼 때 이러한 최근의 사태는 도道에서 벗어난 윗사람(부모나 통치자)에게 항의하는 지식인의 전통적인 유학적 책임감을 연상시키는, 보다 자신감 있는 태도를 보여준다.

유학의 지속적 성장의 마지막 영역은 국제적 측면이다. 기본적으로 1949년에서 1980년대까지 현대 신유학은 중국 본토가 아닌 대만과 홍콩에 존재했다. 이 세 정치체 사이의 관계는 이후 몇 년 동안 극적으로 변화하였고, 오늘날 유학의 연구와 발전은 공유되고 심지어 건전한 경쟁의 대상이 되었다.[12] 물론 동아시아 밖에서도 수십 년간 유학을 연구해온 학자들이 있었다. 최근 미국과 다른 지역의 연구자들은 유학의 철학적 프로젝트를 자신들의 입장으로 삼는 등 새로운 모습을 보여주고 있다. 2000년 로버트 네빌Rovert Neville이 쓴 『보스턴의 유학: 후기 근대 세계의 이동 가능한 전통』은 이러한 경향을 보여주는 좋은 예이며, 우리는 이후에 더 많은 예를 살펴볼 것이다. 몇몇 지표

---

christian-church-in-qufu를 보라.

[11] rjfx.net/dispbbs.asp?boardID=4&ID=13064&page=1와 warpweftandway.com/confucius-on-tiananmen-square를 보라.

* people 혹은 the people은 정치적, 역사적 맥락에 따라 다양하게 해석될 수 있는 용어이다. 예를 들어 '사람들, 민중, 시민, 인민, 백성' 등이 그런 용례이다. 우리는 단어가 사용된 맥락에 따라 적절하게 이 용어를 번역하였다.

[12] Makeham(2008).

에 근거할 때 미국 내에서 가장 빠르게 성장하는 종교인 미국 불교와 달리 미국에서는 명시적으로 유학 활동practice이 시작되지 않았다. 오늘날 중국에서조차도 무엇이 유학적 활동인지 다소 불분명하다는 것을 감안하면 유학적 활동이 미국 내에 부재한다는 것은 놀라운 일이 아닐 것이다. 마지막으로 유학적 철학하기는 국제 철학계에서 작지만 성장하는 분야이며, 일부 철학자의 연구는 다시 중화권의 철학적 담론에 영향을 주고 있다. 이 책은 이러한 경향을 바탕으로 하고 있다.

철학으로서의 유학

철학을 뜻하는 중국어 단어인 zhexue[제슈, 哲學]는 최근에 만들어진 단어이다. ("종교"를 의미하는 zongjiao[종자오, 宗敎]를 포함하여) 현대 중국어의 다른 많은 단어와 마찬가지로 철학은 19세기 후반 일본에서 만들어진 신조어이며(두 언어 모두 동일한 두 글자 합성어를 사용하며 일본어에서는 데쓰가쿠てつがく 라고 발음한다), 특히 다른 유럽어의 "철학"과 그 동족어들을 번역하기 위해 만들어졌다.13 20세기에 들어서야 학자들이 "중국철학(中國哲學)"에 대해 논의하기 시작했다.14 이 시기에 유학과 다른 중국의 전통을 "철학"으로 생각할 수 있다고 소개하는 두 개의 저작이 나왔다. 후스胡適Hu Shi(1891-1962)가 1918년에 쓴 『중국철학사대강Outline of a History of Chinese Philosophy』과 펑유란馮友蘭Feng You-

---

13 Liu(1995: 293).
14 중국에서 "중국철학"의 출현에 대한 광범위한 논의는 Makeham(2012)에 정리된 논문을 보라. "중국 논리"라는 범주의 출현에 대한 같은 시기의 요아킴 쿠르츠의 연구도 관련이 있다(kurtz, 2011).

lan(1895-1990)이 1934년에 쓴 『중국철학사History of Chinese Philosophy』가 그것이다. 이 두 저작은 인식론, 형이상학, 윤리학 등 서양철학의 범주에 입각하여 중국의 지적 전통의 문헌, 사상가, 사상을 분석한다. 중국의 "철학자"는 관념론자 혹은 유물론자, 실재론자 혹은 유명론자로 인정되었다. 또한 1910년 후반에는 중국 대학의 철학과에서 — 그들로서는 아주 새롭게 — "중국철학"을 가르칠 교수진을 채용하기 시작했다. 이러한 방식은 (마오 시대의 일부 단절에도 불구하고) 지금까지도 이어져 내려온다. 즉 중국 전통, 특히 유학에 중점을 두고 있는 상당수의 연구자들이 중국철학과에 속해 있다.

"중국철학"의 이러한 외관상의 성공에도 불구하고 유학을 "철학"으로 간주하는 것이 적절한지에 대한 상당한 비판이 최근 들어 제기되었다. 나는 유학을 진정한 철학으로 간주할 수 있을지 의문을 표하는 서양의 철학자들을 말하는 것이 아니라 — 다행히도 이러한 의심은 사라지고 있는 같다[15] — 오히려 유학을 철학으로 분류하는 것이 전통의 핵심 측면을 훼손한다는 중국 내의 우려를 언급하고자 한다.[16] 이러한 우려는 두 영역으로 묶이는 경향이 있다. 우리가 현대 중국 정치철학에 대한 탐구의 기반을 단단하게 만들고자 한다면, 이 두 문제를 모두 해명해야 한다. 먼저 고대 중국의 스승들의 저술을 (중국어로 하든 다른 언어로 하든 상관없이) 서양철학의 언어에 끼워 맞추는 것은 반드시 그 출전에 대한 오해를 불러일으킨다는 비판이 있다. 이러한 문제의

---

[15] 그럼에도 2001년 자크 데리다Jacques Derrida가 중국을 방문했을 때 "중국에는 철학이 없다"고 한 발언에 대한 논의를 보라(Defoort and Ge, 2005: 3).

[16] 이 논의에 대한 주요 논문들의 상당수는 *Contemporary Chinese Thought* vol. 37, nos. 1-3에 번역되었다. 또한 이 번역에 대한 "편집자의 소개"를 보라(Defoort and Ge, 2005).

예들은 쉽게 찾을 수 있다. 즉 우리는 낯선 전통에서 유래한 새로운 용어로 기존의 담론을 해석할 때 문제가 생길 수 있다는 것에 쉽게 동의할 수 있다.[17] 하지만 문제가 생길 수 있다는 사실이 곧 그 문제를 피할 수 없다는 의미는 아니다. 어쨌든 유학적 전통 자체에도 오래된 과제에 대한 더 나은 대답을 찾기 위해서 혹은 새롭게 제기되는 문제에 대응하기 위해서 기존 전통의 외부에서 새로운 개념을 끌어온 많은 사례가 있다. 사유의 역동적인 전통으로서의 유학은 (20세기에) 묵가, 도교, 불교 그리고 다양한 서양 사상의 지류와 조우하면서 성장하고 변화하고 풍부해졌다. 나는 이 책의 여러 지점에서 내가 옹호하는 입장이 왜 좋은 유학으로 간주되어야 하는지를 정당화하고, 다른 사람들이 가진 유학적 입장의 정당성에 대해 의문을 제기하는 일에 직접 참여할 것이다. 나의 전체적인 전략은 주어진 혁신(혹은 혁신에 대한 저항)이 진화하는 전통[인 유학]의 핵심 관심사에 충실한지를 묻는 것이다.

유학을 철학으로 여기는 우리와 같은 사람들에 대한 두 번째 비판은 우리가 20세기 이전까지의 전통에서 존재했던 사유와 충만한 삶의 방식 사이의 연결을 끊었다는 것이다. 유학은 단순한 직업이 아니다. 유학의 실천은 자신과 세계를 발전시키는 것과 밀접하게 관련되어 있다. 유학은 대학의 도서관이나 강의실에 머무는 한 번영할 수 없다. 이러한 비판가들에게 머우쭝싼과 같은 철학 교수들은 진정한 유학자가 아니다.[18] 나는 이러한 비판에 대해 두 가지로 답하고자 한다. 무엇

17 신유학의 리理와 기氣 사상이 아리스토텔레스의 형상과 질료와 같다는 펑유란의 주장이 종종 인용된다(Fung, 1953: 547). 이와 마찬가지로 철학자들은 물질주의자 혹은 이상주의자 둘 중 하나라는 맑스주의의 주장은 무언가를 설명한다기보다 모호하게 할 뿐이다.
18 뒤에서 볼 수 있듯이 오늘날 가장 유명한 유학자 중 한 명인 장칭은 대학을 떠나 옛날식 유교 학원을 설립하여 전인적인 가르침을 시도했다.

보다 나는 유학이 현대에 진정으로 번영하기 위해서는 사람들의 충만한 삶과 관련되는 어떠한 방법을 찾아야 한다는 요구에 깊이 공감한다. 유학은 책에서 읽고 "아는 것"으로 간주할 수 있는 일련의 규칙이나 우주의 존재론에 대한 난해한 이해가 아니다. 왕양명의 유명한 말처럼 진정한 지식과 행동은 하나이다. 유학적 교육은 인간이 일생 동안 마주하는 상황의 윤리적 차원을 지향하도록 하고, 이로써 세상에서 인식하고 행동하는 방식을 변화시키는 것을 목표로 한다.

그러나 나의 두 번째 대답은 유학 교육의 광범위한 목적에 대한 이러한 진실이 철학적 성찰, 대화, 논증이 유학의 중요한 부분이 아니라는 것을 보여주지 않는다는 것이다.[19] 오히려 그것은 누군가가 철학으로서의 유학의 직업적 측면에만 만족하고 더 깊은 교훈을 무시한다면, 그는 훌륭한 유학자가 아니라는 것을 보여준다. (나를 포함하여) 머우쭝싼과 모든 유학철학 교수를 대변하자면 어떻게 유학을 실천해야 하는지 아는 것은 과거와 달리 쉬운 일이 아니다. 적어도 20세기 이전의 중국 사회에는 부분적으로 뿌리깊은 삶의 의례화에 바탕을 둔 여러 가지 잘 닦인 길이 있었다. 하지만 그러한 환경에서 유학을 실천하는 것이 쉬웠다고 결론 내리는 것은 잘못일 수 있다. 당시에는 표면적으로 유학을 바라보는 것이 확실히 더 쉬웠다. 하지만 좋은 아들이 되는 것이 더 쉬웠을까? 스스로 "인간다움(仁)"을 함양하고 "세계의 모든 측면에 대한 적절한 관심을 표출하는 것("모든 사물과 하나의 몸을 형성

---

[19] 분명히 하자면 나는 "논증"을 단순히 자신의 입장을 변호하고 정당화하기 위해 이유를 제시하는 것이라는 의미로 사용한다. 나는 구분 짓기와 반례 제시 같은 논증 기법과 보다 일반적으로 대화의 역할이 중국(또는 더 넓게는 동아시아) 유학 전통 내에서도 시간이 지남에 따라 변화하지만 서로 다른 철학적 문화권 내에서 종종 다르다는 것을 인정한다. Angle(2009: 172-176)을 보라.

하는 것[一心同體 萬物一體]")이 더 쉬웠을까? 잘 모르겠다. 사실 이 책의 몇몇 주장은 폭넓은 정치참여, 법치, 사회적 억압의 적극적 근절과 같은 중요한 현대적 혁신들이 실제로 좋은 유학자가 되는 데 기여한다는 것을 보여주는 것을 목표로 한다.

이러한 결론을 당장 논변하려고 하는 것은 너무 앞서나가는 것이므로 철학의 문제로 다시 돌아가보자. 철학적 실천의 핵심에 놓인 성찰, 대화, 논증은 유학의 실천에도 중요한 부분이다. 유학철학자들은 이러한 실천의 측면이 그 자체로 목표가 아니라, 평생 배움에 전념하며 이러한 배움을 통해 성인sage의 이상에 최대한 가까워지는 데 기여한다고 주장한다. 놀라운 점은 많은 위대한 서양철학자가 각자의 차이점에도 불구하고 본질적으로 같은 것을 믿었다는 점이다. 그리스인들과 로마인들에게 철학은 개인의 변화를 추구하는 "삶의 방식"이었다.[20] 듀이, 비트겐슈타인, 푸코 등 많은 사상가에게 철학은 개인의 성장과 밀접한 관련이 있었다.[21] 물론 유학자들은 이러한 고대나 근대 혹은 포스트모던 서양 학자들이 제시한 개인적 성장 모델에 별로 만족하지 않을 수 있다. 또한 동서양의 많은 직업 철학자가 그들의 철학적 작업의 더 폭넓은 함의를 진지하게 다루지 않았다는 것은 유감스러운 일이다.[22] 그러나 다시 한번 말하지만 더 나은 사람이 되는 것은

---

[20] 『삶의 길로서의 철학』은 헬레니즘 철학의 이러한 측면에 대한 피에르 아도의 혁신적인 책의 제목이다(Hadot, 1995). 물론 변혁적 목표의 성격은 서양 사상 학파들 사이에서도, 그리고 유학과 이러한 서양 사상 학파들 사이에서도 여러 가지 면에서 다르다. Angle(2009: 22-23)을 보라.

[21] Shusterman(1997)을 보라.

[22] 에릭 슈비츠게벨의 연구는 윤리학 교수들의 도덕적 행동이 다른 하부 영역의 동료 교수들보다 더 낫거나, 심지어 더 나쁠 수도 있어 보인다는 것을 보여준다는 점에서 이 문제와 관련성이 있을 수 있다(Schwitzgebel, 2009).

결코 쉬운 일이 아니다.

마지막으로 나는 현대 유학철학의 생성에 있어 기존의 유학 전통과 다양한 비유학적 영감의 원천 간의 관계에 대하여 좀더 분명히 하고 싶다. 이전의 연구에서 나는 현재의 맥락에도 매우 적합한 "뿌리깊은 글로벌 철학rooted global philosophy"이라는 방법을 사용했다. 뿌리깊은 글로벌 철학은 살아 있는 특정한 철학의 전통 — 따라서 그 뿌리깊음 — 안에서 작업하지만 다른 철학적 전통 — 따라서 그 글로벌한 성격 — 으로부터의 자극과 통찰에 개방된 방식으로 작업하는 것을 의미한다.[23] 머우쭝싼 같은 현대 신유학자들은 세계 각지의 자극적인 사상을 수용하여 자신들의 전통을 건설적인 방식으로 발전시키고자 하는 뿌리깊은 글로벌 철학자들이었다.[24] 뿌리깊은 글로벌 철학은 최종적으로 수렴되는 어떤 단일한 철학적 진리를 상정하지 않는다는 점을 강조하는 것이 중요하다. 아마도 이것이 이루어질 수도 있겠지만 인간의 다양한 관심사와 역사적으로 우연적인 전통의 차이로 인해 우리는 아무것도 보장받을 수 없다. 정치철학의 영역에서 이 책은 어느 정도 유학과 자유주의 전통 간의 수렴을 주장하지만, 또한 기존의 자유주의의 가치와 제도가 여전히 유학과 다르다는 점을 말한다.

---

23 Angle(2007; 2009: 6)을 보라.
24 개방성은 정도의 문제이며, 학자들은 머우쭝싼이 얼마나 진정으로 개방적이었는지에 대해 논쟁하고 있다. 뿌리깊은 글로벌 철학은 우리가 우리의 전통에 대한 헌신 자체를 항상 의문시할 것을 요구하지는 않는다. 다른 전통과의 진지한 관계를 통해 자신의 전통을 발전시키는 것만 요구하는 것이다.

현대유학 연구자들

머우쭝싼은 이 책에서 특별한 역할을 한다. 그의 신유학의 중심 주제 중 하나는 유학이 "신외왕新外王"이라는 새로운 정치철학과 정치 실천을 발전시켜야 한다는 것이다. "신외왕"은 문자 그대로 "새로운 외부 왕권"을 의미하며 대략 "새로운 정치학"으로 번역될 수 있는데 이는 "내성內聖"의 실현을 가능하게 하는 "새로운 정치학"이라고 할 수 있다. 나는 이러한 머우쭝싼의 접근이 유학이 추구해야 할 올바른 접근이라고 확신하며, 특히 2장에서 설명할 "자기규제self-restriction(自我坎陷)"라는 그의 개념이 중요하다고 본다. 자기규제 개념은 개인의 윤리적 직관과 법 및 인권 같은 공적으로 합의된 규범 간의 관계에 대한 방향을 재조정할 수 있게 한다. 그 결과 법과 권리의 부분적 독립이 3, 4, 5장에서 나의 주장의 핵심적인 부분을 이룬다. 다만 각각의 경우에 나는 머우쭝싼이 실제로 말한 것 이상으로 훨씬 더 나아간다. 또한 다른 두 가지 측면에서도 이 책에서의 나의 기획과 머우쭝싼 자신의 철학 사이에는 상당한 차이가 있다. 첫째, 나는 머우쭝싼의 정치철학에 대한 통찰을 그의 나머지 철학 체계로부터 분리한 다음, 이러한 통찰을 머우쭝싼의 다른 사상들과 독립적으로 설 수 있게 발전시킬 수 있다고 본다. 사실 나는 머우쭝싼의 체계의 다른 측면 일부가 철학적으로 문제가 있다고 생각한다. 그러므로 도덕 형이상학, 지적 직관, 완벽한 가르침 등에 대한 그의 논쟁적인 개념들은 이 책에서 별다른 역할을 하지 않을 것이다 — 하지만 이 책의 많은 주장을 뒷받침하기 위해서는 어떤 형태의 유학 윤리가 필요할 것이다. 이에 대해서는 아래에서 더 자세히 설명할 것이다. 나의 접근은 논쟁적일 수밖에 없다. 왜냐하면 머우쭝싼은 그의 다양한 개념이 하나의 통합된 철학 체계의 모든 부분과 긴밀하게 연결되어 있다고 생각했기 때문이다. 머우쭝싼의 비전의 여러 측면이 상호 강화된다는 것을 부정하지 않으면서, 나는 2장에서 "자기규제"가 사실 머우쭝싼의 나머지 체계로부터 분리될 수 있으며 나머지 체계 없이도 여전히 유의미함을 보일 것이다. 둘째, 머우쭝싼은 특히 6, 7장에서 제기되는 문제와 같은 나의 몇몇 주제에 대해 거의 혹은 전혀 언급하지 않았다. 그럼에도 중요한 의미에서 나의 기획은 정치철학에 대한 머우쭝싼의 현대 신유학적 접근을 더욱 발전시키는 것이며, 여기에는 머우쭝싼의 동기와 주장을 심각하게 오해하고 있는 일부 현대의 비판자로부터 머우쭝싼을 변호하는 것도 포함한다.

머우쭝싼은 내가 이후의 장들에서 전개할 진보적 유학의 중요한 원천이지만, 이제 빠르게 확장하는 현대유학의 이론의 세계로 관심을 돌려야 한다. 왜냐하면 내가 가장 직접적으로 대화하고 있는 목소리들이 여기에 있기 때문이다. 이 절에서 내가 논하고 있는 많은 사람은 이후 장에서도 긍정적으로든 부정적으로든 반복적으로 등장한다. 현대의 복잡한 상황을 설명하기 위하여 나는 잠정적으로 여러 철학자와 접근을 분류할 수 있는 몇 가지 범주를 제안한다. 그러나 이러한 분류는 중첩적이며, 때때로 변할 수도 있다는 것을 염두에 두길 바란다. 현대유학은 살아 있으며 점점 활기를 찾아가는 전통이다. 이러한 범주를 형성함에 있어서 나는 일반적으로 각 철학자가 가지고 있는 구체적인 규범적 견해보다는 현대유학에 접근하는 방법론을 강조하였다.

이 책의 전체 균형에서 볼 때 가장 규모가 크면서도 관련성이 가장 적은 집단인 철학사가들philosophical historians로 시작해보자. 대표적인 인물로는 천라이陳來 Chen Lai(칭화대학교), 궈치용郭齊勇 Guo Qiyong(우한대학교)이 있고, 그리고 펑궈샹彭國翔Peng Guoxiang(베이징대학교) 및 우건유吳根友Wu Genyou(우한대학교)와 같은 젊은 학자들이 있다. 이러한 학자들의 주요한 활동은 (20세기를 포함한) 유학의 긴 역사에서 사상가, 문헌, 시대, 개념에 대한 해석적 연구를 생산하는 것이다. 유학자들이 살았고 글을 썼던 당시의 정치·문화적 맥락을 전면에 내세우는 지성사가들/문화사가들과 달리 이 철학사가들은 유학철학에 대한 관대한 이해 그리고 유학자들의 정신적 수행을 어느 정도 강조한다. 그러나 대체로 그들은 유학의 창의적이고 현대적인 발전에 관심이 없다.[25] 그들이 현대유학의 운명에 관심이 없다는 말은 아니다. 그들은 때때로 자신들이 설명하는 유학의 가르침의 현대적 관련성에 대해서 숙고한다. 또 몇몇은 수필가나 대중 지식인으로서 상당히 활동적이며, 몇몇은 스스로 유학자로서의 정체성을 가진다. 그럼에도 그들의 주요 연구는 역사 연구이다.

내가 이후에는 거의 언급하지 않을 또 다른 집단으로 (비록 이 범주와 다음 범주 사이에 상당한 중복이 있지만) 유학 부흥 운동가들Confucian revivalists이 있다. 나는 취푸시의 교회 건설 계획과 천안문 광장의 공자 동상 철거에 대한 대중의 불만의 근거로 위의 느슨한 범주를 언급하였다. 부흥 운동 단체에는 학자와 비학자가 모두 포함되며, 그들은 "유학적 [종교적] 가르침(儒敎)"을 되살리고자 하는 연구와 실천을 모두 지원하려는 경향을 가진다.[26] 1994년 천밍이 설립한 저널 및 웹사이

[25] 이것은 그들이 이러한 기획에 관심이 없다고 말하는 것은 아니다. 몇 년 전 궈치용은 가족 가치에 대한 강조가 현대 중국의 부패 문제를 촉진했다는 유학을 향한 비판에 대해 변호했다. Guo(2007)는 영어로 된 대표적인 작품이다. 좀더 넓게 보자면 천라이 또한 이에 해당한다. Chen(2009)에 있는 논문을 보라.

[26] Confucianism으로 번역될 수 있는 용어가 다양한데, 그중 세 가지는 두 글자의 조합이다. Confucian-에 해당하는 "儒"를 "學", "派", "敎"와 조합한다.

트인 위안다오Yuandao는 부흥 운동가들의 주요 기관 중 하나이며 관련 웹사이트가 급증하고 있다.27 부흥 운동은 보통 문화적 자부심에 동기를 두고 있으며, 때로 오늘날 중국의 도덕적 또는 정신적 위기감에 대한 우려에 의해서도 움직인다. 부흥 운동가들은 현대유학의 정치적 사유에 대한 하나 또는 그 이상의 이론적 접근에 관심을 가질 수도 있으나, 이러한 현대의 이론화는 부흥 운동의 기획이나 열망에서 대체로 최소한의 역할만 한다.

부흥 운동주의와 가장 관련이 깊은 정치철학의 범주는 제도적 유학institutional Confucianism이며 그 대표 사상가는 장칭이다.28 2003년 장칭은 『정치적 유학: 현대유학의 변화 방향, 특수성 그리고 발전』이

각각의 용어는 특정하고 구분되는 함축을 가지고 있는데, "유교"는 그 제도의 종교적 실천을 강조한다. 물론 "유"에 관한 완전한 이야기는 보다 복잡하다. 일부 학자는 오늘날 유학과의 연관성이 분명하더라도 전근대 시대의 대부분에 대해 간단히 "학자"로 번역하는 것이 더 낫다고 주장한다. 이러한 논쟁적인 설명에 관해서는 Jensen(1997)을 보라.

27 위안다오의 웹사이트는 yuandao.com이다. 천밍에 대해서는 Makeham(2008)의 9장에서 잘 논의되고 있다. 다른 사이트로는 "Confucian China(儒教中國)" rujiazg.com과 "Confucian Revival Forum(儒教復興論壇)" www.rjfx.net이 있다.

28 "제도적 유학(制度儒學)"은 현대 학자인 간춘송干春松의 최근 저작의 제목[『制度儒學』]이며, 간춘송의 관찰이 이 용어의 의미를 분명히 하는 데 도움이 될 수 있다. 간춘송은 본문에서 제도적 유학자들Institutional Confucians로 언급된 철학자들과 의견을 같이하며, 머우쭝싼과 같은 현대 신유학자들이 전통적인 유학 제도로부터 의식적으로 거리를 두었다고 말한다. 이는 부분적으로 서양의 영향을 받은 비판에 대한 변호 메커니즘으로서 행해졌으며, 따라서 간춘송은 이를 순전히 "학문적 유학"이라고 특징짓는다(Gan, 2009: 9). 간춘송은 현대 신유학에 대한 대안적 접근으로서 제도적 유학은 그 근원을 문헌뿐만 아니라 실천에서도 찾아야 하며, 현대사회에서 유학적 가치와 사상을 실천할 수 있는 방법을 찾는 데 중점을 두어야 한다고 말한다. 동시에 그는 제도를 진지하게 다루는 것이 어떤 종류의 근본주의도 의미하지 않음을 강조한다. 제도는 시간의 변화와 함께 바뀌어야 한다는 것이다(Gan, 2009: 11-12). 간춘송의 주요 기여 중 하나는 유학을 제도화하기 위한 20세기 초반의 노력에 대한 역사적 비평이다.

라는 책을 출판하였다.²⁹ 이 책은 현대 신유학자들의 연구와는 현저하게 다른 현대유학의 접근 방식을 보여준다. 앞에서 언급한 1958년의 선언과 같이 머우쭝싼과 다른 현대 신유학자들은 유학의 핵심이 우리 각자가 가진 "내성"의 잠재력을 실현하는 것이라는 "마음과 본성의 학문(心性之學)"의 측면에서 유학을 지지해왔다. 장칭에 따르면 이는 유학 전통의 잘못된 측면을 강조하는 것이다. 만약 유학이 중국 사회에서 건설적인 역할을 수행하고자 한다면, 오늘날의 유학 연구자들이 [유학을] 재발견, 재발명 그리고 옹호하기 위해 필요한 것은 유학의 형이상학과 윤리학보다는 그 정치 및 다른 제도이다. 장칭은 복잡한 정당성의 개념 — 그는 이것을 초기 유학의 정당화에서 찾을 수 있다고 믿는다 — 에 기반하여 현대 중국에 적합하리라 여겨지는 몇 가지 극적으로 새로운 종류의 제도를 제안한다.³⁰ 대학을 그만두고 사설 학원을 설립하여 전통적인 유학 교육 관행을 되살리려는 장칭의 노력과 맞물려서 그의 저술은 대중 지식인으로서 상당한 주목을 받았다. 20세기 초반의 몇몇 인물처럼 장칭은 유학이 중국의 과거에서 발견한 모델을 기반으로 하여 공식적으로 조직된 종교로 제도화되어야 한다고 믿는다. 장칭은 유학이 중국의 역사, 문화, 대중적 관습과 밀접하게 연관되어 있다고 본다. 그가 볼 때 글로벌한 가치에 대한 모든 이야기는 지

---

29 Jiang(2003).
30 이는 장칭이 윤리와 자기 수양을 중요하지 않게 생각한다는 것을 말하는 것이 아니다. 오히려 오늘날 중국에서 느껴지는 정치적 정당성의 위기 때문에 그는 유학자들이 현재 전통의 정치적, 제도적 측면을 강조해야 한다고 믿는다. 그는 내적, 윤리적 이상을 어떻게 실현해야 할 것인가에 대한 성찰이 외적 정치에 대한 본성과 관련된 통찰로 이어질 것이라는 머우쭝싼의 주장에 동의하지 않는다. 이에 관해서 이 책의 2장에서의 논의를 보라. 이 문제에 대하여 다니엘 벨의 유용한 논의에 감사한다.

나치게 유토피아적이다. 그럼에도 불구하고 장칭은 유학의 가르침의 진리와 놀랍게도 일종의 신격으로서의 천天(혹은 "하느님")의 실재에 대한 믿음을 깊게 가지고 있는 듯 보이며, 유학의 제도가 결국 전 세계에 긍정적인 영향을 줄 수 있으리라 본다.**31** 유학이 중국적 가치의 원천임이 틀림없다는 확신에 힘입어, 그는 현재 중국에서 시행하는 정치제도와는 극적으로 다른 일련의 정치제도를 구상했다.**32** 이 새로운 정치구조는 국민의 견해를 민주적으로 표현하는 자리를 갖기는 하지만, 삼원제 입법부의 두 개의 상원은 한 축에서는 도덕적 실재에 특별한 통찰을 가진 유학자 지식인들이, 또 다른 축에서는 중국의 문화와 사회제도에 대한 경험이 풍부한 대표자들이 목소리를 낼 수 있도록 고안되었다.**33**

적절하게 개선된 제도가 유학의 미래에 대한 우리 생각의 핵심을 형성해야 한다고 생각하는 사람은 장칭 혼자만이 아니다. 1963년에 태어났으며 본래 물리학을 공부한 캉샤오광康曉光은 사회과학자이자 대중 지식인으로, 중국이 반드시 공산주의 이데올로기를 유학에 기반한 부드러운 권위주의로 대체해야 한다고 확신하게 되었다.**34** 캉샤오광은 사회정의 분야에서 현 정권의 실패에 대해 깊은 불만을 갖고 있으며, 중국의 현재 정치체제가 정당성이 부족하다고 우려한다. 그는 점차 늘어나는 부정부패와 불평등, 조직화된 범죄 세력의 증대와 다른 사회적 병폐를 야기하는 정치, 지식, 경제 엘리트의 연합에 대해

---

31 Jiang(2010: 14).
32 Jiang(2010). 나는 결론에서 이 문제에 대해서 좀더 자세하게 다룬다.
33 장칭의 제안에 대한 추가적 논의는 3장 후반부를 보라. Elstein(2015: ch. 7)도 보라.
34 캉샤오광에 대한 유용한 논문인 Ownby(2009)를 보라.

글을 쓴다.35 그는 이를 엘리트들이 대중을 강탈하고 있다는 말로 요약한다. 그는 (당연히) 그러한 체제가 어떤 유형의 맑스주의적 틀에서도 정당화될 수 없다고 본다. 동시에 캉샤오광은 자유민주주의가 만병통치약이 아니라고 주장한다. 그 대신 그는 권위주의적인 일당 통치를 받아들이고 이를 정당화하고자 한다. 그의 목표는 권위주의의 한 양태가 어떻게 그가 인지하고 있는 사회정의 문제를 효과적으로 다룰 수 있으며 동시에 그 자체로 정당화될 수 있는지 보여주는 것이다. 그의 기본적 생각은 "협력주의cooperativist"라는 특정한 유형의 권위주의적 복지국가가 유교식 제도를 재구축함으로써 충분히 정당화될 수 있음을 보여주는 것이다. 판루이핑의 『재건주의 유학: 서양 이후의 도덕에 대한 재사유』는 유학의 예법 및 특히 전통적 가족 구조와 관련된 꽤 구체적인 형태의 삶의 방식에 대한 열정을 장칭과, 또 어느 정도는 캉샤오광과도 공유한다. 장칭과 마찬가지로 판루이핑은 머우쭝싼의 "현대 신유학"에 맞서 자기 방식의 유학을 세운다. 판루이핑은 자신의 "재건주의 유학"을 "현대의 도덕 및 공공 정책 과제에 대처하기 위해 유학 전통의 도덕적 자원을 되찾고 명확하게 표현하는 프로젝트"로 설명한다.36 판루이핑에 따르면 머우쭝싼과 같은 철학자들은 판루이핑 자신보다 더 큰 변화를 지지하고 있다. 사실 그들은 "유학의 유산을 현대 서양의 가치에 비추어서 재구성하고자" 한다. 결과적으로 판루이핑은 현대 신유학자들이 "사회민주주의 개념을 유학 안에서 읽어내기" 위해 "순진한 현재주의naive presentism"에 참여하면서 "유학의 유산이 현대 서양의 관념에 의해 상당 부분 식민화되었다"고 주장

---

35   Kang(2005: xiv).
36   Fan(2010: xi).

한다.37 다음 장부터 나는 이렇게 현대 신유학의 정치철학을 특징짓는 것에 대해 문제를 제기하고 이 책 전체에 걸쳐 장칭, 캉샤오광, 판루이펑의 다른 주장들을 살펴볼 것이다.

머우쭝싼은 오늘날 많은 추종자를 가지고 있다. 이들 중 다수는 다양한 머우쭝싼의 이론을 반복하거나 방어하는 데 주로 참여한다.38 그러나 일반적으로 머우쭝싼을 지지하는 철학자들 사이에는 칸트적 현대 신유학Kantian New Confucianism이라고 이름붙일 수 있는 창조적인 경향이 있는데, 그 대표적 인물로 대만 국립연구원의 리밍훼이李明輝가 있다. 머우쭝싼이 얼마나 깊이 칸트와 관계를 맺고 있는지에 대해서는 해석가들 사이에 논쟁이 있다. 머우쭝싼은 근본적으로 칸트적 언어를 사용하여 자신의 많은 사상을 표현하는 유학자인가? 아니면 (아마도 초기의 유학 자체가 의무론적이기 때문에) 머우쭝싼의 사상이 진정으로 칸트적인가?39 리밍훼이는 칸트와 머우쭝싼의 연관이 매우 깊다고 주장하는 사람들 중 영향력 있는 목소리를 가지고 있다. 우리의 목적에 비추어 볼 때 리밍훼이의 접근 방식 중 가장 중요한 것은 그가 머우쭝싼이 비교적 적게 다루고 있는 정치철학의 주제들을 발전시키기 위하여 칸트와 대부분 독일에서 시작된 최근의 칸트철학에 의존하는 것이다. 예를 들어 민주주의에 대한 한 논의에서 리밍훼이는 다음과

---

37   Fan(2010: 106n2, 108n8).
38   포스트 현대 신유학 사상가인 린안우林安梧는 이 집단을 "변론적 현대 신유학Apologist New Confucianism"이라고 부른다. Lin(1998: 31)과 Makeham(2008: 181)의 논의를 보라.
39   Angle(2014b)의 논의와 참고 문헌을 보라. 유학이 의무론적이라는 일반적인 견해는 대만 철학자들 사이에서 많은 지지를 받는다. 특히 리밍훼이는 본문에서 논의한 것처럼 유학을 발전시키기 위하여 칸트를 가장 명시적으로 사용한다. 또한 Lee(2001)도 보라.

같이 주장한다.⁴⁰ 첫째, 유학은 민주주의에 관한 두 가지 핵심 논제를 가지고 있다. 민주주의는 인간의 타고난 선한 본성과 연결되어 있으며, 정치적 자유는 도덕적 자유에 기초해야 한다는 것이다. 둘째, 리밍훼이는 민주주의에 대한 이러한 접근 방식은 주류 영미 이론과는 다르지만 그가 설명하고 옹호하고자 하는 칸트의 민주주의 이론과 강력히 공명한다고 주장한다. 셋째, 리밍훼이는 머우쭝싼과 다른 현대 신유학자들이 남겨둔 많은 빈틈을 메꾸면서, 유학의 민주주의 이론을 발전시킬 수 있는 방법을 제안하기 위하여 칸트와의 유사점을 활용한다. 리밍훼이의 접근 방식의 또 다른 사례는 장칭이 강조한 유학의 제도적 차원과 관련되어 있다. 리밍훼이는 유학의 제도적 이론의 중요성과 관련해서 장칭에 동의하면서도 이것이 리밍훼이 자신뿐만 아니라 머우쭝싼이 중점적으로 생각하는 순수한 도덕심과 여전히 양립 가능함을 보이고자 한다. 리밍훼이의 전략은 칸트철학의 도덕적 자율성에 대한 근본적인 헌신이 실제 정치 결과에 관심을 갖는 "책임의 윤리"의 기반이 될 수 있는 것과 마찬가지로 유학 또한 그 도덕심 이론을 기반으로 제도적 가치를 구성할 수 있다는 것을 보여주는 것이다.⁴¹

막스 베버는 근대성의 핵심이 "탈주술화disenchanted"라고 주장했다. 우리는 앞선 시대를 특징지었던 가치에 대한 뿌리깊은 종교적, 형이상학적 헌신을 잃어버렸다는 것이다. 내가 비판적 현대 신유학Critical

---

40 Lee(2005a).
41 Lee(2005b: esp. 85-87; 2005c: 117-119). 리밍훼이는 이 각주의 앞 부분에서 인용한 논문[Lee, 2005b; 2005c]과 Lee(2005a)를 포함한 수많은 논문에서 — 그가 막스 베버로부터 가져온 용어인 — "신념의 윤리(Gesinnungsethik or cunxin lunlixue)"와 "책임의 윤리(Verantwortungsethik or zeren lunlixue)"의 양립 가능성에 대한 그의 주장을 전개한다.

New Confucianism이라고 부르는 것의 특징 중 하나는 이 점에 대한 베버와의 일치이다.**42** 내가 "비판적 현대 신유학"이라는 용어를 빌려온 대만 철학자 린안우는 머우쭝싼의 사유의 "마법적" 차원을 비판한다. 그는 사회정의와 정치적 책임을 강조하며 독재정치, 가부장제, 남성우월주의 등을 비판하는 포스트모던하고 실제적이고 사회적으로 내재된 유학을 지지한다. 그는 이러한 유학을 종종 "시민 유학市民儒學(公民儒學)"이라고 부른다.**43** 한 분석가가 지적하듯이 어떻게 이것이 실현될 수 있을지에 대한 세부 사항은 명확하지 않으며, 린안우의 작업은 "단편적인 구성과 지나치게 자기 지시적인 성격으로 인해 곤란을 겪고 있다."**44** 그러나 린안우의 목표가 가진 전반적인 윤곽은 내가 다음 장에서 주장하고자 하는 논증 및 목표와 상당히 공명한다. 우리는 중국 본토의 젊은 학자인 탕중강湯忠鋼의 저작에서 린안우의 주장과 전반적으로 양립 가능한 또 다른 "비판적" 견해를 찾을 수 있다. 그의 학문은 아직 "비판적 현대 신유학" 관점의 건설적 발전이 아니라 머우쭝싼의 정치철학에 대한 해석과 비판에 더욱 초점을 맞춘다. 탕중강은 머우쭝싼의 도덕적 일원론과 형이상학을 버리고 실제 생활세계(여기서 그는 하버마스를 인용한다)에 들어가는 자유주의적이고 포스트모던

---

42 정치철학을 다루는 하와이대학교의 청충잉成中英의 저술은 형이상학을 확실히 기피하지도 않고 정치철학을 크게 탐구하지도 않지만, "비판적인 신유학" 범주에 들어갈 수 있다. Cheng(1991)을 보라.

43 Lin(1998; 2004) 그리고 특히 Lin(2008)을 보라. 분명 나는 린안우의 용어보다 넓은 의미로 "비판적 신유학"을 사용하고 있다. 린안우의 경우 그는 이 범주를 그의 고유한 관심사와 좁게 연결시키고 있다. 청대 유학자인 왕부지王夫之나 현상학에 대한 관심을 예로 들 수 있을 것이다(Lin, 1998: 31). Makeham(2008: chs. 8-9)의 논의는 린안우의 기획에 대한 매우 유용한 논의를 영어로 제공한다.

44 Makeham(2008: 187).

적인 유학의 미래를 본다.⁴⁵ 탕중강은 그가 그리고 있는 민주주의의 역할이나 유형에 대하여 린안우보다 덜 명시적이다. 그러나 린안우의 경우와 마찬가지로 탕중강이 그리고 있는 정치의 본질에 대한 많은 긍정적인 언설은 이 책의 나머지 부분에서 ― 더 구체적이기는 하지만 ― 내가 나아가려고 하는 것과 같은 방향으로 향한다.

점차 더 많은 관심을 받고 있는 유학의 정치철학에 대한 또 다른 접근 방식은 신고전 유학Neo-Classical Confucianism이라고 할 수 있다. 이런 학자들의 공통점은 일종의 비역사주의ahistoricism이다. 그들은 (20세기까지의) 유학의 전통이 어떻게 발전해왔는지 살펴보기보다 공자, 맹자, 순자가 오늘날 살아 있었다면 현대의 사회적, 정치적 문제에 대하여 어떤 말을 할 수 있을지를 이들의 저술을 통해 우리가 알고 있는 사상에 기반하여 묻는다. 그들은 민주주의를 지지할 것인가? 만약 그렇다면 어떤 유형의 민주주의를 지지할 것인가? 그들은 인권에 대해서는 무엇이라고 말할까? 분배정의에 대해서는? 자본주의에 대해서는? 홍콩대학교의 조셉 챈, 푸단대학교의 바이통동白彤東, 앞에서 제도적 유학이라는 분류를 다룰 때 이미 언급한 판루이핑 등이 모두 이 주제에 속할 수 있다.⁴⁶ [다만] 공통된 신고전적 접근 방식이 공통된 결론을 보장하는 것은 아니다. 조셉 챈, 바이통동, 판루이핑의 입장은 매우 극적으로 다르다. 캐나다의 이론가인 다니엘 벨의 몇몇 저작도 이 범주에 속하지만, "좌파적 유학"에 대한 그의 최근의 고찰은 더 종합적이거나 비교철학적이므로 다음에 언급할 범주에 속한다.⁴⁷ 이

---

45   Tang(2008: 190).
46   (다른 작품들로는) Chan(1999; 2007)을 보라. 지금까지 바이통동의 주요 작품은 Bai(2009)이다.
47   Bell(2006)을 보라.

신고전주의자들의 일반적인 목표는 고전 유학의 회복과 창조적 발전이 정치철학 내의 새롭고 가치 있는 입장, 즉 기존의 맑스주의나 자유주의적 지혜에 중대한 도전을 제기할 수 있는 입장의 명료화로 이어진다는 것을 보여주는 경향이 있다. 또한 서양에서 비롯된 이론들보다 고전 유학의 사상 위에 구축된 정치철학이 중국의 토양에서 더 쉽게 뿌리내리고 번성할 수 있으리라는 주장도 종종 제기된다. 이러한 입장들의 비역사적인 성격과 맑스주의 같은 서양 이데올로기의 성공을 고려해볼 때 후자의 논증의 설득력에 대한 의구심이 있으나, 신고전주의적 분석은 유학 전통의 기초 문헌에 대한 창조적 해석과 발전으로서 매우 가치가 있다.

나의 마지막 범주는 가장 다채롭다. 나는 주로 비유학적인 철학적 전통에 원존하는 유학철학자들을 "종합적 유학 연구자들Synthetic Confucians"로 지칭한다. 이들은 다양한 전통을 인정하며 다양한 관점에서 가치와 의미를 발견하고, 이를 하나의 종합적 형식의 유학으로 통합하고자 한다. 이러한 종합적 접근 방식은 명시적으로 둘 이상의 전통에 뿌리내리고 있다는 점에서 내가 앞에서 언급한 "뿌리깊은 글로벌 철학"의 접근 방식을 넘어선다. 하와이대학교의 로저 에임스, 보스턴대학교의 (기독교인이기도 한) 로버트 네빌, 싱가포르국립대학교의 소훈 탄Sor-hoon Tan 등이 속한 이 그룹의 두드러지는 입장은 미국 실용주의와 유학 사이의 공명을 강조하고, 듀이와 퍼스의 통찰에 힘입어 유학을 발전시키려는 것이다.[48] 산둥대학교의 황위쉰黃玉順Huang

---

[48] 예를 들어 Hall & Ames(1999)와 Tan(2004)을 보라. 명시적으로 유학적인 네빌의 작품은 정치철학 외의 주제를 주로 다루고 있지만, Neville(2008)에서 예와 사회 이론에 대한 그의 강조를 모두 볼 수 있다.

Yushun은 그가 "삶의 유학"이라고 부르는 것을 발전시키기 위해 하이데거로부터 영감을 얻어 다른 종류의 종합을 제공한다.⁴⁹ 다니엘 벨은 최근 유학과 사회주의가 서로를 배우도록 유도하는 "좌파적 유학"이라는 개념을 탐구하고 있다.⁵⁰ 또 다른 예로 역사학자이자 정치 이론가인 토머스 메츠거는 특히 자신의 명저인 『태평양을 가로지르는 구름: 오늘날 중국과 서양의 정치 이론의 충돌에 대한 논고』에서 유학과 밀Mill의 자유주의를 건설적이고 종합적인 대화에 참여시키고자 한다.⁵¹ 이 매우 다양한 리스트에서 볼 수 있듯이 유학의 정치철학에 대한 종합적 접근 방식은 많은 철학적 문화와 전통에서 등장하며, 다양한 언어로 이루어지고 있다. 이 종합적 철학하기에서 대략 두 종류의 동기를 식별할 수 있다. 어떤 유형은 유학이 종합되고 있는 다른 교리에 대해 선행적, 독립적으로 기여하는 경우에만 종합적 형태의 유학을 받아들이고자 한다. 이런 경우에 해당하는 분명한 예는 벨의 좌파적 유학이다. 유학 연구자들이 사회주의적 가치에 사로잡혀 있는 한 사회주의적 통찰을 수용하고 강화하는 방식으로 발전해온 이 유형의 유학에 매력을 느낄 것이다.⁵² 이론가들에 따르면 이 종합이 유학의 관점에서 인식될 수 있는 문제들을 해결하는 것을 목표로 할 때 다른 패턴의 동기가 생겨난다. 메츠거의 연구는 이러한 접근 방식의 가

---

49 예를 들어 Huang(2005)과 이를 영어로 번역한 Huang(2008)을 보라. 최근 그는 Huang(2009b)에서처럼 명시적으로 정치적 주제에 대해 더욱 초점을 맞추고 있다.
50 Bell(2010).
51 Metzger(2005).
52 그리고 그 반대의 경우도 마찬가지이다. 벨의 사상은 유학적 좌파로 생각될 수 있으며, 유학을 독립적으로 매력적이라고 여기는 사회주의자에게도 매력적으로 보일 수 있다. 이와 관련된 논의로 Angle(2012)을 보라.

장 좋은 예일 것이다. 왜냐하면 그는 유학적 철학과 밀의 철학이 (그가 "시소 효과"라고 부르는) 상호 보완적 문제들을 마주하고 있으며 이 문제는 오직 어떤 종류의 창의적 종합에 의해서만 해결될 수 있다고 주장하기 때문이다.[53] 종합적 접근 방식과 관련해 우리가 제시할 수 있는 유일한 다른 일반화는 종합하는 것이 가능할 만큼의 공통성이 각각의 전통들에 충분히 존재한다는 것을 분명히 전제한다.

이 부분을 마치면서 두 가지 주의 사항을 살펴보자. 첫째, 현대유학의 정치철학은 충분히 복잡하며 그 발전은 어떤 종류의 범주도 완전히 만족스럽지는 못할 만큼 빠른 속도로 진행되고 확산되고 있다. 여기서 내가 제공하는 분류는 단순히 현대의 담론의 두드러진 측면에 대한 이해를 돕기 위한 것이며, 부분적으로는 다음 장에서 내가 취하고 있는 (그리고 내가 거부하고 있는) 입장을 보다 설득력 있게 하기 위해서이다. 둘째, 최근의 담론에 종종 유학 연구자는 아니지만 유의미한 방식으로 현대 유학철학과 상호작용하고 기여하는 비유학 전통의 학자들을 포함한다는 것에 주목해야 한다. 20세기 초기의 정치 이론가인 장스자오章士釗Zhang Shizhao(1885-1973)가 하나의 예이다. 4장에서 살펴볼 테지만 자유주의적 가치와 제도에 대한 그의 분명한 헌신에도 불구하고 그의 주장은 법치에 대한 적절한 유학의 입장에 기여할 수 있다. 또 다른 예는 현대철학자인 자오팅양인데, 인권과 "천하天下"에 대한 논의가 5장에서 중점적으로 드러날 것이다. 자오팅양은 다양한 전통 중국 사상과 보다 최근의 서양의 관점까지 모두 끌어들인 절충주의 사상가지만, 유학 연구자들은 그의 논증을 심도 있게 다룸으로써 많은 것을 배울 수 있다.

---

[53] Metzger(2005: 118).

진보적 유학

이 모든 것에 비추어 볼 때 "진보적 유학"은 어디에 속하는가? 처음에 나는 "진보적"이라는 용어가 두 가지 방식으로 작동한다고 언급했다. 나는 이것이 개인과 집단의 도덕적 진보에 대한 유학의 핵심적인 헌신을 설명하는 것과 내가 지지하는 유학의 정치철학에 대한 특정한 접근 방식을 표시하는 것으로 기능한다고 말했다. 이는 현대의 다른 "진보적" 사회 및 정치 운동과 특정한 유사성을 가진다. 내가 방금 윤곽을 그린 범주와 관련하여 보자면 진보적 유학은 칸트적 유학과 비판적 현대 신유학 사이에 위치할 것이다. 진보적 유학은 머우쭝싼의 "자기규제"에 대한 논증의 중요성을 받아들인다는 점에서 전자와 같다. 그러나 유학 윤리에 대한 설명이 반드시 취해야 하는 정확한 형식[이 무엇이어야 하는가]에 대해서는 분명하게 알 수 없다.[54] 한편 이 입장은 머우쭝싼이 취한 것보다 훨씬 더 사회 비판적이라는 점에서 후자와 같다. 다만 그것은 적어도 머우쭝싼에 대한 린안우와 탕쥔이의 비판과는 약간 결을 달리한다. 다음 장에서 나는 제도적 유학, 신고전 유학, 다양한 종합적 유학의 주장 중 내가 가장 설득력 있다고 생각하는 부분들을 활용할 것이다.

"진보적"이라는 표현은 종종 "보수적"이라 표현과 대조된다. 그러나 — 내 해석을 포함한 — 유학의 전통 내에는 진보적인 것과 보수적

---

[54] 이외에도 나는 머우쭝싼에 대한 리밍훼이의 해석에서 중심이 되는 유학의 도덕적 마음과 칸트의 자유의지를 거의 동일시하는 것을 지지하지 않는다. 리밍훼이가 머우쭝싼에 대해 옳을 수는 있지만, 나는 이것이 전체로서의 전통에 대한 최선의 해석이라고 생각하지 않으며, 자기규제가 의미를 갖기 위하여 이러한 특정한 유학 윤리와 형이상학에 대한 이해가 필요하다고 생각하지 않는다. 이 책 2장을 보라.

인 것이 동시에 존재하는 느낌이 있다. 머우쭝싼의 동료 현대 신유학자인 탕쥔이가 표현한 대로 "보수성은 자신의 삶의 존재의 가치에 대한 스스로의 의식적 긍정에 기반한다." 또한 이러한 가치의 이해는 궁극적으로 만물의 가치 실현을 이끌며, 이 이해가 바로 진보의 기반이다.[55] 머우쭝싼은 이를 다음과 같이 표현한다. "만약 삶에 대한 굳건한 헌신, 예리한 지혜, 충만한 윤리가 없다면 '보수성'에 대해 말할 수 없다. 진정한 보수성은 창조성의 실천에 구체적으로 새겨져 있다. 이 둘은 반대되는 것이 아니다."[56] 즉 현대 신유학자들에 따르면, (그들이 해석하는) 전통이 우리에게 중요하다고 보여준 삶의 덕이 있는 특성과 긍정을 "보존"하는 한, 우리는 그 과정에서 — 윤리적으로 성장하고 세상을 더 나은 곳으로 만들면서 — 진보 중이다. 머우쭝싼은 만약 "보수성"이 고정된 습관이나 태도의 집합으로 이해되고 창조성이 제한 없는 급진적인 참신함으로 얼버무려진다면 양자는 분명히 반대되는 것이 될 것이라는 점을 인정하지만, 이는 보수성과 창조성에 대한 진실하고 가치 있는 방식의 설명이 아니라고 주장한다.

윤리적 통찰이 진보적 정치 변화를 이끌어내고, 이것이 결국 우리가 가진 덕의 잠재력을 더 크게 실현하게 한다는 생각은 진보적 유학의 핵심이다. 진보적 유학이 옹호하는 제도는 그것이 고대로부터 유래했기 때문이 아니라, 유학자들이 고대로부터 중시해온 근본적인 인간의 덕을 실현하는 데 도움이 되기 때문에 가치가 있다. 그러므로 덕의 실현에 방해가 되는 사회적 구조는 비판받고 변화할 필요가 있다. 7장의 중심 주제인 사회적, 경제적, 정치적 억압에 대한 진보적 유학

---

55   Tang(2008: 176)에서 인용하였다.
56   Tang(2008: 176)에서 인용하였다.

의 비판은 다른 진보주의가 제기하는 비판과 종종 닮았지만, 나는 이 책에서 진보적 유학이 다양한 방식으로 근본적인 통찰을 제시할 수 있음을 보일 것이다. 무엇보다도 위계질서, 존중, 의례, 국가의 지원을 받는 윤리적 교육들이 앞으로 긍정될 것이다. 진보적 유학의 정치철학은 좁은 의미에서 우리의 정치제도와 가치가 윤리적인 것과 의례적인 것, 그리고 가치와 실천이라는 서로 구별되는 두 원천 간의 균형잡힌 상호 의존관계 안에 있음을 이해해야 한다고 주장한다.

조금 전 나는 진보적 유학이 부분적으로 "유학자들이 고대로부터 중시해온 근본적인 인간의 덕"을 실현하는 것을 목표로 한다는 점을 언급했다. 이를 독해하는 두 가지 방법이 있다. 한편으로는 이러한 덕을 유학자들이 진지하게 다루었다는 이유로 유학자들이 덕을 가치 있게 생각했다고 강조할 수도 있다. 만약 유학자라면 이러한 덕(인의예지신仁義禮智信)을 중요시해야 하며 이러한 덕을 중심으로 받아들이는 것이 유학자가 되는 것의 일부라고 주장할 수도 있다. 다른 한편으로는 이러한 덕이 "인간의 근본 덕"임을 강조할 수도 있다. 초기 유학자들은 이러한 덕을 소중히 여겨야 한다고 인식했지만, 이러한 덕을 소중히 여기는 이유는 유학자들이 그것을 전통적으로 소중히 여겨왔기 때문이 아니라 그것이 가치 있기 때문이라는 것이다. 이 책을 정치철학에 관한 연구서로 규정함으로써 나는 스스로 이 두 접근 방식 중 후자를 받아들인다. 정치철학은 인간의 삶과 가치가 정치사회에서 함께하는 우리의 삶과 관련되는 한 그것들[인간의 삶과 가치]에 관해 무엇이 진실인지 알려주는 것을 목표로 한다. 이것은 단순히 한 전통이나 다른 전통이 무엇을 말했는지를 설명하는 것과는 다르다. 그러므로 나는 바이통동이 자신의 과업으로 여기는 정치철학의 보편적 개방성과 장칭이 종교의 렌즈를 통해 유학(즉 儒敎)을 바라보는 특수주

의적 초점 사이의 차이에 대한 바이통동의 통찰력 있는 논의에 동의한다.[57]

그러므로 이 책의 독자는 스스로를 유학 연구자로 규정하는 사람에 국한되지 않는다. 그러나 내가 여기서 확립하고자 하는 것에는 한계가 있다. 특히 나는 유학 윤리의 일반적 틀이나 역사적 유학자들이 특수한 방식으로 구체화하고자 했던 일반적인 윤리적 신념이 진실이라고 주장하지 않을 것이다.[58] 나는 유학 윤리에 대한 대략적이고 일반적인 이해에 의지할 것이다. 이 이해는 무엇보다도 다음과 같은 핵심적인 생각을 포함한다. [1] 인간은 사회적, 자연적 환경의 모든 측면에 대해 조화와 관심을 발전시킬 수 있으며, 그중에서도 우리가 특정한 관계를 맺고 있는 사람들과의 관계가 가장 중심이 된다. [2] 우리 환경의 가치들의 서로 다른 측면들(예를 들어 가족에 대한 책임, 우리가 책임져야 하는 타인의 행복, 친구들에 대한 관심)에 대한 우리의 관심은 반드시 조화로워야 한다. [3] 인간의 행복한 삶과 우리 공동체의 번영은 모두 앞에서 언급한 능력을 성공적으로 개발하는 사람들에게 달려 있다. [4] 이러한 능력은 인仁과 예禮 같은 개별 덕들을 참조하여 유용하게 설명될 수 있다. 다만 이러한 덕들은 적어도 어느 정도 상호 연결되어 있다(그리고 아마 특정한 설명에 의하면 이들은 궁극적으로 하나의 능력의 다른 측면일 것이다). [5] 마지막으로 유학 윤리의 궁극적 목표는 모든 사

---

[57] Bai(2010).
[58] 또한 나는 유학 윤리의 "일반적인 틀"에 대한 나의 주장을 옹호하지 않을 것이다. 과거와 현재를 막론하고 어떤 유학자도 본문에서 언급한 다섯 가지 덕의 중요성을 부인하지 않을 것이라 생각하지만(이 다섯 가지 덕은 고전 시대에는 정통으로 인정되지 않았다), 덕이 유학 윤리의 개념화에서 얼마나 중심적인지는 상당히 현대적인 논쟁의 문제이다. 서문에서 언급했듯이 나는 Angle(2009)에서 신유학의 윤리에 대한 구체적인 독해를 명확히 하고 옹호한다.

람이 이러한 덕을 완전히 계발하도록 하는 데 있다.[59]

이를 일반적으로 말하면 유학 윤리는 분명히 다양한 서양의 윤리적 관점과 유사점 및 차이점이 있다. 이는 진보적 유학에 대해서도 마찬가지이다. 뒤의 장들에서 그 핵심 사상을 설명하기 시작하면 자유주의, 공화주의, 아리스토텔레스의 정치 이론과의 유사점 및 차이점이 모두 드러날 것이다. 차이점들은 때때로 극적이기보다는 미묘하다. 특히 진보적 유학을 가장 연관성 있는 서양의 관점들(예를 들어 국가 도덕교육에 상당한 여지를 두고 시민적 덕을 강조하는 자유주의 견해들)과 비교할 때 그렇다. 진보적 유학은 일종의 제헌적 민주주의에 기여하지만, 이것이 — 서양을 닮고자 하는 욕망을 통해 — 유학 외부에서 강요된 것도 아니고, 진보적 유학이 "단순히" 제헌적 민주주의라는 의미도 아니다. 헌법, 법률, 대의제도가 수행하는 역할은 독특하며, 항상 유학 윤리 및 의례와의 균형이라는 더 넓은 틀에서 이해되어야 한다. 물론 그 이상의 융합convergence은 항상 가능하다. 사실 나는 서양의 전통 중 화합적(친화적) 입장을 가지고 활동하는 사람들이 진보적 유학의 설명으로부터 무언가를 배우기를 희망하며, 그러므로 (예를 들어) 미래의 자유주의가 미래의 유학과 더 많은 것을 공유할 수 있기를 바란다.

---

[59] "모든 사람이"라는 표현은 몇몇 유학 연구자에게 논란의 소지가 있을 테지만, 이에 대해서는 3장의 논증을 보라.

이 책에 대하여

이 책은 서론과 결론을 포함한 8개의 장으로 구성되어 있으며, 그 목표는 대안적인 유학 및 비유학적 접근에 대한 비판적 고찰을 통해 정치철학에 대한 진보적 유학의 관점을 옹호하는 것이다. 이 책은 주제별로 진행된다. 내가 주요하게 다루는 주제는 권위, 법, 인권, 의례, 억압, 존중이다. 이 리스트는 서양 정치철학의 관점에서 볼 때 꽤 기이하게 보이겠으나, 나는 무엇이 현대유학의 정치철학 전반에 그리고 특히 진보적 유학에 있어 특징적이고 논쟁적인지를 반영하기 위해 이 주제들을 선택했다. 인권과 억압에 대한 비판이 전통 유학의 주제는 아니지만 이것들은 현대유학에 있어서 중요한 주제임이 틀림없다. 법과 권위는 유학의 전통 내에서 어느 정도 논의되지만 내가 이것들에 접근하는 방식은 중요한 지점에서 전통을 벗어난다. 의례와 존중은 서양의 정치철학적 사유에서 거의 혹은 전혀 언급되지 않았던 유학의 전통적 주제이다. 이 책의 전반적 주장의 핵심 중 하나는 이 개념들이 다른 전통에서 활동하는 정치철학자들에게도 매력적으로 느껴질 만큼 유학의 종합적 정치철학에서 얼마나 중요한지를 보여주는 것이다.

각 장의 주장은 책의 앞부분[서론]에서 확립된 요점을 기반으로 한다. 머우쭝싼식의 "자기규제"의 주장이 이후의 여러 장에서 핵심적이지만 사실상 영미 철학에 알려져 있지 않으므로 이를 2장의 주제로 삼는다. 나는 머우쭝싼의 자기규제라는 개념이 상당한 통찰력을 가지고 있었다고 생각한다. 이 개념이 초기 유학 저술들에 암시되어 있지는 않지만, 그럼에도 독특한 유학의 이론으로 여겨질 수 있다는 머우쭝싼의 주장에 동의한다. 그는 이 개념이 유학의 전통 내에서 창조적으로 발전했다고 본다. 하지만 2장에서 내 주장의 많은 부분은 머우쭝싼의 철학 체계의 특정한 맥락과 주장에서 벗어난다. 나는 자기규제가 머우쭝싼의 다른 이론들과 독립적으로도 의미가 있고 그 중요성을 유지한다는 점을 보일 것이다. 이 개념은 앞 절에서 말한 기준을 충족하는 모든 유학 윤리의 견해에 근거할 수 있다.

모든 정치철학에서 정당한 정치적 권위의 문제는 중요하며, 이것은 지난 세기 동안 유학의 정치철학에서 논쟁의 중심에 있었다. 초기의 유학은 "천天" 혹은 하늘을 권위의 원천으로 보았으며, 군주들이 천의 "명령"에 따라 통치한다고 여겼다. 천의 의도와의 가장 분명한 소통은 "백성(民)"의 행동을 통해 나타나며, 그러므로 백성의 안녕은 유학 정치의 기반을 형성한다. 3장은 전통적인 유학 전반을 관통하는 "백성"의 지위에 관한 긴장을 지적하는 것뿐만 아니라, 그러한 틀의 강점과 한계를 자세히 이야기하는 것으로 시작한다. 다음으로 제도적 유학자인 캉샤오광의 권위주의적 국가를 정당화하기 위한 현대적 노력을 분석할 것이다. 그는 초기 유학의 견해를 온건하게 수정함으로써 이를 수행하고자 한다. 나는 이러한 접근의 오류를 지적한 후 머우쭝싼의 "자기규제" 주장에 중요하게 의지하면서 유학적 권위에 대한 대안적 접근을 설명할 것이다. 매우 대략적으로 이 모델에서는 천과 같은 것이 권위의 원천으로 남아 있지만 재개념화된 "민"이 권위의 담지자이다. 이 권위는 민주적 절차를 통해 정부에 위임되고, 그 행사는 헌법과 특정한 종류의 국가 도덕교육이라는 두 가지 방법으로 제한되고 영향을 받는다.

3장에서의 헌법과 법의 역할은 4장의 주요 주제인 덕과 법 사이의 잠재적인 긴장에 대해 더욱 직접적으로 다루게 한다. 지난 세기 동안 중국에서는 "법의 통치rule of law(法治)"와 "덕의 정치virtue politics(德治)"의 관계에 대한 논쟁이 계속되어왔다. 이 장에서는 20세기 이전의 중국에서 이러한 주제에 대한 논의를 간략히 소개한 뒤, 1910년대 중반 그리고 1950년대 후반과 1960년대 초반에 있었던 두 가지 논쟁으로 관심을 돌린다. 이러한 맥락에서 장스자오와 머우쭝싼의 주장에 특히 주목한다. 이 장의 후반부는 법과 덕의 상호관계에 대한 중국의 최근 논의들을 살펴본다. 그리고 장스자오와 머우쭝싼의 주장이 중국 안팎의 현재의 대화에 기여할 수 있는 이러한 문제들에 대해, 즉 도덕적 권위의 한계, 정치 내에서의 덕의 역할, 공과 사의 관계, 도덕에 뿌리를 둔 정치적, 법적 가치의 필요성과 같은 문제들에 대해 진보적 유학의 입장에서 취할 수 있는 다양한 방법을 제시한다.

4장은 국내법에 관한 것이다. 5장에서 나는 국제법, 특히 인권에 대해 논의한다. 유학과 인권의 관계에 관한 지난 20년 동안의 많은 논쟁은 ― 서양의 인권 담론에서 사용되는 특정한 의미에서의 ― "인간"과 "권리" 개념이 유학에서 적절한 자리를 찾을 수 있는지 여부에 기반을 두고 있다. 이 장의 요지는 중국의 "천하天下" 사상을 중심으로 우리의 글로벌 정치사상을 구성하는 것이 다른 대안적 틀보다 더 도움이 될 수 있다는 현대 중국철학자 자오팅양의 생각으로부터 시작된다. 나는 머우쭝싼의 "자기규제" 주장에서 권리가 이 구도 안에 어떻게 들어설 수 있는지 이해하고자 한다. 그러나 머우쭝싼은 여전히 인권이라는 범주와 관련된 권리에 대해서 거의 말하지 않았기 때문에 이 장의 대부분은 어떻게 우리가 자오팅양과 머우쭝싼를 넘어 "천하의 권리"에 도달할 수 있는지, 나아가 이를 어떻게 제도화할 수 있는지 보여준다.

다음 장은 상당히 다른 방향으로 전환하여 의례ritual(禮)에 대한 유학의 관심이 어떻게 강력한 예의civility의 모델이 될 수 있는지 탐구한다. 이는 결국 번영하는 국가와 사회에 매우 중요하다. (자아, 국가, 사회의 필수불가결한 상호 연결과 유학적 "정치"철학의 결과들이 이 책의 결론의 주요한 주제이다.) 예에 대한 내 해석은 네 가지 주요 특징이 있다. 첫째, 이것은 백성에게 오직 온건한 요구만 하고, 윤리적 수양 수준이 높지 않은 이들도 접근 가능하다는 의미에서 최소한의 것이다. 예를 최대주의적 관점으로 보는 견해와 달리 여기서 전개되는 견해는 윤리적 가치가 주어진 어떤 종류의 예의 집합도 넘어서며, 잠재적으로 예를 비판할 수 있다는 생각과 친숙하다. 둘째, 예는 맥락 의존적 윤리적 판단과 부분적으로 독립적이다. 예는 공유 가치에 대한 헌신을 표현하는 방식으로 우리 공동체 구성에 중심 역할을 하기 때문에 끈끈하고 쉽게 바뀌지 않는다. 셋째, 우리가 수행하는 예는 예절propriety의 윤리적 덕과 맞물린다. 예절은 주어진 상황에서의 이상적인 윤리적 반응의 중요한 측면이다. 예절은 단순히 의도, 행동의 유형, 결과보다는 자신이 행동해야 할 적절한 방식에 초점을 맞추게 한다. 많은 경우에 적절한 행위 방식은 사회적으로 (예禮로서) 이해되지만 이 예절의 덕은 기존의 예를 능가하는 것으로 보아야 할 것이다. 마지막으로, 예는 법치주의와 구분되지만 양립할 수 있다.

  7장은 사회 비판, 특히 현대유학 연구자들이 억압을 인식하고 뿌리 뽑을 필요성에 대해 다룬다. 나는 유학이 오래전부터 현대 심리학의 중요한 발견을 예견했다는 점을 보일 것이다. 즉 사회적, 물리적 환경은 우리가 덕이 있게 되는 방법과 정도에 상당한 영향력을 가진다. 그러나 이와 관련된 유학의 통찰은 윤리적 특수성에 의해 제한되었고, 그래서 때때로 유학은 대규모 사회적, 경제적 질서의 체계적인 영향에 대해 못 본 척하였다. 특히 걱정스러운 유형의 사회적 질서는 — 집단이 조직적으로 고착되거나 축소될 때의 — 억압이다. 따라서 유학이 역사 속에서 많은 유형의 억압에 안일한 태도를 취해왔음에도 불구하고 진보적 유학은 억압에 맞서야 한다. 하지만 억압적이지 않은 형태의 위계질서와 존중은 가능하며 중요하다. 이 점은 어떠한 유학적 정치철학이라도 반드시 인정해야 하는 것이다. 6장과 마찬가지로 7장에서는 국가와 관련된 좁은 관심을 넘어 "정치적인 것"의 경계를 확장할 것이다.

이 책은 결론에서 유학의 정치철학이 윤리적, 협소한 의미의 정치적, 의례적 가치 차원 간의 — 생산적 긴장이라고 할 수 있는 — 역동적 조화에 의존하는 방식을 명확히 하기 위해 이전 장들의 주제들을 다시 살펴볼 것이다. 이러한 맥락에서 나는 국가와 교육 및 의례의 관계에 대해 잠시 숙고하고, 오늘날 현대 세계에서 유학의 제도적 고향과 관련된 도전적인 질문에 대한 몇 가지 성찰로 이 책을 마무리한다.

2장
자기규제: 윤리와 정치의 간접적 연결

전통적으로 유학자들은 윤리적인 영역과 정치적인 영역을 연속적이고 통합된 것으로 이해해왔다. [가령] 그들은 가장 도덕적인 사람이 통치하거나, 세습군주제에 어느 정도 타협한다고 하더라도 통치자는 최대한 덕을 함양하기 위해 노력해야 하며 한층 더 덕이 높은 신하들의 지도를 받아야 한다고 했다. 이론적으로 덕의 소유는 통치자가 자신의 영토의 모든 사람을 돌볼 수 있게 해주었다. 특히 가족 구성원에 대한 관심에서 드러나는 통치자의 모범적인 성품은 영토의 모든 사람을 덕으로 이끌 것으로 여겨졌다. 분명 다양한 중재적 제도가 통치자의 덕의 효과를 강화하고 널리 펼치기 위해 발전하였다. 그 예로는 신하, 관료, 그들을 배출하는 과거제, 광범위한 의례 제도, 위의 모든 것이 실패할 때 질서를 유지하기 위해 고안된 형법 제도 등이 있었다. "질서"는 핵심 목표였지만 그것은 윤리적 용어로 생각되었고 덕이 있는 통치virtuous rule가 그것을 성취하기 위한 필요충분조건으로 이해되었다.

[이에 비해] 윤리적 가치와 정치적 가치를 분리하고자 하는 노력은 머우쫑싼이 제시하는 현대 신유학 정치 기획의 핵심 중 하나였다. 머

우쫑싼은 고도로 발달된 도덕적 통찰력을 가졌다고 주장하는 개인의 리더십에 의존하는 정치체제에 우려를 표했다. 그는 전통적인 유교국가와 현대 공산주의국가가 주기적으로 저질렀던 끔찍한 과잉[과도함]을 염두에 두고 있었다. 자신의 덕을 믿었던 지도자들은 자신의 나라에 도덕성에 대한 비전vision을 강요하였으나 두 경우 모두 피로 얼룩진 결과만을 낳았다. 머우쭝싼은 이를 도덕에게 "삼켜진swallowed" 정치라고 규정했다.[1] 물론 머우쭝싼은 성인됨sagehood을 추구하는 것의 중요성을 강조하였다. 무엇보다 그는 법과 권리가 도덕적 투쟁에 뿌리를 두며, 이로부터 발생한다고 보았다. 도덕morality 없이는 정치도 없다는 것이다. 그럼에도 불구하고 그는 "성인이 되는 것은 끝이 없는 과정"이라는 점을 인식하고 있었다.[2] 그러므로 (법을 포함하여) 정치는 도덕으로부터 독립적이어야 하며 그렇지 않다면 정치 역시 끝없이 미완성이고 적절히 보호되지 못할 것이다. 따라서 머우쭝싼은 권리 기반right-based의 자유주의 이론과 선 기반good-based의 유학(혹은 공산주의) 이론 사이에 놓인 자신의 입장을 옹호하게 되었다. 자유주의자들과 달리 머우쭝싼은 도덕적 가치와 정치적 가치가 연속성을 유지해야 하고 정치가 모든 가치의 근원적 원천으로부터 괴리되지 않아야 한다고 주장한다. 그러나 이 경우 우리의 정치적 과정의 결과가 [정치와 연결된 도덕의 끝이 없는 미완성으로 인해] 궁극적으로 우리의 삶을 개선하는 것을 목적으로 한다고 확신하기 어렵게 된다. 그러나 머우쭝싼은 공산주의자들 및 초기 유학자들과 달리 정치와 법은 도덕과 독립적인 자신의 영역을 가져야 한다고 보았다. 다시 말해 머우쭝싼

---

1   Mou(1991: 140).
2   Mou(1991: 127).

은 도덕과 정치 사이의 직접적인 연결뿐만 아니라 연결의 부재도 거부했다. 그의 대안은 간접적 연결이다. 머우쭝싼에 따르면 정치적 가치는 도덕에서 나오지만 도덕적 가치가 더 발전하려면 그가 "자기규제(自我坎陷)"라고 부르는 것이 요구되기 때문에 독립적 지위를 얻게 된다는 것이다.[3]

나는 자기규제가 현대유학의 정치철학이 성공적으로 발전하는 데 중요하다는 머우쭝싼의 생각에 동의한다. 하지만 내가 이 개념을 설명하고 발전시키는 방식은 머우쭝싼과 몇 가지 결정적 면에서 다르다는 점을 처음부터 분명히 하겠다. 자기규제는 머우쭝싼의 철학의 적어도 세 영역에서 핵심적인 역할을 한다. 이 개념은 도덕적 마음[心]을 가진 개체가 삶의 세계에 비경험적인 방식으로 반응하면서도 어떻게 경험적 세계에 대해 인식할 수 있는지를 설명하고, 과학적 규범이 어떻게 그리고 어느 정도로 도덕과 독립적으로 우리의 활동에 영향을 줄 수 있을지를 설명하며, 법과 권리가 더 나은 도덕적 통찰에 대한 개인의 주장을 우선하지 않으면서 어떻게 우리의 정치적 삶을 구조화할 수 있는지를 설명한다. 머우쭝싼은 각 경우에서 "규제되고" 있는 것은 도덕적 마음이 도덕적 실재를 직접적이고 직관적으로 포착하는 것이라고 주장한다. 그가 흔히 "지적 직관"이라고 부르는 이 후자의 개념을 이해하는 것은 머우쭝싼의 자기규제를 온전히 설명하는 데 매우 중요

---

[3] Mou(1991: 59). 자아감함自我坎陷에 대한 이 번역은 데이비드 엘스타인이 처음 사용했다. Elstein(2011)을 보라. Angle(2009)에서 나는 자아감함을 머우쭝싼을 따라 "자기부정self-negation"이라 번역하였다. Mou(1983: 278)를 보라. 하지만 머우쭝싼이 감함이 어떤 의미인지 설명하기 위하여 명백히 헤겔적 언어인 "부정否定"을 사용하는 것을 감안할 때, 지금은 엘스타인의 보다 문자적인 번역을 따르는 것이 현명해 보인다. "규제restriction"의 정당성에 대해서는 이후의 논의도 보라.

하다. 나는 약간의 재해석을 통해 정치철학적 중요성을 유지하면서도 자기규제 개념을 머우쭝싼의 "도덕 형이상학"의 나머지 부분으로부터 분리해낼 수 있다고 믿는다. 자기규제는 분명히 도덕적 가치에 대한 설명에 기반해야 한다. 그러나 유학 윤리와 관련하여 내가 1장에서 열거한 일반적 기준들을 모두 충족할 수 있는 [또한 머우쭝싼의 형이상학적 설명에 의존하지 않는] 다양한 견해가 있다. 나는 자기규제에 대한 머우쭝싼의 특정한 논의를 출발점으로 삼을 것이다. 그리고 머우쭝싼이 내가 여기서 자기규제에 대해 말한 거의 모든 것을 받아들이리라 생각한다. (더욱이 현대의 칸트적 신유학자들은 이곳의 내 논증을 따르고 받아들일 수 있을 것이다.) 하지만 우리는 자기규제의 가치를 알기 위해 머우쭝싼의 모든 체계를 수용할 필요는 없다. 이러한 접근[즉 형이상학과의 분리]은 훨씬 더 많은 독자에게 자기규제 개념을 개방한다.

머우쭝싼 자신은 "자기규제"를 헤겔적 의미의 "자기부정self-negation(自我否定)", 즉 근본적으로 다른 종류의 어떤 것으로 한 가지를 제한하는 것을 의미한다고 설명한다.[4] 이러한 설명은 [이 개념을 이해하기 위한] 좋은 출발이지만, 더 나아가기 전에 자아감함[자기규제]이라는 용어 자체에 좀더 주목해보자. 이것은 일상적인 용어가 아니고 머우쭝싼이 고안한 것이다. "자기규제"는 보통명사인 "자기self(自我)"와 확실히 흔하지 않은 [중국어] 동사인 "감함坎陷"이 결합하여 형성되며, 이는 머우쭝싼이 『역경易經』에서 두 관련 용어를 가져와 구성한 것이다. 감坎[☵]은 『역경』의 64괘를 구성하는 8괘 중의 하나이다. 이 괘의 아래쪽과 위쪽 선은 끊어진 음陰 선[음효陰爻=--]이고, 가운데 선은 단단한 양陽 선[양효陽爻=—]이다. 현대 연구자인 리차드 린은 이 괘의 기

---

4 Mou(1975: 122).

본적인 뜻이 "웅덩이sink hole"이며, 여러 초기 주석을 볼 때 이 괘는 물이 흘러들어오는 곳이라는 의미를 함축하는 것이 분명하다고 설명한다. 어떠한 주석은 감을 "사물을 적시는 비(潤)"와 연결하기도 한다. 웅덩이의 부정적 의미에도 불구하고 흐르는 물과 적신다는 것은 긍정적 의미를 담고 있어 이 괘를 긍정적인 것으로 만든다. 또한 가장 초기의 두 주석에서 감을 "함陷", 또는 "구덩이pit"라고 정의하는 것을 볼 수 있다.5 이러한 사례들을 볼 때 감함坎陷을 구덩이에 빠지는 것과 같이 주로 [무언가를] 낮추는 행위나 [어떠한] 한계로 생각해야 할 것이다. 이러한 이해는 감함을 "규제restriction"라고 번역하는 것을 뒷받침한다. 하지만 물 및 특히 적신다는 것과 그것[감함=규제]의 연관성 또한 중요하다. 왜냐하면 머우쭝싼은 자기규제를 궁극적으로 더 넓은 인식 및 도덕적 성장 과정에서 필수적이고 긍정적인 단계로 보기 때문이다.

정치에서의 자기규제

나는 이미 머우쭝싼이 인식, 과학, 정치라는 세 가지 다른 맥락에서 자기규제를 사용한다는 점을 언급했다. 그가 자기규제라는 용어를 처음 도입한 것은 왕양명의 도덕 인식 이론에 이 [자기규제] 개념이 암묵적으로 포함되어 있다고 주장하기 위해서였다.6 그러나 내가 앞에

---

5 「설괘전說卦傳」(Lynn, 1994: 121, 123)과 「서괘전序掛傳」(Ibid.: 105)을 보라. 전자의 문헌은 "감坎은 물이며, 배수로이다. 물은 낮은 곳에 머무르며, 곧게 가다가 꺾이기도 한다. 물은 활이며 바퀴이다"라는 내용을 더하고 있다(Ibid.: 124). 유용한 논의로는 Tang(2008: 121)이 있다.

6 Mou(1954: 27-28)를 보라. 이 책은 1947년 학술지에 두 편의 논문으로 먼저 게재되었다. 자세한 내용은 Lee(2008: 287n6)를 보라. 첸이 주목하듯이 머우쭝싼은

서 간략히 설명한 전략에 따라 나는 도덕 인식 이론에 따른 자기규제가 아니라 자기규제가 정치에서 어떠한 기능을 하는지에 대한 머우쭝싼의 가장 접근하기 쉬운 설명에 집중할 것이다. 또한 이를 통해 미우쭝싼의 다른 이론적 주장이 없더라도 설득력 있는 자기규제의 개념을 이끌어낼 수 있다는 것을 보여줄 것이다. 머우쭝싼의 논의의 핵심은 윤리적 추론의 기능적 표현과 분석적 추론의 구조적 표현을 구분하는 것이다. 윤리적 추론의 기능적 표현을 통해 머우쭝싼은 그가 무엇보다도 상황의 구체성을 고려하는 개인의 특수한 윤리적 판단을 유학 윤리의 핵심적 양상으로 본다는 것을 드러냈다.[7] 그는 이러한 판단이 적절히 수양된 도덕적 마음으로부터 나오며, 그런 의미에서 주관적이라고 본다. 그는 이것을 개인의 덕이 있는 품성이라는 관점에서 설명한다.[8] 다른 한편 분석적 추론의 구조적 표현은 일반적이고 객관적인 법칙이나 틀을 가리킨다. 이를 염두에 두고 머우쭝싼의 말을 살펴보자.

민주적 정치구조는 정치적 삶 속에서 사람들이 내리는 의식적인 선택으로부터 나오는 것이다. 이러한 단서에 기반하여 우리는 이를 윤리적 추론과 연결할 수 있다. 하지만 이러한 정치구조는 객관적인 실천에 속하는 객관적인 틀이며, 그러므로 윤리적 추론의 기능적 표현은 이를 완성할 수 없다. 정치구조 자체의 내적 논리

자신의 책 『인지적 정신 비판A Critique of the Cognitive Mind』에서도 감함이라는 용어를 사용하고 있다. 이 책은 그가 1949년에 완성한 것이다(Chan, 2009: 114).

[7] Mou(1991: 46-48).
[8] Ibid.: 47.

는 추론reasoning의 구조적 표현의 발현이다. 이 추론은 일시적으로 개인의 덕이나 실천적 추론의 관점에서 생각할 수 없게 되며, 이로써 윤리적 의미를 가지지 않는 분석적 추론으로 전환된다. … 하지만 이 전반적인 정치구조 자체는 윤리적 추론이 지향하는 것이다. 즉 이 정치구조의 실현은 또한 가장 높은 윤리적 가치의 실현이기도 하다. 이는 윤리적 가치를 실현하기 위해서는 윤리적 추론이 반드시 기능적 표현의 한가운데서 스스로를 규제해야 하며(自我坎陷), 한 걸음 물러나 분석적 추론의 구조적 표현으로 전환해야 한다는 것을 보여준다. 이러한 추론의 구조적 표현 안에서 관찰하면 정치는 독립적인 의미를 가지며, 스스로 독립된 가치 영역을 형성하고, 일시적으로 윤리를 뒤로한다. 정치는 윤리와는 아무런 관련이 없는 것처럼 보인다. 구조적 표현의 관점에서 볼 때 — 권력의 조직, 권리와 의무의 정의와 같은 — 정치구조의 다양한 측면은 서로 동등하며 따라서 독립적인 정치학의 주제가 될 수 있다. 사람들은 합리적이고 공정한 틀(合理公道)을 명확하게 구축하기 위해 노력하는 순수한 정치적 논의를 통해 이러한 측면들을 논할 수 있는 것이다.[9]

여기서 볼 수 있듯이 머우쭝싼에게 자신을 규제하는 것은 다른 추론 방식을 선호하는 특정 종류의 추론이다. 그러나 머우쭝싼의 다른 저술에서 윤리적 추론과 분석적 추론 사이의 차이는 내가 설명한 것보다 더 극적임이 분명하다. 실제로 그는 두 가지 근본적으로 다른 두 종류의 의식, 즉 우주의 기본적인 도덕적 본성을 직접적으로 인식할

---

[9] Ibid.: 58-59.

수 있는 능력을 가진 선천적 도덕의식과, 주체를 객체로부터 구분함으로써 작동하는 인지적이고 분석적인 의식을 염두에 두고 있다.**10** 머우쭝쌴이 제시하는 개념을 내가 해석하는 방식은 두 형식의 추론을 해석할 때 형이상학적 색채를 훨씬 덜어내더라도 자기규제 개념이 여전히 성립한다는 것을 보여주는 것이다. 내가 앞에서 말했듯 머우쭝쌴은 "인격 가운데의 덕성(人格中的德性)"이 대체로 도덕적 마음을 전개하는 것과 같다고 보았다. 나는 다만 윤리적 추론을 특정 상황에 대한 덕이 있는 인격의 인식과 반응의 측면에서 볼 것을 제안한다. 이것은 머우쭝쌴의 보다 정교한 이야기와 일치하지만 우리가 모든 세부 사항에서 머우쭝쌴을 따를 필요는 없다. 더욱이 [자기규제에 대한] 나의 설명은 여전히 내가 1장에서 대략적으로 소개한 유학 윤리의 일반적 틀에 근거하면서 (유학의 견고한) 규범적 기반을 제공한다.**11**

정치적 영역에서 발생하는 추론은 어떤가? 이것은 윤리적 추론과 어떻게 다른가? 나는 머우쭝쌴이 말한 많은 것을 수용한다. 이것[정치적 영역의 추론]은 상이한 가치 관점과 일반적이고 객관적인 규칙에 따라 추론하는 것이다. 즉 상황에 대한 자신의 인식에 기반해 판단과 행동을 하는 것이 아니라, 법칙에 입각하여 그리고 정치적 과정 안에서

---

10 머우쭝쌴의 가장 논란이 되는 신조 중 하나는 전자의 의식을 통하여 인간은 "지적 직관"을 할 수 있다는 것이다. 이와 관련된 배경과 이 생각에 대한 논의는 Chan(2009: esp. 142-150); Billioud(2012); Bunnin(2008)을 보라.

11 물론 덕이 있는 인식과 반응으로 여겨질 수 있는 것이 무엇인지, 어떻게 이것이 내가 1장에서 언급한 조화 및 관심을 연결할 수 있는지, 어떻게 이러한 특정한 환경에 대한 반응이 서로 그리고 다양한 가치의 측면과 조화를 이룰 수 있는지 등에 대하여 더 많은 것이 논의되어야 할 것이다. 머우쭝쌴은 지적 직관이라는 개념에 근거하여 한 종류의 대답을 제시한다. 나는 Angle(2009)에서 다른 대답을 제시한다. 또 다른 유학철학자들은 여전히 다른 대안들을 발전시키고 있다.

추론하는 것이다. 무엇보다도 이것은 정치적 과정의 혼란스러움과 불완전함을 수용하는 것을 의미한다(4장에서 더 자세히 논의할 것이다). 머우쭝싼이 자신의 강의에서 간결하게 언급했듯이 성인sage이 대통령이 되고자 한다면 그는 "정치적 규칙을 준수해야 한다."[12] [물론] 정치적 관점에서의 추론과 판단의 본질에 대한 주요한 질문들이 남아 있다. 이 질문들은 윤리적 추론이 어떻게 정치적 영역에서 여전히 존재감을 가질 수 있는지와 관련되지만 지금은 일단 미뤄둔다. 그 대신 머우쭝싼의 긴 인용문에서 첫 번째 문장에 주목해보자. 정치가 개인들의 윤리적 활동이 정치적 삶에서 결합하면서 나타나는 것이 중요하다는 것이다. 특정한 정치구조는 결국 더욱 완전한 윤리적 실천을 위한 간접적 수단으로서 필요하다는 것이 머우쭝싼의 기본적인 그림이기 때문이다. 윤리적 추론은 스스로를 더욱 온전히 실현하기 위하여 "스스로를 규제"하며 이로써 정치적 가치의 독립적 영역이 존재할 수 있도록 한다. 적어도 일반적 상황이라면 정치적 가치는 개인의 우월한 윤리적 통찰에 대한 주장에 의해 무시될 수 없다는 의미에서 독립적이다. 머우쭝싼은 같은 책의 뒷부분에서 이를 다음과 같이 표현한다.

> 개인은 자신의 [덕이 있는] 인격의 성취가 아무리 위대하거나 정신적이라 할지라도 그것이 정치에서 발현될 때 관련 한계(즉 정치 세계의 최고 원칙)를 무시할 수 없으며, 실제로 이러한 한계를 실현하는 데 자신의 존엄한 인격을 바쳐야 한다. 개인이 이러한 한계를 성공적으로 실현할 수 있을 때, 그 개인은 고대에 "성인 군주sage-king"라 불렸으며, 오늘날 "위대한 정치가great stateperson"

---

12   Mou(1983: 278).

라 불린다. 만약 개인이 이를 실현하지 못하면, 그 개인은 "패자hegemon", "폭군tyrant", "전제군주autocrat" 등으로 불렸으며, 오늘날엔 "전체주의적 지도자totalitarian ruler" 혹은 "독재자dictator"라 불린다.[13]

머우쭝싼은 여기서 고대와 현대의 정치의 차이는 무시하고 있다. 그가 숙고한 설명에 따르면 최선의 형태의 고대 정치일지라도 역시 정치의 독립성이 부재했던 문제를 가진다.

한 걸음 물러나서 생각해보자. 자기규제에 대해 이해해야 할 두 가지 핵심 사항이 있다. 자기규제가 무엇이고, 자기규제가 왜 필요한가이다. 지금까지 이 절에서 우리는 적어도 윤리와 정치의 관계와 관련하여 자기규제가 무엇인지 이해하는 데 어느 정도 진전을 이루었다. 나는 뒤에서 세부 사항에 대해 좀더 언급할 것이다. 지금은 (윤리/정치에 적용될 때의) 자기규제의 정당화에 주목해보자. 요약적으로 주장의 개요를 그려보자면 다음과 같다. 우리의 주관적인 내면화된 도덕성은 암묵적으로 완전한 성인의 덕을 이상으로 추구하고 있다. 완전한 덕은 공적, 정치적 세계에서 실현되어야 한다. (법과 같은) 객관적인 구조 없이는 완전한 덕의 공적 목표가 실현되기 어렵다. 이러한 객관적 구조는 우리의 주관적 도덕감moral feelings[도덕 감정]이 드러나는 방식을 규제하기 때문에 머우쭝싼은 덕의 성취가 자기규제를 요구한다고 결론짓는다. 그러므로 객관적이고 공적인 기준은 내면의 덕과 관련이 있지만 그럼에도 양자는 서로 구분된다는 것이다. 이 주장을 좀더 자세히 풀어놓기 전에 먼저 이것이 왜 중요한지 강조하도록 하겠

[13] Ibid.: 128.

다. 내가 지지하는 머우쭝싼의 생각은 헌법, 법률, 권리가 유학과 단지 양립할 수 있을 뿐만 아니라, 이러한 객관적 정치구조가 유학의 목표를 실현하기 위해 요구된다는 것이다. 머우쭝싼의 주장은 제헌적 민주주의constitutional democracy에 대한 독립적인 헌신에 의존하는 것이 아니라 유학 전통에 대한 내부 비판이다. 그가 헤겔적인 언어를 사용한다는 사실이 이 사실을 바꾸지 않는데, 이는 초기 유학자들이 불교 사상을 차용했다고 해서 그들의 비판을 전통에 대한 외부 비판으로 보지 않는 것과 마찬가지이다.

어쨌든 이제 주장 자체로 넘어가보겠다. 이것에는 다음과 같은 세 가지 전제가 있다. (1) (유학자로서) 우리는 완전한 덕을 추구하기 위해 전념한다. (2) 완전한 덕은 공적인 세계에서 실현되어야 한다. (3) 완전한 덕의 공적인 실현은 덕의 소유와는 독립적인 객관적 구조를 요구한다. 첫 번째 전제에 대해서는 별다른 논쟁이 없을 것이다. 윤리적 자기 발전의 추구와 도덕적 평범성moral mediocrity에 안주하는 자들에 대한 비판은 유학 문헌들의 영원한 주제이다. 몇몇 저술가는 지난 세기 동안 두 번째 전제에 반대하며, 유학이 외부 세계에 필요한 표현이나 영향력을 발휘하기보다 내적 덕성의 발달에 그 열망을 국한해야만 현대 세계에서 지속적인 역할을 할 수 있다고 주장했다. 우리는 이러한 태도를 최근에 엄청나게 인기를 끈 유단의 『논어』에 대한 책에서 볼 수 있으며, 뛰어난 학자인 위잉스余英時(1930-2021)는 이러한 효과에 대해 반복적으로 주장해왔다.[14] 하지만 내적 상태와 기질로서의 덕이 외부로 드러나고 영향을 끼친다는 것은 유학적 덕 개념의 핵심 중의 핵심이다. 이 점은 실제로 현대 심리학에 의해 지지받기 시작한

---

[14] Yu(2004)를 보라. 나는 위잉스의 주장을 Angle(2009: ch. 10)에서 다룬다.

유학의 진정한 통찰 중 하나이다.[15] 사실 유학에서는 가족처럼 "사적인 것"과 정치처럼 "공적인 것" 사이에 확고한 구분이 없다는 점에 의존하여 이 전제에 대해 더 확고하게 말할 수 있다. 이와 관련하여 유학자도 페미니스트처럼 "사적인 것이 정치적인 것이다"라는 슬로건을 지지할 것이다.[16] 하지만 머우쭝싼의 주장의 핵심은 세 번째 전제로부터 나온다는 점을 분명히 해야 한다.

완전한 덕의 공적인 실현이 객관적인 구조를 요구한다는 전제는 세 단계로 설명될 수 있다. 첫째, 공적으로 실현된 완전한 덕은 모든 사람이 함께 동시에 덕을 실현하고자 한다는 것을 의미한다. 『논어』「안연」 1에서 "만약 하루라도 자신을 극복하여 인仁에 돌아갈 수 있다면, 천하가 그와 함께 인仁으로 귀의할 것이다"라는 구절을 볼 수 있다.[17] 이와 마찬가지로 『논어』「안연」 16은 선한 사람은 "자신의 선을 다른 사람들 안에서 완성한다"라고 말하고 있다. 또 『논어』「이인」 25는 "덕은 외롭지 않다. 덕은 항상 이웃이 있기 마련이다"라고 말한다. 뒤의 두 구절을 좁게 해석하여 오직 사회의 엘리트 계층만을 포함하는 것으로 읽을 수 있겠으나, 내가 3장에서 주장하는 것처럼 현대의 진보적 유학은 초기 유학에서의 이 [엘리트주의적인] 경향성을 거부할 만한 좋은 이유를 가지고 있다. [다시 말해 진보적 유학의 이해에 따르면] 『논어』의 이러한 구절들이 기반하고 있는, 사람들 사이의 근본적인 상호관계는 모든 사람을 포함해야 한다.

---

15   나는 7장에서 유학과 현대 심리학 사이의 공명의 중요한 갈래 중 하나를 논의한다. 또한 Angle(2014a)을 보라.
16   추가적인 논의로 예와 윤리적 비판 사이의 균형에 대해서는 6장을, 전통 유학에서의 "내"-"외" 구분과 진보적 유학의 부분적 비판에 대해서는 7장을, 그리고 결론을 보라.
17   Brooks & Brooks(1998: 89)를 수정했다.

둘째, 다른 사람들과의 관계에서 덕을 획득하는 것은 개별적이고 능동적인 성취여야 한다. 머우쭝싼이 (부분적으로 헤겔의 용어를 활용하여) 설명하고 있는 것처럼 실질적 자유는 큰 노력을 요구하는 자기인식self-awareness을 필요로 한다. 각각의 사람은 그 혹은 그녀가 독립적인 개인이라는 것을 깨달아야 한다. 이 점은 "자득(自得)"에 대한 유학의 가르침과 연결된다. [앞에서 언급한]『논어』「안연」1은 조금 뒤에서 이렇게 이어진다. "인仁은 스스로에게서 나온다. 다른 어디서 올 수 있겠는가?"**18** 셋째, 크고 작은 문제에 대해 대리권을 행사할 수 있는 권리가 외부의 정치구조를 통해 보장될 때만 개인은 자기 수양에 적극적으로 참여할 가능성이 보장된다. 사람들은 정부의 수장으로서 가장 적합한 자격을 갖출 가능성까지 포함하여, 그들의 세계의 여러 측면에 대해 책임을 질 수 있는 기회를 가져야 한다.**19** 그러므로 덕에 대한 통찰은 모든 사람의 권리를 보호하는 객관적인 구조를 고수함으로써 — 스스로를 제한하고 — 규제해야 한다. 오직 이럴 때에만 완전한 덕이 가능하다.

18　테오도르 드베리는 신유학에 대한 그의 많은 저술에서 "자득"의 개념을 특히 강조한다. 예를 들어 deBary(1989)를 보라.
19　머우쭝싼의 저술에서 이러한 생각이 명백하게 나타나지는 않지만 나는 이를 받아들여 그의 입장을 보충하고자 한다. 이러한 생각은 1958년의 유명한「중국 문화를 대표하여 세계인에게 보내는 선언문」에 부분적으로 시사되어 있으며, 머우쭝싼은 이 선언문의 공동 저자였다. Mou et al.(1989: 33)과 그 영어 번역인 Chang(1962: 472)을 보라.

이것이 유학인가?

머우쭝싼의 자기규제 이론에 대한 지속적인 비판 중 하나는 이 개념과 이 개념이 지지하는 제헌적이고 민주적인 구조는 진정한 의미의 유학이 아니라는 것이다. 가장 극단적인 비판은 자기규제가 서양의 정치적 가치를 전면적으로 차용한 것을 감추기 위해 고안된 의도적인 혼란이라고 주장한다. 나는 머우쭝싼의 이론을 전부 받아들이는 것은 아니지만, 이와 동일한 문제 중 일부는 자기규제에 대한 나의 최소한의 이해와도 관련이 있으므로 여기서 이를 고려해야 한다. 그러므로 이 비판을 여기서 검토해야 할 것이다. 머우쭝싼은 그의 자기규제 개념이 현대 세계에서 유학의 가치와 유효성을 — 온전히 — 보존하기 위하여 꼭 필요하다고 본다. 유학은 단일한 체계적인 철학 이론이 아니라 이천 년이 넘는 철학적 이론화와 실천의 전통이지만, 여전히 단일 이론의 모델에서 생각할 수 있는 반복적이고 상호 강화하는 핵심 부분을 가지고 있다. 만약 자기규제 개념이 유학적인 이론과 실천의 전반을 [현대사회에서] 보존하는 데 필수적이라는 머우쭝싼의 주장이 타당하면서 동시에 [비판자들이 보듯이] 자기규제를 받아들이는 것이 [사실상] 유학을 포기하는 것에 해당한다면, 희망은 모두 사라지는 것처럼 보인다. 만약 온전한 유학 이론이 더 이상 유지되지 못한다면 각 부분 또한 의문스러워질 것이므로 유학자들의 정체성과 유학의 개념들과 가치들도 위태로워질 것이다. 물론 유학의 여러 측면이 다른 개념들에 통합되어 새로운 전체를 구성하거나, 유학의 흔적이 자유주의나 사회주의 등 다른 입장에 잔존할 수도 있다. 그러나 만약 유학이 자기규제와 결합할 수 없으면서 동시에 자기규제가 필수적이라면, 극단적인 결과가 나올 수밖에 없다는 것은 분명하다.

그러므로 유학의 지지자들에게는 세 가지 전략이 있다. (1) 오늘날 유학에 독특한 도전이 있다는 생각을 거부하고 자기규제가 해결해야 할 문제가 없다고 주장한다. (2) 도전이 있다는 것은 인정하지만, 다른 해결책을 주장한다. (3) 머우쭝싼의 접근 방식과 같은 것을 받아들인다. 예를 들어 현대의 제도적 유학 사상가인 장칭은 유학에 대한 현대의 도전에 관한 머우쭝싼의 우려를 공유하지만, 다른 해결책이 가능하다고 생각하며, 자기규제가 매우 비유학적이라고 생각한다. 나는 후자의 비판을 뒤에서 다룰 것이다. 장칭의 해결책의 개요는 다음과 같이 금방 설명할 수 있다. 그는 유학의 전통에 강력하고 성공적인 현대 정치를 발전시킬 수 있는 풍부한 원천이 있다고 주장한다. 장칭에 따르면 머우쭝싼이 이러한 제도들을 무시하는 이유는 머우쭝싼이 "외왕外王"이 어떻게든 "내성內聖"으로부터 나와야 한다고 확신하기 때문이다. 즉 (머우쭝싼이 내적인 도덕적 마음과 강력하게 연결하고 있는) 윤리는 모든 이론화에서 우선권이 있다는 것이다. 장칭은 이에 동의하지 않으며, 내성과 외왕은 평행하는 유학 전통의 두 측면이라고 주장한다. 그것들의 관계는 인과적이라기보다 구조적이다. 그러므로 그는 정치철학자들이 마음에 대한 집착을 내려놓고 유학의 제도를 중국의 현재 상황에 맞춰 창의적으로 받아들여야 한다고 주장한다.[20] 장칭은 또한 유학자들이 민주주의를 제도적 혁신을 위한 필수불가결한 길잡이로 여기지 않는다고 주장한다. 민주주의는 서양에서 성공했지만 보편적인 타당성이 없는 제도를 부당하게 특권화하는 것이기 때문이다. 이 장과 이 책의 이후 과정에서 장칭에 대한 다음과 같은 반응이 전개되는 것을 볼 것이다. 내적 도덕과 외적 정치가 독립적이고 평행한 궤

[20] Jiang(2003: 46-52).

도에 있다는 장칭의 생각은 오직 도덕적 발전이 특정한 정치 형식에 의존적이지 않을 때만 가능한 주장이다. 우리는 머우쭝싼이 내가 반대 주장, 즉 정치적 (그리고 사회적) 제도의 형식은 도덕 발전에 중요하며, 종종 엄청나게 중요하다는 주장을 할 수 있는 토대를 마련한다는 것을 알게 될 것이다. 이것은 유학 연구자들이 참여적인 정치를 지지하고 억압을 비판해야 하는 이유이기도 하다. 이는 "서양의" 민주주의를 부당하게 특권화하는 것이 아니다. 왜냐하면 진보적 유학이 서양의 모델과 얼마나 합치하는지와 관련없이 — 그리고 앞으로 살펴볼 테지만 여러 측면에서 독특할 가능성이 높다 — 이는 서양을 모방하려는 욕구에서 비롯된 것이 아니라 진보적 유학의 내적 논리에서 비롯된 것이기 때문이다.

머우쭝싼 자신은 때때로 자기규제가 이전의 유학자들, 특히 왕양명이 염두에 두고 있던 것에 대한 설득력 있는 해석이라고 주장한다.[21]

---

[21] 1954년 왕양명의 선천적인 좋은 지innate good knowing(양지良知) 이론에 대한 논문에서 머우쭝싼은 왕양명의 양지를 "확장하는(치致)" 개념에 대한 해석을 자세히 논하면서, 이 과정에서 대상을 알기 위해 양지를 임시로 제한하고, 이를 통해 대상을 제어하는 방법을 파악한다고 주장한다. 이 인식적 지식은 이어서 상황에 대한 반응과 관련된 좋은 앎에 통합되며 — 만약 개인의 좋은 앎이 이기심에 가려지지 않는다면 — 이러한 반응은 올바를 수밖에 없다. 지금 중요한 것은 머우쭝싼이 분명 이것을 왕양명의 가르침의 해석으로 제안한다는 것이다(Mou, 1954: 27-28). 머우쭝싼은 그의 해석을 왕양명의 『전습록』의 한두 가지 구절에 대한 주석으로 제시한다(Wang, 1983: 37(§6), 182(§139)). 우리는 머우쭝싼이 훨씬 나중에 쓴, 명백히 칸트의 영향을 받은 인식에 대한 설명인 『현상과 물자체』에서도 같은 것을 본다. 머우쭝싼은 『역경』을 해설한 『대전大傳』[『십익十翼』]의 짧은 구절에서 도덕적 마음은 마주치는 상황에서 대상을 적절히 다루기 위해 자기규제를 통해 "변증법적으로 스스로 확장한다"는 생각을 발견한다고 주장한다(Mou, 1975: 122-123). 머우쭝싼이 인용하는 구절은 다음과 같다. "건乾은 온 세계에서 가장 강한 것이므로 그 덕을 실현하는 것은 항상 쉬워야 한다. 따라서 위험이 있을지 없을지 알 수 있다. 곤坤은 온 세계에서 가장 순

다른 곳에서는 특히 정치와 과학에 대해 언급할 때 머우쭝싼은 자기규제 개념을 전통적 방식으로 해석하지 않는다. 그 대신 그의 주장은 ─ 우리가 앞에서 살펴본 한 예처럼 ─ 핵심적인 유학의 입장이 정치적 정당성과 과학적 독립성에 대한 특정한 접근 방식을 요구한다는 것이다.[22] 이 요청된 접근 방식은 본질적으로 자기규제에 의존한다. 이 주장을 설명할 때 머우쭝싼은 때때로 유학 고전을 짧게 인용하지만, 이러한 맥락에서 그의 요점은 [이전의 유학자들이] 자기규제의 필요성을 이미 이해하고 있었다고 주장하는 것은 아닌 것 같다. 오히려 머우쭝싼이 다양한 방식으로 좀더 미묘한 전략을 취하고 있다고 볼 수 있다. 그의 목표 중 하나는 자기규제와 이전의 유학자들의 명시적인 주장들 사이에 공명이 있다는 것, 혹은 적어도 모순이 없다는 것을 보여주는 것이다.[23] 또 다른 전략은 유학자들이 정당한 정치를 실제로 만드는 데 자기규제가 중요한 역할을 한다는 점을 놓치기는 했지만, 정당한 (민주적) 정치의 내적 정신을 대체로 파악했다고 주장하는 것이다.[24] 마지막으로 머우쭝싼은 특정 유학자들 ─ 그는 특히 고염무顧炎武(1613-1682)와 황종희黃宗羲(1610-1695)를 강조한다 ─ 은 충분히 급진적이지는 않았지만 적어도 부분적으로는 현재 머우쭝싼이 주장하는 방향으로 유학을 발전시켜야 할 필요성을 인식했다고 다소 그럴듯

응적인 것이므로 그 덕을 실현하는 것이 항상 간단해야 한다. 따라서 장애물이 있을지 없을지 알 수 있다."(Lynn, 1994: 93-99) 머우쭝싼이 강조하는 것은 "위험"과 "장애"를 아는 것이다.

[22] Mou(1991).
[23] 이에 대한 하나의 예는 그가 "배움을 사랑하지 않고 지식을 사랑하면 방자해진다"라는 『논어』「양화」 8의 구절을 인용할 때이다. 이 인용은 자기규제의 중요성을 부정하고 독립적인 과학적 탐구의 여지를 부정할 때 발생하는 문제를 설명한다(Mou, 1991: 58).
[24] Mou(1991: 141).

하게 주장한다.²⁵

이러한 다양한 주장에서 무엇을 알 수 있는가? 먼저 왕양명에 대한 신중한 독해에 따르면 양지가 "스스로를 드러낼 수밖에 없는 것이지(現相), 자신을 규제(坎陷)하는 것은 아니라는 것"을 부정하기는 어렵다는 장칭의 주장에 동의하지 않을 수 없다.²⁶ 장칭은 왕양명이 반복적으로 양지의 직접적인 현현을 요청하는 언어를 사용했으며, 머우쭝싼이 염두에 두고 있는 훨씬 복잡하고 간접적인 과정에 대한 암시를 한 적이 없음을 지적한다.²⁷ ²⁸ 나는 자기규제 개념이 이전에 존재했던 유학 문헌들에 대한 하나의 해석이라고 보는 것은 설득력이 없다는 점을 받아들여야 한다고 본다. 그러나 자기규제가 유학의 창조적 발전인지에 대한 질문은 여전히 남는다. 장칭은 그렇지 않다고 주장하며 자기규제 개념은 오히려 유학을 포기하는 것과 같다고 본다. 그의 논증은 다음과 같다. 첫째, 우리가 이미 본 것처럼 자기규제는 이전에 존재했던 전통의 요소에 대한 합리적인 해석이라고 볼 수 없다. 둘째, 장칭은 머우쭝싼의 자기규제 개념에 대한 외국의 다양한 출처, 즉 헤겔, 칸트, 불교, 심지어 아리스토텔레스까지 철저하게 검토한다. 이를 통해 장칭은 머우쭝싼이 유학적 담론을 근본적으로 서양의 틀에 맞춰 변형하고 있다고 결론짓는다. 머우쭝싼이 말하는 이른바 "3세대" 유

---

25 Mou(1991: ch. 9).
26 Jiang(2003: 84).
27 또한 장칭은 왕양명의 정치적 해결책이 영웅적 성인의 양지에 의존하는 것인데, 이는 머우쭝싼의 민주주의 정치와 극명하게 다르다고 지적한다(Jiang, 2003: 86). 이는 사실이지만 현재의 논의와는 크게 관련이 없다. 왜냐하면 나는 규제 개념의 정치적 사용의 경우 머우쭝싼이 이전 전통의 목소리에서 벗어났다는 것을 이미 인정하기 때문이다.
28 장칭이 이를 명시적으로 고려하지는 않지만, 머우쭝싼이 나중에 『역경』을 언급한 것에 대해서도 똑같이 말할 수 있다.

학이라는 것은 사실 "서양학(西學)"이라는 것이다.29

장칭은 두 가지 결정적인 실수를 범하고 있다. 이는 (장칭이 목표로 삼고 있는) 머우쭝싼의 자기규제 개념과 나의 보다 일반화된 자기규제에 대한 이해와 모두 관련이 있다. 첫째, 나는 머우쭝싼이 동서양 모두로부터의 넓은 범위의 영감을 소화하고 있으나 그의 근본적인 목표와 결론은 칸트적, 헤겔적, 불교적이지 않으며, 오히려 유학적이라고 주장하는 다른 많은 주석가에게 동의한다.30 "신정치New Politics(新外王)"를 포함하는 그의 철학의 전체 구조는 유학적 사회윤리 비전의 실현을 가능하게 하기 위해 고안된 것이다. 이 문제는 특정한 불교의 영향이나 칸트의 영향을 받은 유학에 의존하지 않는 나의 자기규제에 대한 설명과는 다소 동떨어져 있으나, 같은 결론을 공유한다. 둘째, 머우쭝싼은 완전한 덕이라는 유학의 이상을 실현하기 위해 자기규제가 사실상 필수적이라고 주장하며, 나 또한 이미 내 방식대로 이러한 주장을 전개하였다. (이 주장은 다음 장에서 더욱 보충될 것이다.) 이 지점은 장칭이 간과하고 있는 머우쭝싼의 정당화의 핵심적인 부분이다. 즉 유학을 창의적으로 발전시키고자 하는 머우쭝싼의 (그리고 나의) 접근은 받아들여질 수 있을 뿐만 아니라 또한 필요하다는 것을 의미한다.

---

29 Jiang(2003: 66-72, 91)을 보라.
30 특히 Zheng(2000: 87)을 보라. 심지어 머우쭝싼에 대해 많은 측면에서 비판적인 탕중강조차도 머우쭝싼이 서양철학을 사용했음에도 그가 근본적으로 유학자로 남아 있다는 데 동의할 것이다(Tang, 2008). 자기규제 개념이 불교의 영향을 받은 것에 대한 특히 분명한 논의로는 Clower(2010: 1199n90)를 보라.

윤리적 가치와 정치적 가치

자기규제 이면의 핵심적인 생각은 내가 말했듯 윤리적 가치와 정치적 가치 사이의 "간접적인" 연결을 제공하는 것이다. 정치적 가치는 윤리에 뿌리를 두면서도 윤리와 독립적이어야 하고, 윤리적 가치는 정치적 영역 내에서 규제되어야 하지만 궁극적으로 이러한 관계에 의해 영향을 받는다. 이 장의 마지막 부분에서 이 복잡한 관계의 세 측면을 명확히 하고자 한다. 첫째, 윤리에서 발생하는 정치라는 주제에 대해 지금까지 말한 것을 검토하고, 이후 장에서 다룰 몇몇 주장을 요약할 것이다. 둘째(그리고 이와 관련하여), 정치적 가치는 엄밀히 말해서 "비도덕적"이지만 그럼에도 불구하고 정치적 영역은 중요하고 가치 있는 규범의 지배를 받는다는 점, 즉 [정치적 영역이] 권력만이 중요한 황량한 영역이 아니라는 점을 강조하는 것이 중요하다. 마지막으로, 윤리적 가치와 정치적 가치 사이의 시간적 관계에 대한 몇몇 추론을 살펴보면서 이 장을 마무리할 것이다. 그것들은 대체되는가, 공존하는가, 아니면 무엇일까?

나는 앞에서 정치가 개인들의 윤리적 활동이 정치적 삶에서 결합하면서 나타난다 점과 더욱 완전한 윤리적 실천을 위해 궁극적으로 특정한 정치구조가 간접적 수단으로 필요하다는 점에 주목했다. 이 관계의 기저에는 두 가지 주요한 생각이 있다. 정치적 규범의 등장은 윤리적 행위자들이 실제적인 상호작용을 통해 자신들의 목표를 더 잘 실현하기 위해 노력하는 과정에 달려 있다는 것과, 윤리적 발전을 촉진하는 데 기여하는 정도에 비추어 정치적 규범의 실제적인 집합을 평가할 수 있다는 것이다. 이 책의 나머지 부분에서 이러한 두 가지 생각을 상당히 자세히 설명할 것이다. 4장과 특히 5장에서 나는 권리가 자신의 이익을 보호하고 조절하기 위한 방법을 찾는 사회 내 집단 간의 상호작용의 결과로서 등장한다는 머우쭝싼의 주장을 설명하고 확장할 것이다. 그리고 7장에서는 무엇이 이러한 과정에 대한 정당한 제한이라 불릴 수 있는지를 논증할 것이다 — 즉 정치적 구성의 실제적인 결과를 비판할 수 있는 관점을 살펴볼 것이다. [개인의 상호작용의] 결과로 생겨난 [법적, 정치적, 사회적] 틀이 모든 집단 내의 개인의 윤리적 발전을 어느 정도로 가능하게 하는가? 법적, 정치적, 사회적 틀이 어떤 집단의 도덕적 성장 역량을 가로막는 장애가 된다면, 유학자들의 비판 대상이 된다.

정치적 자기규제에 대한 머우쭝싼의 접근 방식을 소개하기 위해 사용한 그의 긴 인용문에서 우리는 그가 "이러한 추론의 구조적 표현 안에서 관찰하면 정치는 독립적인 의미를 가지며, 스스로 독립된 가치영역을 형성하고, 일시적으로 윤리를 뒤로한다. 정치는 윤리와는 아무런 관련이 없는 것처럼 보인다"고 말하는 것을 보았다. 이와 마찬가지로 그는 정치적 영역에서 우리가 "윤리적 의미를 가지지 않는 분석적 추론"에 의존한다고 말한다. 머우쭝싼의 일부 비평가에 따르면 이것은 한 사람이 자기규제에 참여하면 그 사람은 도덕적 가치로부터 자유로운 영역, 즉 과학적 사실에 대한 순수한 탐구나 권력을 조정하는 순수한 "정치학" 등의 영역에서 활동한다는 것을 의미한다.[31][32] 그러나 앞

---

[31] Tang(2008: 64, 109).
[32] 여기서 나의 초점이 과학적 사례를 다루는 것은 아니지만, 다음의 예를 주목할 만하다. 한때 머우쭝싼은 "부처는 모든 종류의 [윤리적] 지혜를 가졌으나, 부처는 원자폭탄을 만들지 않았고 만들 수도 없었다"라고 말한다(Mou, 1975: 12). 그는 이어서 과학적 지식은 우리의 윤리적 번영의 다양한 물리적 장애를 극복하기 위하여 필수적이라고 말한다. 머우쭝싼은 깨달았지만 자기규제적인 과학자의 원자력 무기에 대한 태도가 어떨지에 대해 명시적으로 밝히지 않았다. 아마

선 단락에서 말했던 것에 비추어 보자면, 머우쭝싼이 정치가 "일시적으로 윤리를 뒤로한다"고 말할 때, 정치가 단지 권력에 관한 것이라는 의미가 아니라는 점을 분명히 할 필요가 있다. 정치는 규칙에 의해 구조화된 "가치 영역"이며 머우쭝싼은 자신의 정치 이론을 통틀어 공정한 법이 "정치적" 규칙의 전형적인 예라고 여긴다. 그는 전통적 중국에는 진정한 법치가 없다고 비판했다. 자체적이고 독립적인 정당화와 의미를 갖지 못한다면, 법은 불필요하고 조작 가능한 통제 도구에 불과하며, 법은 우리에 대한 진정한 권위를 가지지 못하며, 우리 또한 진정한 권리를 가지지 못하게 된다.[33] "정치 세계의 최고 원칙"은 국가의 헌법에 구체화되어 있다. 오직 이런 종류의 원리만이 진정한 정치적 권위에 필요한 "객관성objectivity"을 가진다. 스스로를 이러한 객관적 법칙에 지배받도록 하는 것이 바로 자기규제의 본성이다.[34]

    마지막으로 방금 설명한 윤리와 정치의 "시간적" 관계에 대해 좀더 자세히 살펴보자. 사실 나는 자기규제가 우리 삶의 지속적인 특징이라고 본다. 우리는 자기규제에 일시적으로 혹은 일정 기간 동안만 의존하지 않는다. 이와 관련하여 머우쭝싼의 표현은 다소 오해를 불러

도 그것은 특정한 국제적 맥락에 따라 달라질 수 있을 것이다. 그러나 많은 상황에서 원자력 무기의 과학적 연구가 비윤리적일 수 있으며, 과학자들이 진리를 발견하는 데 너무 집착하여 이를 놓치는 것은 옳지 않다고 생각하는 것이 합리적이다. 더 일반적으로 말해서 우리는 머우쭝싼이 상당히 명시적으로 과학이 윤리적 가치들로부터 어느 정도 독립성을 가지지만 동시에 이러한 가치들에 (간접적으로) 연결되어 있다고 말한다고 그의 입장을 요약할 수 있다. "[서로 다른 진실된 관점들은] 상호 보완하여 가장 아름다운/선한 것을 이끌어내야 하며, 결함을 피하기 위해 서로를 규제하고 균형을 맞추어야 한다"(Mou, 1991: 58).

[33] Mou(1991: 23, 49).
[34] Mou(2005: 184).

일으킨다. 예를 들어 그는 종종 "일시적으로(暫時)"라는 단어를 이용해 자기규제를 설명한다. 한때 그는 정치가 독립적인 관점이나 영역을 "일시적으로 윤리를 뒤에 두고(脫離), 겉으로(似) 윤리와 무관한 것"으로 특징짓는다.[35] 머우쭝싼과 동시대 학자인 탕쥔이는 자기규제 개념을 시간적으로 구분되는 단계들을 포함하는 것으로 이해했던 것으로 보인다.[36] 현대의 머우쭝싼의 자기규제 이론에 대한 많은 논평가도 이 개념이 시간적 단계를 분명히 포함한다고 생각한다.[37] 하지만 내가 볼 때 시간적 단계라는 은유는 심각한 오해를 불러일으킨다. 왜냐하면 우리가 윤리적 가치와 정치적 가치가 (예를 들어) 내가 앞에서 설명한 방식으로 맞물린다는 것을 인정한다면, 비록 직접적이고 날 것 그대로는 아니지만, 윤리가 항상 정치 안에 존재한다는 것을 알 수 있기 때문이다. 이것은 윤리적 관점으로 도약하느냐 후퇴하느냐의 문제가 아니라, 적절하게 설계된 정치적 가치와 제도를 윤리적인 것의 중심으로 수용하느냐의 문제이다. 성인sage은 법을 마지 못해 따르는 것이 아니라 정치적 규범에 따라 자발적인 자기규제를 함으로써 자신의 덕을 드러낸다. 또한 현대 사상가인 왕다더王大德는 다음과 같이 주장한다. 머우쭝싼에 따르면 윤리적 통찰은 배경 속에 머물면서 정치가 잘못된 방향으로 갈 때 자신을 드러낼 준비를 하고 있다.[38] 우리는 이런

35 Mou(1991: 59). 과학과 실증적 인식의 맥락에서 머우쭝싼은 자기규제의 과정에서 양지가 "멈춘다"라거나 일단 대상에 대한 실증적 조건을 완전하게 하면 다시 스스로에게 "돌아올" 수 있다는 식의 시간적 용어를 사용하기도 한다(Mou, 1954: 28).
36 Wang(1996: 407).
37 예를 들어 Wang(1995: 407) 또는 Peng(2010: 192)을 보라.
38 Wang(1996: 411). 왕다더는 이를 양지의 측면에서 설명하지만 그 요지는 내가 본문에서 정리한 것과 같이 일반화될 수 있다.

주장이 부분적으로 옳다고 결론 내릴 수 있다. 왜냐하면 이것은 시민불복종을 이해하는 흥미로운 방법이기 때문이다. 정당한 자기규제는 완전하고 독립적인 윤리적 판단이 사라진다는 것을 의미하는 것이 아니다. 그러므로 우리는 자기규제가 요구하는 법에 대한 일반적인 헌신을 포기하지 않으면서도 법 위반이 언제 윤리적으로 정당화될 수 있는지를 판단할 수 있어야 한다. 하지만 우리의 윤리적 가치 때문에 일상적으로 법을 어긴다면 그것은 시민불복종이 아니라 정당한 법이 실제로 작동하고 있다는 것을 부정하는 것이다.

3장
권위를 재고하고 권위주의 거부하기: 사람들에게 목소리 부여하기

정치철학에 대한 논고에서 머우쫑싼은 중국 전통이 지배 이론("治道")에 있어서는 매우 강했으나, 불행히도 정치의 권위를 정당화하는 더 근본적인 영역("政道")에서는 약했다고 주장했다.[1] 나는 머우쫑싼의 주장에 상당한 통찰이 있다고 본다. 이전 장에서처럼 이 장에서의 내 목표는 머우쫑싼의 특정한 입장을 변호하는 것이 아니다. 오히려 나는 다른 현대유학 사상가들과의 대화에서 유학자로서 정치적 권위를 생각하는 적절한 방법에 대한 나의 주장을 전개할 것이다. 나는 이 장의 핵심을 제시하는 데 있어 머우쫑싼의 자기규제 주장에 의지하고 있다. 머우쫑싼은 아마 이 장의 전반적인 결론에 동의할 것이다. 그러나 내 주장의 구조는 머우쫑싼의 것과 상당히 다르다. 왜냐하면 나는 초기 유학자들이 정치적 권위에 대한 강력한 설명 — 비록 이 설명이 뒤에서 보여주듯 중요한 긴장의 대상이 된다는 것이 곧 밝혀질지라도 —

---

[1] Mou(1991: esp. ch. 1)를 보라. 이 장에서 나는 종종 "권위"를 단순히 "정당한 정치적 권위"를 의미하기 위해 사용한다. 이러한 용어에 대한 논의는 이후의 내용을 보라.

을 했다는 것이 분명하다고 부분적으로 믿기 때문이다. 특히 초기 유학자들은 "천" 혹은 하늘을 권위의 원천으로 보았고 군주들이 "천명(天命)"에 따라 다스린다고 보았다.²

현대의 분석가들은 순수한sheer 권력, 사실상의de facto 권위 그리고 합법적인legitimate 권위를 구별한다. 후자의 두 가지의 차이는 합법성이 진정으로 정당한지에 달려 있다. 순수한 권력과 달리 모든 형태의 권위는 합법성에 대한 주장에 달려 있기 때문이다. 사실상의 권위의 경우 정권의 실제 정통성은 의문스러울지라도 충분한 수의 사람들이 정부가 공적인 질서를 유지할 수 있도록 이러한 주장을 받아들인다. 서로 다른 사상 체계들은 진정한 권위에 필요한 것이 무엇인지에 관하여 굉장히 상이한 설명 방식을 가지고 있다. 어떤 경우에는 적법한 정치적 권위만을 "주권sovereignty"이라고 불러야 한다는 주장이 일리가 있지만, 나는 주권이라는 용어를 다음의 역사적이고 현대적인 사용에 따라 한정된 영토 내의 최고 정치 권위라는 의미로 제한하여 사용할 것이다. 즉 "주권"이라는 단어와 그 동족어들은 근대 초기 유럽에서 국가 체제 내에서 등장했고, 제한적인 방식으로 계속 사용되어 왔던 것이다.³ 유학자들은 권위를 특정한 국가 내에서의 권위로 제한하지 않는다. 선진 시대와 여러 제국 시기에 천자天子의 권위는 보편적인 것으로 이해되었기 때문이다.⁴ 나는 현대적 맥락에서 유학적 권

---

2   제도적 유학자인 장칭은 "공양公羊" 갈래의 전통에 따라 사실상 정당성에는 세 가지 원천이 있다고 주장한다. 하늘, 땅, 사람이 그것이다. 이러한 생각을 현대적으로 발전시킨 그의 논의에 대해서는 지금 이 장을 보거나, 이 책의 결론을 보라.
3   Philpott(2010).
4   『시경』의 한 구절을 인용하고 있는 『맹자』「만장」상 4는 "하늘 아래 왕의 영토가 아닌 곳이 없다"고 선언하고 있다.

위 개념에 대해 논할 것인데 이것은 적어도 위와 같은 구조의 일부를 유지한다.⁵

나는 권위에 대한 초기 유학의 개념을 논의의 출발점으로 삼고 있다.⁶ 앞으로 살펴볼 테지만 천의 의도는 "백성(民)"의 행위를 통해 가장 명백하게 드러난다. 그러므로 백성의 행복은 유학 정치의 기반이다. 나는 이러한 틀의 강점과 단점을 모두 살펴보고 유학의 전통을 관통하는 "백성"의 지위와 관련된 긴장tension을 지적하면서 [논의를] 시작하고자 한다. 두 번째 단계는 "제도적 유학자"의 시도를 분석하는 것이다. 제도적 유학은 초기 유학을 온건하게 수정하여 권위주의 국가를 정당화하고자 한다. 나는 이 접근 방식에 문제가 있다고 생각하기 때문에 유학적 권위에 대한 대안적 접근 방식을 상세히 설명할 것이다. 이 설명은 자기규제라는 개념에 의지하고 있다. 내가 여기서 옹호하는 진보적 유학의 구도는 여러 가지 면에서 "유학적"이다. 즉 그것

---

5   이 구절에서 제시되고 있는 문제들에 대한 몇몇 결정적인 주석과 관련하여 나는 루브나 엘아민에게 감사한다. 정치학자인 빅토리아 후이는 "전국시대에 국가들[國]은 서로 전쟁을 일으켰으며, 그들의 입맛에 맞게 동맹을 맺었다가 깨트렸고, 전쟁과 평화 문제를 처리하기 위해 외교 사무소를 설치했다. 이러한 환경 속에서 고대 중국은 서양의 관행보다 훨씬 앞서 전쟁의 기술과 영토 주권의 표지標識를 발전시켰다"라고 쓴다(Hui, 2005: 5). 나는 이것이 실제로는 사실이라는 데 동의하지만 이러한 관행은 이 책에서 논의된 보편주의 유학 이론에 유의미한 영향을 미치지 않았다. 흥미롭게도 몇몇 현대유학의 정치사상가는 — 내 생각에는 — 주권이 그들의 이론을 명확하게 하는 데 크게 도움이 되지 않지만 주권이라는 범주를 사용한다. 장칭은 오직 하늘만이 주권(主權在天)을 가진다고 주장하고, 캉샤오광과 바이통동은 모두 주권은 백성에게 속하지만 통치권은 현자에게 속한다고 말한다(主權在民, 治權在賢). 각각 Jiang(2010: 123); Kang(2005: xxxi); Bai(2010: 21)를 보라.
6   특히 나는 초기 유학의 정치적 혹은 공공적 권한이라는 개념으로부터 시작한다. 보다 개인적인 "스승의 권위"의 다소 다른 윤곽에 대한 자극적인 토론은 Elstein(2009)을 보라.

은 오랜 역사 동안 유학 전통의 핵심에 자리잡은 관심사에 의해 동기 부여를 받고, 비판적인 유학 문헌을 바탕으로 하여 그것을 논평하고, 시론의 사상을 전개하는 주요 용어 중 일부는 유학 전통의 특징이며, 그리고 부분적으로 자신을 유학자라고 생각하는 (혹은 유학자에게 공감하는) 현대 세계의 사람들을 대상으로 하는 것이다. 물론 이 책의 나머지 부분과 마찬가지로 그것은 정당한 정치 권위의 문제와 권위주의의 잠재적 정당화에 관심 있는 모든 사람을 보다 일반적인 대상으로 한다. 오늘날의 유학 연구자들이 정치적 권위를 이해해야 하는 방식과 유학 연구자들이 권위주의를 거부해야 하는 이유를 이해하는 것은 원래 가지고 있던 철학적 신념이 무엇인지와 상관없이 창조적이고 비판적인 철학적 사유를 촉발할 잠재력을 가진다.

『맹자』 내의 긴장

잘 알려진 "천명" 이론은 주나라가 상나라를 정복한 후 이를 정당화하기 위해 사용한 방법에 기원을 두고 있다.[7] 『사기史記』의 구절에 따르면 천[8]은 상나라 사람들의 실정을 이유로 주나라에 "천명(天命)"을 넘겼다고 한다. [그런데] 주나라의 지도자들은 자신들이 천명을 받았음을 어떻게 알 수 있었는가? 갑골점을 통해서였다. 주나라는 상나라가 점치는 방식을 채택했지만, 그것을 하늘의 호의의 변화를 정당화

---

[7] 주나라의 [상나라] 정복 시기에 대해서는 학문적 의견 불일치가 있으나 많은 이가 기원전 1046년으로 받아들인다.
[8] "천"과 "상제上帝" 모두 이 시점의 문헌들에서 상호교차되어 사용되는 듯하다. Allan(1984)을 보라. 예로서 Legge(1985: 475)를 보라.

하는 새로운 용도로 사용했다.⁹ 새로운 것 중 하나는 주나라 사람들이 천의 개념을 도덕적인 신적 인격체로 전환시켰다는 점이다. 천을 도덕적 인물, 즉 통치자의 행동에 따라 판단을 내리는 신으로 변모시킨 것이었다. 전국시대에 이르면 유학철학의 기반이 되는 원전에 또 다른 전환이 나타나게 된다. 이 시기에 천은 "인격체"가 아니라 대체로 우주의 규범적 질서에 해당하는 추상적인 존재로 여겨진다. 적어도 유학 저술가들에게 천의 의도는 더 이상 점괘를 통해 접근할 수 있는 것이 아니게 된 것이다. 희생 제의는 [이전과] 다른 역할을 하는 것으로 이해되었으며, 인간과 천의 관계는 보다 간접적인 것이 되었다. 다음에서 나는 『맹자』에서 찾아볼 수 있는 견해에 초점을 맞추겠다.

우리의 목표와 관련하여 핵심이 되는 구절은 『맹자』「만장」상 5이다. 이 구절은 천의 의도가 "백성(民)"을 통해 매개된다고 설명하고 있다. 길게 인용할 가치가 있다.

> 만장이 말하였다. "요임금이 천하를 순임금에게 주셨다 하는데, 그런 일이 있었습니까?"
> 맹자가 말하였다. "아니다. 천자가 천하를 남에게 줄 수 없다."
> 만장이 물었다. "그렇다면 순임금이 천하를 소유한 것은 누가 그에게 주신 것입니까?"
> 맹자가 말하였다. "하늘(天)이 주신 것이다."
> 만장이 말하였다. "하늘이 주었다는 것이 공공연히 명(命)한 것입니까?"

---

9   Allan(1984: 530-531). 이전에는 상나라 통치자들이 다양한 활동에 적절한 시기를 알기 위해 이런 점술 수단을 사용했다.

맹자가 말하였다. "아니다. 하늘은 말씀하지 않는다. 단지 행실과 일로써 명을 보여주실 뿐이다."
만장이 물었다. "어떻게 행실과 일로써 보여줍니까?"
맹자가 대답했다. "천자가 사람을 하늘에 천거할 수는 있지만, 하늘로 하여금 그에게 천하를 주게 할 수는 없으며, 제후가 사람을 천자에게 천거할 수는 있지만 천자로 하여금 그에게 제후를 주게 할 수는 없다. … 옛날에 요임금이 순임금을 하늘에 천거함에 하늘이 받아주었다. 그는 백성들(民)에게 그가 알려지게 하였고, 백성들이 그를 받아주었다. 그러므로 '하늘은 말씀하지 않는다. 단지 행실과 일로써 명을 보여주실 뿐이다'라고 한 것이다."
만장이 이어 말했다. "하늘에 천거함에 하늘이 받아주시고 백성들에게 알려지게 함에 백성들이 받아주었다는 것은 어떻게 한 것인지 여쭈어도 됩니까?"
맹자가 대답하였다. "순임금으로 하여금 제사를 주관하게 함에 온갖 신이 기뻐하였다. 이는 하늘이 받아주신 것이다. 요임금이 순임금으로 하여금 일을 주관하게 함에 일이 잘 다스려져 백성들이 편안하게 여겼으니, 이는 백성들이 받아준 것이다. 하늘이 그에게 주셨고, 백성이 그에게 준 것이다. … 『태서泰誓』에 이르기를 '하늘의 봄이 우리 백성이 보는 것처럼 하며, 하늘의 들음이 우리 백성이 듣는 것처럼 한다' 하였으니, 이것을 이른 것이다."[10]

즉 백성은 천거된 군주를 천이 받아들였음을 나타내는 데 주요한 역할을 한다. 백성의 행동과 무관하게 ― 예를 들어 점괘를 통해 ― 천

---

[10] Mengzi(2008: 123-124), 조금 수정함.

의 결정을 알 수 있는 것은 아니다. 백성을 잘 다스리는 것은 지배자의 책임일 뿐만 아니라 애초에 권위를 정당화하는 데 필수적인 조건인 것이다.[11] 반대로 백성을 매우 나쁘게 대하는 지배자는 — 적어도 한 번이라도 본문을 읽었다면 — 정당성과 권위를 잃은 것이다. 천의 의도에 대한 직접적인 점괘는 가능하지도 필요하지도 않다. 이는 『맹자』「양혜왕」하 8의 유명한 구절에서 드러난다.

> 제선왕이 물었다. "탕왕이 걸왕을 쫓아내고 무왕이 주왕을 정벌하였다 하는데, 그러한 일이 있습니까?" 맹자가 대답하였다. "그것은 고대의 문헌을 통해 전해지는 것입니다." 왕이 물었다. "신하가 군주를 시해하는 것이 받아들여질 수 있습니까?" 맹자가 대답하였다. "인仁을 해치는 자를 적賊이라 하고, 의義를 해치는 자를 잔殘이라 하고, 잔적殘賊한 사람을 일부一夫라 하니, 일부인 주紂를 베었다는 말은 들었으나 군주를 시해하였다는 말은 듣지 못하였습니다."[12]

주紂는 백성을 폭압적으로 대했기 때문에 정당성을 잃었고, 더 이상 "지배자"라는 칭호를 받을 자격이 없었으며, 전복되어 처형당했다는 것이다.[13]

---

11 『맹자』는 이 주장에 대한 상당한 증거를 가지고 있다. 「공손추」상 5는 다양한 집단의 사람을 잘 다루는 많은 방법을 제시하고 있으며, "만약 이와 같다면 세계에 적이 없을 것이다. 세계에 적이 없는 사람은 하늘의 대리인(天吏)이다. 이와 같은 사람이 왕이 되지 못한 경우는 이제껏 없었다"고 결론짓고 있다(Mengzi, 2008: 45). 다른 관련 구절로 「공손추」상 4, 「공손추」하 8, 「공손추」하 13, 「이루」상 7, 「만장」상 6, 「진심」하 14를 보라.

12 Mengzi(2008: 26), 조금 수정함.

맹자는 우리가 그의 권위 체계라고 부를 수 있는 것에 백성들의 중요한 역할을 구축함으로써 향후 중국 지도자들이 백성의 입장에서 바라본 백성의 이익을 진지하게 받아들 일 수 있도록 도왔다. 백성들이 자신들의 행복에 만족할 수 있도록 하는 것은 좋은 정책 목표일 뿐만 아니라 국가의 정당성을 위한 실제적인 통로conduit였다. (물론 현실에서는 백성들의 이익에 대한 이러한 신념은 너무 자주 무시되었다. 그래도 이상으로 존재했던 것은 분명했다.) 하지만 백성들의 지위를 과장하지 않는 것도 중요하다. 그들은 권위의 원천이 아니라 지표일 뿐이다. 맹자는 대중 주권 이론을 제공하지 않는다. 맹자는 ─ 「양혜왕」하 8에 대한 일반적인 독해와 달리 ─ 대중 권리 이론을 제시하지도 않았다. 백성들은 폭군에게 대항할 "권리"를 가지지 못한다. 맹자는 백성들이 나쁜 지도자에 대항하리라는 것은 예상할 만한 일이며, 그렇기 때문에 백성들이 삶의 필수적 요건을 위해 폭력적으로 분투하는 것을 비난할 수 없다고 말한다. 그는 오직 교양 있는 군자만이 궁핍한 상황 속에서도 도덕적 신념을 굽히지 않는 "항심恒心"을 가진다고 말한다. 그러나 그는 "백성의 경우, 만약 그들에게 일정한 생계가 없다면, 그들은 항심을 잃게 될 것이다. 항심을 잃은 자는 방탕과 악을 피할 수 없다. 그들이 범죄에 빠졌을 때 가서 벌주는 것은 그들을 함정에 몰아넣는 것이다"[14]라고 이어 말한다. 백성을 함정에 몰아넣는 것은 좋은 지도자가 긍지를 느낄 만한 일이 아니다. 맹자는 나아가 "인자仁者가 권위를

---

[13] 통치자가 전복될 수 있는 정확한 상황과 누구에 의해 그렇게 될 수 있는지에 대한 탁월한 논의는 Tiwald(2008)를 보라. 티왈드는 맹자의 관점에서 절차적 제한이 흔히 언급되는 것보다 더 중요한 역할을 한다는 것을 설득력 있게 주장한다.

[14] 『맹자』「양혜왕」상 7(Mengzi, 2008: 14).

가진다면, 어찌 백성들을 함정에 몰아넣겠는가?"라고 말한다. 그럼에도 불구하고 백성들이 하는 일은 정당한 반란이 아니라 여전히 범죄이다. 이것은 「양혜왕」하 4에 더욱 분명히 나타난다. 현자들도 아름다운 정원을 좋아하는지에 대한 질문에 대한 답변으로 맹자는 "그렇습니다. 그러나 함께 이를 즐기지 못한다면 사람들은 분명 윗사람을 비난할 것입니다. 이러한 즐거움을 나누지 못한다고 윗사람을 비난하는 것은 잘못된 것입니다. 그러나 윗사람이 이러한 즐거움을 백성들과 나누지 않는 것 또한 잘못입니다"라고 말한다.[15] 여기에는 그러한 즐거움에 관한 [백성들의] "권리"에 대한 암시가 없다. 위정자가 이러한 즐거움을 나누길 거부한다면, 백성들은 분명 불만일 것이다. 그들의 불만에는 일종의 타당성이 있다. 왜냐하면 맹자가 말하듯이 즐거움을 독식하는 자들은 잘못을 저지르고 있는 것이기 때문이다. 요컨대 백성은 좋은 지배와 나쁜 지배를 나타내는 신뢰할 만한 지표이지만, 그들 스스로 선택이나 대리권을 행사할 위치에 있는 것은 아니라는 것이다. 천은 여전히 권위의 원천이다. 백성은 통치의 질을 측정하고 이로써 정당한 권위의 존재나 부재를 나타내는 지표와 같다.

물론 『맹자』와 다른 초기 유학 문헌에는 내가 제시한 설명과 상당히 상충하는 주제들도 있다. "모든 사람(人人)"이 기본적이고 자발적인 도덕적 반응의 경향성을 가지고 있으며, 이는 인간의 본성이 본래 선하다는 주장을 정당화한다는 맹자의 주장은 유명하다.[16] 또 그는 위대한 성인인 요임금과 순임금은 "다른 사람들과 똑같은 사람이었다(與人同而)"고 말하면서 "모두가 요순이 될 수 있다"고 주장하기도 한다.[17]

---

15   Mengzi(2008: 20).
16   『맹자』「공손추」상 6과 「고자」상 6을 보라.

오래전 도널드 먼로가 강조했듯 맹자는 모든 사람이 동등한 도덕적 잠재력을 가진다고 확고히 주장한다. 더욱이 아이린 블럼이 주장하고 있듯이 우리는 『맹자』에서 보편적인 인간 존엄성dignity과 같은 것을 설명하는 구절을 찾을 수 있다. 그것은 인간의 세속적인 작위[人爵]와 대조적으로 "하늘의 작위[天爵]"와 같은 용어로 표현되며, 모든 사람이 자신 안에 가지고 있는 "명예로운" 특성은 "인간에게서 유래하는 명예"와는 다르다.[18] 앞에서 살펴본 권위와 "백성the people" 개념에 대한 나의 설명에 비추어 볼 때 이 모든 것의 문제점은 후자의 일련의 구절이 모든 사람의 공유된 도덕적 본성과 도덕적, 정치적 대리권에 대한 동등한 잠재력을 전면에 내세운다는 것이다. 맹자가 반복적으로 "군자"만이 독립적인 도덕적, 정치적 판단을 내리고, (부모나) 군주에게 항의할 수 있으며, 극단적인 상황에서는 통치자를 제거할 수 있는 능력을 가진다고 말하는 것에 우리는 주의해야 한다. 다시 말해 어떤 사람들은 분명히 대리권을 행사할 수 있다. 완전히 모순은 아닐지라도 어떤 순간에는 모든 사람의 근본적 유사성을 말하고 다른 순간에는 "백성"을 대리권을 행사할 수 없는 단순한 집단으로 취급하는 것은

17 각각 『맹자』 「이루」하 32(내 번역)와 「고자」하 2(Mengzi, 2008: 159). 요순이 본성상 다른 점이 있었는지에 대해서는 해석상의 불일치가 있다. 맹자는 "요순, 성지야(堯舜, 性之也)"라고 두 번 말한다. 반 노든Van Norden은 이를 "요와 순은 항상 그것을 그들의 본성대로 하였다"고 번역한다. 이는 군자가 도덕적 단서를 본성으로 여긴다는 「진심」하 24의 언급에 비추어 보았을 때 말이 된다. 한편 D.C 라우와 양보준은 같은 문장을 "요와 순이 그것을 그들의 본성으로 가졌다"고 번역한다. 이 맥락에서 다른 사람들은 그것을 얻기 위해 노력해야 한다는 생각이 보인다. Mencius(1970)와 Yang(1984)을 보라. 『논어』와 『순자』를 불러오는 것을 포함하여 이 주제에 대해서 더 논의할 수 있으나, 나는 반 노든의 독해를 선호할 만한 좋은 이유가 있다고 생각한다.
18 Munro(1969)를 보라. 각각 『맹자』 「고자」상 16과 17을 보라. 그리고 Bloom(1998)을 보라.

적어도 어색한 점이 있다.[19][20]

얼마 전 로저 에임스와 데이비드 홀이 제안한 구분법이 이 어려움에 대한 기발한 해결책이 될 수 있다. 나의 번역은 맹자가 사용한 원어인 한문의 중요한 차이를 모호하게 하고 있다. 맹자가 "백성"을 말할 때 사용하는 용어는 민民이다. 한편 그가 "모든 사람all people"의 공통점을 말할 때 사용하는 용어는 인人이다. 민을 대중masses으로 보고 인을 사람들persons로 여김으로써 이 차이를 분명히 할 수 있을 것이다. 에임스와 홀은 민이 집단적으로 행동하는 경향이 있으며, 민의 초기 용례가 맹목, 무지, 잠sleep을 강하게 함축한다는 것에 주목한다. 반면에 인은 전형적으로 "인간으로서의 특정한 개인"의 의미로 사용되며, 긍정적인 의미를 가지고 있다. 에임스와 홀은 또한 "인이 되는 것은 개인을 특별하게 하는 개인적 수양과 사회화의 결과"라고 주장한다. 다시 말해 "교화는 개인이 불확정적인 대중(民)에서 자신의 특별함(人)을

---

19 블룸은 다음과 같이 쓴다. "정치적으로 말해서 인간 존엄성의 개념은 군주제 통치를 전복시키거나 민주적 정부 그 자체에 반드시 도움이 되지 않을 수 있지만, 그것이 적극적 형태든 소극적 형태든 잔혹함, 억압, 부당함에 대한 비판의 확고한 기초를 제공한다는 점을 부인하는 사람은 거의 없을 것이다. 그것은 다음 세기에 발전할 많은 민주주의 사상 및 가치를 생성하지는 않을지라도 그 사상 및 가치와 분명히 일치한다"고 쓰고 있다(Bloom, 1998: 110).

20 프린스턴대학교의 박사학위논문에서 루브나 엘아민은 초기 유학자들이 정치적 목표와 윤리적 목표를 약간 다른 용어로 구상하고, 약간 다른 청중을 대상으로 한다는 점에서 내가 언급한 긴장이 발생한다고 주장하고 있다(El-Amine, 2012). 또한 그녀는 정치와 그 목표인 질서를 우선으로 삼을 것을 제안한다. 이러한 관점에서 윤리적 덕의 중요성은 지속 가능한 질서에 기여하는 것으로 제한된다. 엘아민은 내가 관심을 갖는 긴장에 대해 흥미로운 설명을 제공하지만, 나는 이로 인해 긴장이 해소된다고는 생각하지 않는다. 만약 그녀의 주장이 옳다면 우리는 역사적으로 그리고 고대 이론의 목표 측면에서 그것을 이해하지만, 그것은 이러한 초기 기반을 구축하려는 유학철학자들에게는 여전히 문제로 남아 있다.

표현하고, 궁극적으로 자신의 권위 있는 인간성(仁)을 표현하는 데까지 나아갈 수 있게 한다."21 이러한 설명의 일부 측면은 논란의 여지가 있지만, 우리는 그런 측면을 배제하면서도 기초적인 민-인人의 구분을 앞에서 살펴본 긴장을 해소하는 데 도움이 되는 설명으로 여전히 받아들일 수 있다. 사람들이 대중masses과 구분되는 개인individuals으로 개념화되는 한 그들은 요순과 같은 부류의 인간이라고 할 수 있다.22

그러나 이런 구분이 맹자의 말들을 이해하는 데 도움이 되기는 하지만, 앞에서 살펴본 긴장을 완전히 해소해주는 것은 아니다. 사람들을 민에서 인으로 이행시키는 체계적인 메커니즘은 거의 고려되지 않은 것 같다. 더욱이 어떤 현대의 사상가들은 사람들을 "무지한 대중"으로 특징짓는 것이 절망적으로 오만할 뿐만 아니라, 사람들의 삶에서 아주 많이 동떨어졌다고 생각할 것이다. 급진적 개인주의자가 아니더라도 우리는 소작농의 관점에서 삶을 개념화하는 맹자의 능력에 무엇인가 결여되어 있다는 것을 알 수 있다.23 인仁에 대한 맹자의 보편주의적 언명이 관점perspectives과 돌봄caring의 "확대extension"를 요청하는 것이라고 해도 그의 정치적 이상은 사람들 각각의 서로 다른 관점들을 진지하게 허용하기에는 지나치게 엄격한 것으로 보인다.24

21 Hall & Ames(1987: 139-141, 146).
22 인과 민 사이의 구분에 대한 대안적 설명으로는 Grassmann(2000)을 보라. 그라스만은 인과 민이 씨족 관계에 기반한 사회적 집단의 구분을 나타낸다고 주장한다. 내 생각에 그라스만은 의심스러운 문법적 전제에서 시작하고 있으며 그러므로 그는 증거가 뒷받침되지 않는 급진적인 결론으로 비약하고 있다.
23 나는 그럼에도 맹자가 분명히 가난하고 힘없는 사람들의 어려움에 공감하고 있다는 점을 강조한다. 그는 종종 그들의 고통을 생생하게 묘사하면서, 통치자들의 관심을 그들의 집단적 안녕 문제로 돌리려 한다.
24 현대 학자 유리 파인즈는 량치차오梁啓超Liang Qichao(1873-1929)의 독창적인 통찰을 발전시켜 "하층민[즉 民]과 도덕적으로 문제 있는 '소인(小人)' 사이의

맹자는 때때로 통치자를 부모에 비유하지만 부모는 자녀를 특정한 요구를 지닌 집단으로 여기는 것이 아니라 — 부모-자녀 관계에 대한 고유한 요구를 하는 것처럼 — 구별되는 존재로 여겨서는 안 되는가? 이러한 문제들은 궁극적으로 근래의 유학 연구자들이 『맹자』에서 살펴본 권위 제도authority system에 대하여 새롭게 생각하도록 한다.²⁵

캉샤오광

이제 시선을 옮겨 맹자의 권위에 대한 이해를 부활시키고자 하는 현대 중국에서의 한 저명한 시도를 살펴보고자 한다. 나는 1장에서 캉샤오광을 제도적 유학자라고 소개했다. 캉샤오광의 주요 유학적 원천은 고전 경전(특히 『맹자』), 한나라 시대의 일부 발전, 중국이 다시 부흥하려고 한다면 유학을 국가 종교로 삼아야 한다고 주장하는 20세기 유학 개혁가인 캉유웨이이다.²⁶ 캉샤오광은 특히 정당성의 주요 개념

광범위한 동일시는 [고전 유학자들의] 정치적 행동주의에 대한 부정적인 견해를 설명할 수 있다"고 주장했다. Pines(2009: 210)를 보라. 나는 『맹자』와 같은 문헌에서 가끔 볼 수 있는 사회적 범주와 도덕적 범주의 융합이 내가 논의해온 민에 대한 관점을 강화하는 데 도움이 된다는 데 동의하지만, 민의 단순히 반응적이고 대중적인 성격이 더 근본적이라고 생각한다.

25   소훈 탄은 홀과 에임스를 끌어들여 그녀의 『유학적 민주주의』에서 비슷한 지형을 탐구한다. 그녀는 유학적 전통이 권위에 대한 이해를 수정해야 한다고 주장하기보다는 듀이에게 영감을 받은 『논어』와 『맹자』에 대한 독해를 밀고 나간다. 이에 따라 이 긴장 상태에 대한 해결책이 이미 이 문헌들 안에 함축되어 있다고 본다. 나는 그녀의 결론에 대해 많은 점에서 공감하지만(이에 대해서는 이후 더 자세히 언급할 것이다), 그녀가 그 결론에 도달하기 위해 취한 경로에는 설득력이 없다. Tan(2004: 136-156)을 보라.

26   1장에서 언급했듯이 Ownby(2009)는 캉샤오광의 지적, 전문적 발전에 대한 유

과 관련하여 현대유학 사상가인 장칭에 의지하고 있다. 이러한 기초 위에서 캉샤오광은 현대유학의 권위주의라는 개념에 대해 설명한다. 그러나 이러한 개념은 불행하게도 우리가 이미 『맹자』에서 살펴보았던 바로 그 긴장tension을 보존하고 심지어 악화시키기까지 한다. 앞에서 말했듯 캉샤오광은 유학을 연구하는 학자가 아니며, 많은 연구자가 그의 의견을 묵살한다. 내가를 그를 주목하는 이유는 그의 주장이 특히 명확하고 현대유학 사상의 한 중요한(그리고 어떤 면에서는 문제가 되는) 갈래를 대표한다고 생각하기 때문이다.

캉샤오광의 주장의 세부 사항을 살펴보기 전에 정당한 정치적 권위와 권위주의 간의 관계에 대해 잠시 생각해봐야 한다. 한나 아렌트가 제시한 강제coercion, 권위authority, 설득persuasion 사이의 삼중 구분에서부터 시작할 수 있다. 그녀는 권위가 위계적 우월성hierarchial superiority에 근거하여 복종을 요구하는 것이라고 보았다. 이는 강제를 가능하게 하는 "외부의" 폭력의 위협이나 설득이 작동하는 평등한 질서와 구분된다.[27] 이러한 분류는 캉샤오광이 주장하는 것과 매우 잘 들어맞는다. 뒤에서 설명할 테지만 그는 유학에 있어서 "가장 기초적인 구분은 '지배자'와 '피지배자' 사이의 구분"이며, 유학은 자유민주주의의 거짓된 겸양을 거부한다고 주장한다. 모든 사람이 평등하다고 허울 좋은 체하기보다는 유학은 엘리트들에게 권위를 부여한다고 본 것이다. "피지배자"의 책임은 단지 복종하는 것이다.[28] 이러한 이해에 따르면 "권위주의적" 국가는 근본적으로 반평등주의적anti-egalitarian이다.

용한 설명이다.

[27] Arendt(1977: 92-93); cf. Wood(1995: 5).
[28] Kang(2005: 126-127).

권위는 엘리트 집단에 속한다. 우리는 이러한 집단이 자기규정적이고 자기영속적이 아닌지, 즉 엘리트 집단이 자기주장 이외에 지배자로서의 정당성에 대한 기준을 가지는지에 대한 심각한 우려를 다시 살펴볼 것이다.

"권위주의"의 의미를 위와 같이 이해할 수도 있지만 (정당한) 권위라는 기초적인 생각이 가지는 함의에 대한 추가적인 논의가 필요하다. 나는 이 용어를 사용하겠지만, 적절한 방식으로 구성된 (사법 체계를 포함한) 평등한 민주주의 정부 또한 권위를 가지며, 그러므로 시민들은 그 법을 준수할 의무가 있다.[29] 이런 경우 정부가 시민들을 반드시 설득하여 법을 따르도록 해야만 하는 것은 아니다. 오히려 설득은 정부의 권위가 어떻게 정당화되는지 설명할 때 핵심적인 역할을 한다. 예를 들어 [평등한 민주주의 내에서] 각각의 시민들은 공적 중대사에 대해 판단할 수 있는 능력을 가진 존재로 여겨지며, 그러므로 강제나 권위의 대상이 아니라 설득의 대상으로서 (투표와 같은) 정치적 참여에 임한다. 앞으로 살펴볼 테지만 캉샤오광의 비전과 내가 제안하는 대안 사이의 핵심적인 차이는 설득과 같은 것이 유학 정부의 권위를 정당화하는 데 어느 정도의 역할을 할 수 있느냐에 달려 있다.

권위에 관한 캉샤오광의 실질적 주장을 검토하기 시작하기에 좋은 지점은 그가 중국의 현대 권위주의 국가가 리더십 승계 문제를 어떻게 다루어야 하는지를 고려할 때이다. 고대 중국의 관행(세습, 궁정 쿠데타, 폭력적 반란)과 유학의 고전들이 지지하고 있는 방법을 간략히 대

---

[29] 이론가들은 이러한 의무가 단지 피상적으로 Prima Facie 존재하는지, 혹은 정의와 같은 추가적인 고려 사항에 따라 달라지는지에 대해 논쟁한다. 이러한 논쟁에 대한 소개는 Christiano(2008)를 보라.

조한 뒤 캉샤오광은 후자의 방법을 현대 중국에 알맞은 것으로 지지한다. 특히 그는 다음과 같이 적고 있다.

> 오늘날 최고 지도자의 승계의 원리에 대하여 생각하자면 유학자 공동체(儒士)의 추천에 의한 승계가 최고로 여겨져야 한다. 사임ab-dication과 혁명은 이보다 못하다. 실제로 유학자 공동체에 의한 추천은 엘리트 중심 민주주의의 형태를 띤다. 사임은 사실상 훌륭한 인물을 추천하는 것만 못하고, 혁명은 가장 안 좋은 선택이다. 그러나 혁명의 정당성을 거부할 수는 없다. 왜냐하면 폭군적 정부를 전복하고자 하는 대중의 권리를 인정해야 하기 때문이다.[30]

놀랍게도 캉샤오광은 이러한 유학적 승계 방식이 현대 중국에서 이미 수행되고 있다는 주장으로 나아간다. 캉샤오광은 중국 공산당CCP 지도자의 교체는 "사임"이었으며, 나아가 사임은 —『맹자』에서 보았듯이 — 오직 대중에 의해 승인될 때에만 정당하다고 주장한다. 화궈펑華國鋒을 위한 마오쩌둥의 사임은 대중이 화궈펑을 지지하지 않았으므로 실패했다. 덩샤오핑鄧小平의 사임은 후야오방胡耀邦과 자오쯔양趙紫陽에 대한 대중의 거부에도 불구하고 결국 (장쩌민과 함께) 성공하였다.[31]

캉샤오광의 입장에는 수많은 단점이 있다. 표면적 층위에서 보자면 후야오방이나 자오쯔양이 중앙 지도자로 부상하는 데 있어 "대중"이 장애물이었다고 말하는 것은 현대 역사에 대한 기괴한 왜곡이다. 이

---

30 Kang(2005: xxxiii).
31 Ibid.

는 정치적 의견 충돌, 질투, 당의 엘리트 지도부 내의 작은 그룹 간의 권력투쟁의 문제였다. 더 심층적인 문제는 캉샤오광의 견해나 그가 의지하고 있는 고전적 유학의 견해에서 대중(民)이 판단하고 선택하고 수용하거나 다른 방식으로 대리권을 행사하는 것으로 정확하게 볼 수 있는지 여부와 관련이 있다. 나는 이미 『맹자』에 대한 정확한 독해는 민이 수동적이고 반응적이며, 지도자에 대한 그들의 묵인이나 저항은 지도자가 통치를 잘하는지 여부를 나타내는 믿을 만한 지표이지만, 지도자에 대한 어떤 종류의 판단이나 주목할 만한 지지를 나타내는 것은 아니라고 주장했다. 게다가 캉샤오광의 독해와는 달리 백성은 반기를 들 "권리"를 가지지 않는다. 물론 대중은 나쁜 통치를 받으면 반란을 일으킬 수도 있지만 반란을 일으킬 "권리"가 없다. 마지막으로 천에 대한 질문이 있다. 캉샤오광은 여전히 군자의 통찰과 대중의 반응을 통해 드러나는 천을 정당성의 궁극적 원천으로 믿는가?

이러한 도전에 대한 캉샤오광의 대답은 동료인 제도적 유학자 장칭이 제시한 사상, 즉 유학의 정치 권위의 정당성은 정부나 통치자가 권위를 가진 것으로 간주되는 데 필요한 세 가지 차원에서 평가된다는 사상을 기반으로 한다.[32] 정당성의 세 가지 측면은 신성sacred, 문화culture, 민심popular이며 장칭은 이를 유학의 천天, 지地, 인人 3요소에 해당한다고 본다. 각각에 대한 캉샤오광의 견해를 차례로 살펴보고 비판해보자.

엘리트 기반의 권위주의에 대한 캉샤오광의 견해를 고려할 때 정당

---

[32] Kang(2005: 138). 장칭이 특히 자신의 제도적 제안에서 이 사상을 스스로 발전시킨 것은 그 자체로 흥미롭고 주목할 가치가 있다. 나는 이 책의 결론에서 이를 짧게 다룬다. Elstein(2015: ch.7)을 보라. 이러한 제안은 원고 형태로 유통되고 있으며(Jiang, 2010), [그중] 한 형태가 2004년에 대만에서 출판되었다. 비판적 주석과 장칭의 대답이 담긴 부분적 영어 번역이 곧 출판될 예정이다. Jiang(2012)을 보라.

성의 신성적 차원과 관련하여 그가 천의 의도에 대한 권위 있는 해석자로서 엘리트 집단의 역할을 강조했다는 것은 놀라운 일이 아니다. 자신이 천을 어떻게 받아들이는지, 또 천이 무엇을 의미하는지에 대해 설명하지 않은 채 캉샤오광은 유학의 "신자들"에 뚜렷한 중요성을 부여하면서 유학을 국가 종교로 만들어야 한다고 주장한다. 그는 유학을 단지 학문적 이론으로 여기는 사람들을 비판하고, 전통적 관료들을 "사제priests(敎師)"로 규정하며, 전근대의 대중을 "신도(信徒)"로 본다.[33] 지도자의 승계 과정에서 추천을 제안할 것이라고 상상하는 "유학자 공동체"는 전통 관료들의 현대적 발현일 것이다. 그는 유학자 공동체가 다양한 유학 교회와 관련이 있다고 상상하고, 심지어 "새로운 스타일의 신정제"에 대하여 말한다.[34] 이 모든 것에서 흥미로운 점은 캉샤오광이 사제와 신도를 가진 유학적 종교의 유용성을 보고 주장할 수는 있지만, 종교에 대한 모든 이야기가 안정적인 유학적 권위주의라는 목적을 달성하는 데 유용하다는 동기에서 비롯되었다고 상당히 명시적으로 드러낸다는 것이다.[35] 그가 스스로 "천을 믿는다는 것"이 이른바 사제에게 권위를 양도하는 것 외에는 무엇에 해당한다고 생각하는지 알기 어렵다.

    캉샤오광이 정당성의 두 번째 측면인 문화가 어떻게 권위를 정당화한다고 생각하는지 이해하는 것은 훨씬 쉽다. 사실 캉샤오광은 문화적 정당성이 세 가지 이유에서 중요하다고 주장하지만, 그것들을 구분하는 데 항상 주의를 기울이는 것은 아니다. 첫 번째 접근 방식이 가장 일반적인데, 캉샤오광은 문화적 연속성이 중국의 존속에 필수적

---

[33] Kang(2005: xxx, 184).
[34] Kang(2005: 190).
[35] Kang(2005: xlviii, 190).

이라고 주장한다. 중국 인민들은 국가를 잃어도 살아남을 수 있으나 국가가 존속하더라도 그들의 문화를 잃으면 살아남을 수 없다고 말한다.36 그는 한 논문에서 인민들에게 문화가 국가보다 더 중요하다는 주장을 뒷받침하기 위해 수 세기 동안 존속한 유대인들의 문화민족주의를 언급한다.37 이것이 옳다면, 사람들이 중국 인민들의 연속성에 헌신한다면, 중국 문화가 유학과 사실상 동일시될 있다면 중국 인민들은 유학 정부의 권위를 지지해야 할 뚜렷한 이유가 있다. 이를 연속성 논증Continuity Argument이라고 부르자. 캉샤오광에게는 불행한 일이지만, 그의 연속성 논증은 여러 가지 잘못된 전제에 기반하고 있다. 문화가 국민의 주요한 특징 중 하나라는 것을 인정하자. 그러나 문화나 국민은 결코 정적인 구성configuration이 아니다. 아마도 조국이 없을 경우 경전과 해석의 연속성에 더 많은 비중을 두는 것은 사실이다. 다양한 미국 유대인 운동 사이의 많은 차이점이 이 말조차 의심스럽게 하는 것 같기는 하지만 말이다. 캉샤오광이 가지는 또 다른 문제는 중국 문화와 유학을 사실상 동일시virtual identification하는 것이다. 이는 중국 문화에 크게 기여해온 다른 많은 철학적, 종교적 운동 때문에, 그리고 그가 유학이라고 부르는 엘리트 경전 전통과 중국 사회 전반에 걸쳐 느슨하게 "유학적" 가치가 실현되고 실천된 수많은 방식 사이에 엄청난 차이가 있기 때문에 문제가 된다. 그러므로 우리는 오늘날 중국 인민들이 캉샤오광식의 유학 정부의 권위를 지지해야 할 충

---

36 Kang(2005: xlvii). 「유가헌정논강」이라는 새로운 논문에서 캉샤오광은 헌법이 가장 높은 가치인 "민주民主"를 표현하며, "민주"가 존재하기 위해 필요한 연속성은 그 민족의 문화에 크게 의존한다고 주장한다. 그러므로 국가적 문화는 반드시 헌법의 주요 원천이어야 한다는 것이다(중국의 경우 주로 이것이 유학이라고 그는 주장하고 있다). Kang(2012)을 보라.

37 Kang(2005: 181).

분한 이유가 있다고 결론 내릴 수 없다.

경쟁 논증Competitive Argument이라 이름 붙일 수 있는 주장은 연속성 논증과 친연성을 가진다. 이는 우리가 문명들끼리 경쟁하는 세계에 살고 있으며, 그러므로 중국인들이 다른 나라 사람들이 그러하듯 문화민족주의를 받아들여야 한다는 견해이다. 문화적 경쟁에서의 성공은 국가와 그 국민을 더 강하게 만든다. 개인들은 하나의 문화에서 다른 문화로 이동할 수 있다. 그런데 캉샤오광에 따르면 이민자들은 문화적 식민자cultural colonizer로 여겨질 수 있다.[38] 캉샤오광은 뚜웨이밍杜維明이 대중화시키고자 했던 "문화 중국cultural China"이라는 개념에 정치적이고 경쟁적 변화의 의미를 부여해 상당히 다른 이유로 접근한다.[39] 캉샤오광은 이를 국경을 초월하는 국가주의적 경쟁의 일부로 간주한다. 이 경쟁 논증은 명백히 두 가지 주요한 전제에 의존하고 있다. 첫째, 우리는 문명 간 경쟁에 참여해야 한다(혹은 그럴 수밖에 없다. 물론 이렇게 이해할 경우 이 논증은 연속성 논증이 되고 말 것이다). 둘째, 중국 문화를 중흥시키는 것은 유학을 중흥시키는 것을 뜻한다. 이 두 번째 전제는 "중국 문화는 곧 유학이다"라는 연속성 논증의 전제와 마찬가지로 많은 문제를 가지고 있다. 하지만 우리는 지금 미래지향적인 경쟁에 대해 이야기하고 있으므로 만약 유학적 가치가 국내외 독자들에게 특별히 설득력이 있다면, 이 가치들을 전통적으로 받아들였던 것보다 더 큰 범위에서 받아들일 이유가 될 것이라고 생각한다.

캉샤오광의 마지막 접근 방식은 통합 논증Unity Argument이다. 즉 수많은 원심력이 작용하고 있지만 중국을 하나로 지탱해주는 핵심적

---

38 Kang(2005: 178).
39 Tu(1991)를 보라.

인 것은 경제, 군사력, 정치, 이데올로기가 아니라 문화라는 것이다.[40] 이 논증의 가장 큰 문제는 아마 캉샤오광이 중국 내에서의 유학의 부흥에 접근하는 방식일 것이다. 이 접근 방식은 교육 체계 전반에 걸친 의무적인 유학 학습과 유학을 중국의 "국가 종교"로 설정하는 것을 포함하는데, 이것은 중국 문화에 현존하는 요소들을 자연스럽게 꽃피우고자 하는 것이라기보다는 이데올로기 체계를 시행하는 것처럼 보인다. 그렇기 때문에 통합을 촉진하는 데 있어 어떤 종류의 성공을 거두게 될 것인지 불명확해 보인다. 이는 특히 중국의 변방 지역과 관련하여 불명확하다고 할 수 있다.[41]

요약하자면 캉샤오광이 유학적 권위의 주장을 정당화하기 위하여 문화에 다양하게 호소하는 것은 각각 상당히 문제가 있다. 이제 세 번째 측면인 민심 정당성popular legitimacy에 주목해보자. 이 장의 시작 부분에서 다루었던 지도자 승계와 관련된 문단을 보면 캉샤오광이 『맹자』에서 찾을 수 있는 어떤 견해를 따르고 싶어 한다는 것은 분명하다. 그는 "폭정을 일삼는 정부를 전복할 수 있는 대중의 권리를 인정해야만 한다"고 말한다. 또 그는 "민의(民意)"에 관심을 가지는 것의 중요성에 주목하며[42] 내가 앞에서 논의한 많은 구절을 인용한다.[43] 하

---

40 Kang(2005: 182).
41 다니엘 벨은 캉샤오광의 통합 논증이 유학이 티베트와 신장처럼 비한족 집단이 지배적인 지역에서 국가 종교로 승격되지 않는다는 조건을 더해도 유지될 수 있을지 궁금해한다(개인적 대화). 분명 캉샤오광이 고민하는 중심적 힘은 비민족적이며, 그러므로 이렇게 좁아진 초점은 여전히 유용한 통합적 역할을 할 수도 있을 것이다. 그러나 중국 중부 지역의 한족이 국가 유교 종교 제도를 강압적이고 외부적인 강요에 불과한 것으로 인식할 것이라는 점은 명백하지 않다.
42 Kang(2005: xxxiv).
43 Kang(2005: 132-135).

지만 동시에 캉샤오광은 『맹자』에서 백성의 의견을 다루는 방식에 실제적인 문제가 있음을 인정하고 있다. 그는 "정치가 어떻게 민의를 표현하는가? 이는 현대유학이 마주한 도전이며, 지식의 유산으로서의 유학이 충분히 다루지 못한 영역이다. 우리는 현대 정치 이론과 정치 실천으로부터 배울 필요가 있다."[44] 그는 자유로운 대중매체, 정치 협의 제도, 협동조합제도 등이 "대중의 정치참여 권리"를 보장하는 것에 적절한 답을 제공할 수 있으리라 제안한다.[45] 캉샤오광은 이러한 해결책의 잠재적 약점에 대한 예리한 분석을 제공하지만, 각 "기능적 선거구functional constituency" 내에서 자유로운 결사와 완전한 민주주의에 대한 권리를 보장하는 것이 정부와 자본주의적 이해관계가 체계를 남용하는 것을 충분히 방지하리라 주장한다.

자유민주주의가 이론적으로 문제가 없는 것이 아니며, 일부 사람이 주장하는 것처럼 실제적인 만병통치약도 아니라는 캉샤오광의 광범위한 관련 주장과 마찬가지로 그의 이러한 생각은 상당히 흥미롭다. 문제는 그가 두 마리 토끼를 다 잡으려 한다는 것이다. 그는 민이 판단할 수 있고, 권리의 소유자이고, 정보에 대한 자유로운 접근과 (여전히 제한적일지라도) 광범위한 형태의 민주적 참여를 적절하게 요구할 수 있는 행위자이기를 바란다.[46] 그러나 동시에 그는 여전히 그의 "권위주의" 전제와 엘리트 지도자와 지배받는 "대중" 사이의 분명한 구분을

---

44 Kang(2005: xxxv).
45 Kang(2005: xxxvii).
46 민the people이 독립적 판단을 형성할 수 있는 행위자들이라는 생각은 캉샤오광의 주장의 많은 곳에 숨어 있다. 예를 들어 그는 국가가 유학에 대한 해석을 결정하도록 하기보다 사회가 (유학의 다양한 해석자 중에서 서로 다른 "교회"에서 설교하는 사람들이 참여하고 재정적으로 지원하는) 민의 선택에 의존할 수 있다고 제안한다. 이것은 지적인 "시장"으로 작용할 것이다(Kang, 2005: 190).

주장한다. 이러한 입장은 [천명天命의] 지표로서의 "민" 개념과 잘 어울리지만, 만약 "민"이 개인적인 판단을 할 수 있는 행위자들로 구성된다면 무엇이 지도자와 지배층 사이의 엄격한 구분을 정당화할 수 있을지 분명하게 설명해주지 못한다. 즉 캉샤오광은 우리가 『맹자』에서 발견하는 것과 거의 똑같은 긴장을 마주하게 되는 것이다. 사실 그가 권리의 소유자로서의 국민의 지위에 대하여 명시적으로 말하고 있기 때문에 그는 긴장을 마주할 뿐만 아니라 완전한 딜레마에 빠지게 된다. 만약 "민"이 단지 엘리트 지도자를 필요로 하고 유학의 권위주의를 정당화하는 개념으로서의 수동적 대중이라면, 그들은 권리의 소유자도 아니며 (심지어 기능적 선거구 내에서도) 민주적 절차에 참여하기에 적합하지도 않을 것이다. 반면에 만약 "민"이 판단을 내릴 수 있고 민주적 통치에 참여할 수 있는 권리의 소유자들로 이루어진다면, 캉샤오광이 원하는 강력한 형태의 엘리트 통치를 정당화하는 데 실패하게 될 것이다. 특정한 기본권리의 필요와 어느 정도의 민주적 참여를 인정한다고 해서 반드시 우리가 자유민주주의제를 채택할 의무를 지게 된다는 뜻은 아니다. 이 장의 마지막 부분에서 나는 권위주의적이지도 않을 뿐만 아니라 평등주의적이지도 않은 정당한 참여 정치의 한 형태인 자유민주주의에 대해 논의한다. 나는 이 책의 결론에서 이 주제로 되돌아올 것이며 그곳에서 정치적 참여의 여지를 만들고자 하는 다른 현대유학의 제안들이 진보적 유학의 기준에 어떻게 부합할지 살펴볼 기회를 가질 것이다.

진보적 유학의 권위: '사람'을 다시 개념화하기

대중의 정치참여 문제에 집중함으로써 캉샤오광은 유학의 한계를 인식했고 이에 대한 답을 제시하고자 하였으나, 나는 그의 해결책이 충분히 급진적이지 않다고 주장하였다. 이제 유학 연구자들이 정당한 권위에 대해 생각할 수 있는 다른 방법을 제공할 시간이다 ─ 이러한 모델은 유학의 핵심적 주장들을 더욱 강력하게 실현할 수 있도록 할 뿐만 아니라 내가 앞에서 논의한 『맹자』에 내재한 긴장을 해소한다. 이 모델에 의하면 천은 권위의 원천으로 계속 인정되지만, "백성[民]" 자체는 권위의 소유자로서 재개념화된다. 이 권위는 민주적 절차를 통해 정부에 위임되며, 그 권위 행사는 헌법과 특정 종류의 국가 도덕교육이라는 두 가지 방식으로 제한되고 영향을 받는다. 이 모델의 몇 가지 측면은 다른 종류의 민주적 체계와 친연성을 가지지만, 이러한 측면은 특히 분명하게 유학의 논증에 의해 정당화된다. 이 장의 나머지 부분에서 내가 염두에 두고 있는 것을 세 단계로 개괄할 것이다. 즉 천에 대한 새로운 설명, 백성에 대한 새로운 설명 그리고 진보적 유학 정치에서 찾을 수 있는 특정한 정치적 과정에 대한 몇몇 생각을 개괄할 것이다.

나는 앞에서 초기 중국에서 천에 대한 이해가 인격신[상제]에서부터 규범적 질서라는 보다 추상적 개념으로 발전해왔다고 말했다.[47] 이 과정의 또 다른 중요한 단계는 11세기의 신유학자들에 의해 수행되었다.

---

[47] 후기 고전 유학자인 순자에 따르면 사실 천은 어떤 식으로든 인간이 무엇을 해야 하는지 명령하지 않는다. 그 대신 천의 끊임없는 순환에 대응하여 우리 자신과 우리의 환경을 가장 잘 형성하는 방법을 배우는 것은 우리에게 달려 있다.

(신유학Neo-Confucianism은 11세기부터 18세기까지 이어진 주요한 철학적, 정신적 운동이다.) 신유학철학자들Neo-Confucian philosophers은 천을 그들의 중심적인 규범적 개념인 리理로 규정한다. 나는 리를 "일관성Coherence"으로 번역할 것이다.[48] 리는 모든 사물이 하나의 역동적인 조화를

[48] 이 번역은 논란의 여지가 있다. 나는 Angle(2009: ch. 2)에서 이에 대해 자세히 설명했으며, 이는 이 책에 대한 공개적인 의견 교환의 주요 논쟁 주제이기도 하다(Tiwald, 2011b; 2011c). 내가 Angle(2009)을 출판했던 같은 시기에 하버드의 지성사가인 피터 볼은 리를 "coherence"로 번역하는 결론에 독립적으로 도달하였다(Bol, 2008). (Angle(2011)에서 논한 것처럼 Angle(2009)의 출판 때부터 나는 체계적으로 "Coherence"의 "C"를 대문자로 사용하였다는 점에 주목하라.) 피터 볼의 책에 대한 최근 리뷰에서 P. J. 아이반호는 리를 번역하는 데 "coherence"를 사용하는 것에 대해 매우 비판적이다. 그는 이것이 여러 면에서 오해를 유발하며, 이전의 번역("principle")보다 열등하다고 주장한다(Ivanhoe, 2010). 그의 핵심 주장은 (1) coherence는 단지 리가 가진 하나의 속성이며, 속성을 개념 자체에 대한 대체어로 사용하는 것은 실수이며 (2) coherence에 의해 제공되는 규범성의 종류가 지나치게 애매하고, 다의적이고 상대적이라는 것이다. "Principle"이 리에 단일한 옳음이 있다는 생각을 포착할 수 있도록 한다는 점에서 더 낫다는 것이다. 그는 신유학자들이 "과부는 정조를 유지해야 한다"고 말할 때 이것이 의미하는 것은 "원리principle"이지 단순히 "일관성coherence"이 아니라고 주장한다. 과부에 대한 견해는 얼마든지 일관적일 수 있으나 신유학자들은 "더 높은 도덕적 원리"에 호소함으로써 [단일한] 하나의 원리를 선택한다고 아이반호는 말한다(ibid.: 474, 원문의 강조). 이 모든 것에 대한 나의 대답은 두 부분으로 이루어진다. 먼저, 아이반호는 정확히 내가 "principle"에 놓여 있는 문제가 어디라고 생각하는지 아주 잘 밝혀주고 있다. 서양철학자들은 — 황금률, 칸트의 정언명령, 공리주의적 원칙 같은 — 더 높은 도덕적 원리에 호소한다는 것이 무슨 의미인지 충분히 잘 알고 있다. 리는 이런 것들이 아니다. 신유학자들은 원리를 일반적으로 리가 환경의 특정한 집단class에 대해 우리에게 말해주는 것에 대한 정확한 요약으로 설명한다(예를 들어 많은 사람은 과부가 정조를 유지해야 한다고 주장한다). 그러나 리는 특정한 원리의 담지자host가 따라야 하는 궁극적 원리가 아니다. 둘째, 리라는 것이 우리가 일관적으로 느끼게 되는 모든 것을 의미하지는 않는다는 점에서 아이반호가 옳지만 — 내가 지속적으로 강조하려고 하듯이 — 리를 Coherence로 생각하는 것은 적어도 그것이 진짜 무엇인지에 대한 부분적인 이해를 가능하게 해준다. 리를 추구하는 것은 사물들이 서로 조화롭게 어울릴 수 있는 더욱 폭넓고 포괄적인 방식을 추구하는 것

이룰 수 있도록 우주를 가치 있고 이해할 수 있게 구조화한 것이다. 그것은 단지 사물들의 집합에 대한 어떤 "일관성 있는" 배열이 아니다. 왜냐하면 지역적 일관성local Coherence(예를 들어 당신과 부모 사이의 관계)은 지역적인 것이 점점 더 큰 글로벌한 일관성 패턴(예를 들어 모든 인간관계 또는 인간과 우리 환경 사이의 관계)에 부합하는 방식에 따라 결정되기 때문이다. 리 혹은 일관성은 모든 것의 정체성과 역할이 다른 많은 사물 및 목적과의 관계 ― 궁극적으로 모든 사물, 의도, 욕망과의 관계 - 에 달려 있다는 통찰에 기반한다. 예를 들어 이것이 왜 "노oar"인가? 그것이 보트와 노 젓는 사람, 호수와 물 분자, 전나무와 탄소섬유의 제작 등에 적합한 방식이기 때문이다. 다른 사람 및 환경과 상호작용하는 가장 좋은 방법을 발견하고자 한다면 우리는 이러한 상호 연결을 이해하고 존중해야 한다. 신유학자들은 그들의 고전 시대의 선구자들보다 더 광범위한 방식의 조화를 주장한다. 그들은 서로 그리고 우리가 서로에 대해 느끼는 근본적인 연결을 존중하는 우주와의 균형 잡힌 공동체를 실현(즉 인식하고 실현)하기 위해 노력한다.

이를 신유학의 일관성Coherence[리]에 대한 설명이라고 하자. 많은 ― 모두는 아니지만 ― 현대유학 연구자는 이 일관성에 대하여 이야

> 이며, 특히 상호 연결성을 감정적으로 인식하는 데 의해 이끌린다. 피터 볼은 "coherence"를 "새롭고 매우 적재된loaded 의미"로 사용하고 있다. 만약 그렇다면 그것은 번역이라기보다는 그를 괴롭히는 새로운 영어 단어의 결합이라고 아이반호는 말한다. 만약 아이반호가 "principle"이 너무 문제가 있다고 확신한다면, 그는 새로운 단어를 만들기보다 단순히 로마자로("*li*"로) 남겨두는 것을 선호할 것이다. 우리는 이 점에서 거의 이견이 없는데, 왜냐하면 내가 사용하는 "Coherence(그리고 볼의 "coherence")"가 표준 영어 단어인 "coherence"와 완전히 동일하지 않다는 것을 분명 인정하기 때문이다. 그래서 나는 "Coherence"를 적절한 설명과 함께 사용한다면 우리가 "principle"이나 "*li*"를 사용하는 것보다 더 나은 결과(독자의 이해력으로 측정)를 얻게 될 것이라고 생각한다.

기하고 있으며, 나도 그러한 논의에 참여하고자 한다. 이것은 모든 것이 근본적으로 상호 연관되어 있으며, 특히 이러한 상호 연결에 대한 우리의 정서적 인식에 따라 적어도 우리 세계에서 일관성을 보기 시작할 수 있다는 생각을 계속 진지하게 받아들이고 있다는 것을 의미한다. 일관성을 보는 것은 적어도 일상적인 경우에는 신비한 인식이 아니다. 우리가 사람들 간의 조화로운 배열이나 사람과 환경 사이의 조화에 긍정적으로 반응할 때, 이것이 바로 일관성을 인식하는 것이다. 우리가 건설적인 방향으로 관계를 살짝 유도nudge하는 방법을 발견할 때, 이것 또한 일관성을 인식하는 것이다. 혹은 적어도 일관성에 가까운 것이라고 할 수 있다. 즉 우리가 잘 모르고 있는, 또 완전한 조화에 더욱 가까워지기 위해 전반적인 조정을 시행할 필요가 있는 더 큰 차원이 있을 수도 있다. 유학자가 된다는 것이 무엇인가라는 이 모델에 따르면 우리는 보편적 일관성Universal Coherence(天理)의 이상, 즉 주어진 순간에 가장 좋고, 가장 가치 있고, 가장 삶을 긍정하는 방식이 있으며, 이것을 추구하는 것이 도道를 따르는 것이다라는 것에 전념해야 한다.

이 시점에서 일관성이 현대 세계에서 누구나 혹은 적어도 많은 사람이 실제로 진지하게 다룰 수 있는 종류의 이상인지 묻는 것이 자연스러울 것이다. 유학에 상당히 공감하는 전통의 고유한 발전을 보다 긴밀하게 따르고자 하는 나의 접근 방식과 달리 오늘날의 몇몇 사상가가 신고전적 접근 방식이나 종합적 접근 방식을 차용하는 이유 중 하나는 이 일관성에 대한 회의론 때문이다. 나는 우리 모두가 ― 어떤 배경을 가졌든 ― 일관성을 받아들여야 한다거나, 모든 유학 연구자가 이 길을 따라야 한다는 주장을 하려는 것은 아니다. 본질적으로 일관성은 현실에 대한 구체적인 증거를 능가하는 이상이다. 하지만 "능가한다"는 말이 우리의 증거와 경험들이 그 이상과 무관하다고 말하는 것은 아니다. 신유학자들이 지적하는 상호관계들은 이해하기 쉽고, 우리가 의식할수록 우리에게 더 많은 동기를 부여할 수 있다. 그뿐만 아니라 현대의 많은 강력한 목소리는 선함의 이상ideals of goodness을 통합하는 것의 중요성을 말하고 있다. 만약 일관성이 이러한 것[선함의 이상을 통합하는 것] 중 하나이고, 나아가 매력적인 윤리적, 정치적 비전을 뒷받침할 수 있는 이상이라면 이를 진지하게 고려할 가치가 있을 것이다.[49]

일관성이 정치적 권위와 어떻게 연관되는가? "일관성"이라는 개념이 없었던 초기 유학자들까지 포함한 모든 유학자에게 있어서도 그들이 진실로 가치 있는 것을 높이 평가하고, 그럼으로써 다른 사람들이 그들을 따를 때 권위가 있다. (『논어』에는 중앙의 북극성을 향에 절하는 수많은 별이나 군자의 현존인 바람 앞에 눕는 풀과 같은 아름다운 비유가 담겨 있다.) 우리가 일관성과 같은 이상을 진지하게 다룬다고 한다면, 우리는 누가 일관성을 적절히 판단할 수 있는지를 물을 수 있다. 하나의 대답은 아마 "성인sage"일 것이다. 분명히 현대유학 연구자들은 몇몇 사람이 다른 사람들보다 일관성에 대한 더 발전된 인지적 감각을 가진다는 믿음을 선배 유학자들과 공유한다. 그럼에도 불구하고 성인군주sage-ruler를 중심으로 하는 권위 체제를 구상하는 것에는 두 가지 핵심적인 문제가 있다. 첫째, ― [유학] 전통 내에서 약간 논란의 여지가 있지만 ― 원칙적으로 성인됨sagehood에 도달할 수 있다는 사실에도 불구하고 실제 성인은 거의 없고, 특정 시점에 자신 있게 식별할

---

[49] 이 구절에 대한 추가적인 생각과 몇몇 참조는 Angle(2009)에서 특히 5장과 9장 그리고 결론을 보라.

수 있는 성인은 더더욱 없다는 것이다. 머우쭝싼이 말한 것처럼 성인이 되는 것은 "끊임없는 과정"이다.50 둘째, 성인으로 권위를 제한하는 것은 나머지 모든 사람을 배제하는 것이지만, 모든 사람은 적어도 일관성에 대한 감수성을 가지고 있다는 것이 신유학의 핵심 가르침이라는 것이다. 이 장 앞부분의 관점에서 보자면 성인으로 권위를 제한하는 것은 『맹자』 내에 있는 "백성masses[民, 대중]"에 대한 주장과 사람persons[人]에 대한 주장 사이의 긴장을 해소하지 않은 채 남겨두는 것이 될 것이다. 그러므로 성인에게 권위를 부여하는 것 대신에 나는 현대유학 연구자들은 "사람들the people"*에게 권위를 부여해야 한다고 제안한다.

만약 사람들이 권위를 가지는 존재라면, "사람들"이라는 개념은 반드시 고대의 유학과는 다른 방식으로 개념화되어야 한다. "사람들"은 모든 개인의 총체일 것이다. 우리 하나하나는 권위 있는 주체의 한 부분이다. 왜냐하면 우리 각각은 일관성에 대한 고유하고 소중한 관점을 가지고 있기 때문이다. 맹자와 주희처럼 서로 다른 유학자들도 모두 우리 각자가 세계의 윤리적으로 핵심적인 측면을 인식하고 반응할 수 있는 역량을 지닌다는 점을 강조하였다. 물론 우리는 각자 잠재적 가치와 조화를 이루는 어떤 영역에는 더 민감하게 반응하고, 다른 영역에는 덜 민감하게 반응할 것이다. 더욱이 우리 중 몇몇은 다양한 관점을 통합하고 일관성에 더욱 가까이 접근하는 데 필수적인 넓고 균형 잡힌 비전을 더 잘 획득하게 될 것이다. 이것이 우리의 정치적 체계의 기획에 포함되어야 하기 때문에 나는 뒤에서 이에 대해 더 다룰

---

50   Mou(1991: 127). 추가적인 논의로는 Angle(2009: ch. 1)을 보라.
*   이후의 people은 새로운 위상을 가진 존재로 재개념화된 "사람들"로 번역했다.

것이다. 우리의 지각적 역량이 똑같지 않음에도 현대유학 정치의 "사람들"은 "천"의 의지의 수동적 지표로서 기능하는 데에 그쳐서는 안 되고, 진정으로 가치 있는 것에 대한 최고의, 그리고 사실상 유일한 통로로 기능할 수 있어야 한다.

흔히 "자아의 사회적 개념"의 측면에서 이해되는 집단과 관계성에 대한 유학자의 강조가 널리 인정되는 점을 감안하면, 이런 주장은 아마 지나치게 개인주의적으로 들릴 것이다. 내 대답은 관계성이 현대유학 연구자들이 어떻게 "사람들"을 이해해야 하는지와 깊이 관련이 있는 것은 사실이지만, 이것이 개별적인 관점이 중요하지 않다는 결론으로 이어져서는 안 된다는 것이다. 오히려 각 개별적인 관점 자체가 관계성으로 가득 차 있다. 직면한 어떤 문제들에 대한 나의 관점들은 내가 아들이고, 아버지고, 배우자이고, 선생이며, 부분적으로 겹치는 다양한 공동체의 일원이라는 사실에 의해 분명히 표현되는 것이다. 다른 사람의 관점(예를 들어 내가 알고 있는 딸과 아내의 중학교 때의 경험)은 내가 어떻게 대상을 보는지를 형성한다. 넓은 관계성은 관점의 폭넓은 포용성과 일치하는 경향이 있지만 많은 다양한 관점을 조화시키는 방법을 발견하는 것이 항상 쉬운 것은 아니며, 멀리 있는 다른 사람들의 관점이 가까운 사람들의 관심을 삼켜버리지 않는 것이 중요하다.[51] 이상적으로 보자면 성인은 모든 관련 관점을 적절하게 존중할 수 있다. 그러나 실제 인간의 한계에 비추어 볼 때 우리는 성인이 나타나기를 기다릴 수도 없고 기다려서도 안 되며, 일관성을 반드시 실현하기 위해서 다 같이 최선을 다해야 한다.[52]

---

[51] 친소 관계의 균형의 필요성에 대해서는 Slote(2001: ch. 3); Tessman(2005); Angle (2009: ch. 5)을 보라.

여기서 주창되고 있는 "사람들"이라는 용어의 개념화는 훨씬 초기의 유학 담론에 터전을 잡고 있는 것처럼 보였던 "백성[대중]"의 개념과는 상당히 다르다는 것을 분명히 해야 한다. 민의 의미를 이렇게 수정하고, 그 때문에 반응적 대중과 (비록 관계적으로 구분되었지만) 개별적 행위자의 차이를 추적하지 못하면서 사람들이 발전시켜야 핵심 유학 사상을 포착할 수 있는 능력을 상실했다는 반대 의견이 있을 수 있다. 결국 맹자와 주희는 우리의 선천적인 도덕적 상태를 다소 다르게 이해하지만, 그들은 모두 도덕적 잠재력을 실현하는 데 있어서 개인들이 크게 다르다는 점을 분명히 한다. 이에 기초하여 몇몇 학자는 어떤 종류의 유학을 따르든 간에 (투표권이나 발언권과 같은) 권리는 행위의 단순한 잠재력 때문이 아니라 오직 "실현된 인간성" — 덕의 소유 — 때문에 사람들에게 부여되어야 한다고 주장했다.[53] 만약 "사람들"에 속하기 위하여 넘어야 하는 높은 문턱이 있다고 한다면, 우리는 좁은 의미의 "사람들"이 권위를 가진다고 할지라도 대부분의 개인들의 직접적 관점에는 아무런 중요성을 두지 않는 매우 제한된 권위 체계를 갖게 된다.

이 반대에 대한 가장 강력한 대응은 "자기규제"라는 개념과, 이에 수반되는 모든 사람의 권리에 대한 객관적이고 제도화된 보호라는 요구사항을 언급하는 것일 것이다. 나는 잠시 후에 이러한 개념에 대해 다시 이야기하겠다. 하지만 먼저 우리는 개인적 진보와 사회적 진보

[52] 크리스틴 스완튼이 설명하는 것처럼 "세상의 요구를 해결하는 데 있어서 우리 각자는 심지어 가장 도덕적인 사람들조차도 관점에 한계가 있다"는 것이 윤리를 이끄는 핵심적인 곤경이다(Swanton, 2003: 250). 현재의 맥락에서 보면 더 넓은 정치적 맥락에서도 마찬가지라는 것을 알 수 있다.
[53] Ci(1999).

가 진실로 유학자들의 핵심적인 목표라는 것에 동의해야 한다. 사람들의 관점은 일관성에 대한 부분적인 창구이고 이를 통해 일관성을 더 잘 인식할 수 있게 되기 때문에 소중하다. 아이들은 다른 사람들의 관점을 자신들의 관점과 통합하는 데 점차 능숙해진다. 비공식적, 공식적 교육과정은 모두 아이들을 돕는 것을 목표로 한다. 많은 어른은 여전히 세계를 비교적 개인적 렌즈를 통해 바라본다는 것을 인정해야 한다. 어떤 경우에는 이것이 공적으로 혹은 과학적으로 "반사회적"이라고 여겨지는 행위를 유발할 수 있고 다른 경우에는 이것이 폐쇄적 공동체로 후퇴하는 결과로 나타날 수 있다. 현대유학 정치의 독특한 특징 중 하나는 이러한 유형의 어른들을 위한 교육에 지속적인 관심을 가진다는 것이다. 나는 이에 대해서 뒤에서 간략하게 언급할 것이다(그리고 이 책의 결론에서 추가적으로 논의할 것이다). 하지만 이 모든 것이 권위의 범위에 대해 의미하는 것은 결코 정해진 것이 없다는 것이다. 일단 권위가 모든 것을 아우르는 시야를 가진 완전한 인간 — 즉 성인 — 에게만 국한되는 것이 아니라는 것을 인정한다면, 유학에 공감하는 사람들은 권위 체계의 구체적인 설계가 서로 다른 우선순위의 균형을 맞추는 문제라는 점을 인정할 수밖에 없을 것이다. 내가 계속 주장하고자 하는 것처럼 "사람들"에 대한 우리의 개념을 매우 포괄적으로 만들어야 할 강력한 이유가 있다면, 우리가 교육 목표를 달성하기 위해 최선을 다하는 한 "사람들"의 구성원이 되는 문턱을 비교적 낮추는 데에는 아무런 장애물이 없다는 점 때문이다.[54] 확실히 우리는 어린이들은 완전히 "사람들"에 속한다고 할 수 없다. 지금까지 내가

---

54 국가 지원의 도덕적, 시민적 교육의 문제는 유학자들에게 중요한 것이었다. 이 논의에 대해서는 이 책의 결론을 보라.

말한 것들도 사실상 각 성인成人이 정치적 과정에서 평등한 발언권을 가져야 한다는 주장으로 이어지지는 않는다. 아마도 다소 나이 많은 사람이 더 넓은 시각을 가진 경우가 많다는 결론을 내리고, 그래서 이를 우리 제도에 반영하려고 할 수도 있다.[55] 그러나 우리는 많은 구조가 일관성에 대한 특별한 통찰력이 없는 권력자에 의해 쉽게 도덕화되고 규범화된다는 점을 명심해야 할 것이다. 나는 다음 장에서 이 주제를 반복적으로 다시 살펴볼 것이다. 이 과정에서 나는 진보적 유학이 위계와 존중이라는 가치와, 최대한 많은 사람이 공적인 숙고와 선택에서 유의미한 역할을 할 수 있도록 하는 방식으로 정치적 공간을 설계할 필요 사이에서 균형을 잡는 다양한 방법을 보여줄 것이다.

정치구조와 참여

적어도 지금은 현대유학의 정치철학에서 "사람들people"이 정치적 권한을 갖는다는 점을 인정하자. 이 권한은 어떤 과정으로 행사되는가? 만약 정부가 구성되어 국민의 대표로서 통치하는 것이라면, 이것은 어떻게 이루어지는가? 만약 몇몇의 개인이 일관성에 대한 깊은 통찰을 가지고 있다고 주장한다면, 그는 독재자로서 정당하게 통치할 수 있는가? 철학자들은 선good을 우선시하는 가치체계와 권리right를 우선시하는 가치체계를 구분하는 것에 익숙할 것이다. 유럽과 중국의 역사에서 선의 실현을 근본으로 삼는 철학은 모든 사람에게 적용되어야 하는 선이 무엇인지 안다고 주장하는 지도자들 때문에 권위주의적

---

55 관련된 사상은 Bell(2008: 151-154)을 보라.

과잉으로 기우는 경향을 보였다. 권리를 강조하는 철학도 그 나름의 결함이 있지만, 종종 약자를 보호하는 권력 행사의 절차적 한계를 정당화할 수 있었다. 여기에서 유학이 채택해야 하는 절차를 정확히 설명하지는 않겠지만, 나는 (일관성의 형식에서) 선에 대한 진보적 유학의 입장은 사실 개인들이 객관적인 절차와 헌법에 명시된 제한에 따라 개인의 선의 추구를 제한할 것을 요구한다는 점을 보일 것이다. 또한 이를 위해 2장에서의 자기규제 논증을 활용할 것이다. 진보적인 유학자들은 헌법, 법률, 권리가 도덕적 통찰과 중요한 면에서 독립적인 지위를 가진다고 주장해야 한다. 내가 2장에서 결론 내렸듯이 "사람들은 정부의 수장으로서 가장 적합한 자격을 갖출 가능성까지 포함하여, 그들의 세계의 여러 측면에 대해 책임을 질 수 있는 기회를 가져야 한다. 그러므로 덕에 대한 통찰은 모든 사람의 권리를 보호하는 객관적인 구조를 고수함으로써 ― 스스로를 제한하고 ― 규제해야 한다. 오직 이럴 때에만 완전한 덕이 가능하다." 이러한 논증의 결과 중 하나는 유학 정치가 권위주의가 되어서는 안 된다는 것이다.[56] 내가 제안한 틀에서는 권위를 가진 통치자와 자신의 의견을 표현할 수 있지만 특별한 권위는 가지지 못하는 피통치자 사이의 엄격한 구분은 없다.

[56] 여기는 이 장에서 내가 제시한 견해와 주요 측면에서 공명하는 Tan(2010)의 주장에 대한 나의 감사를 표하기에 좋은 곳이다. 탄은 "권위적"과 "권위주의적"을 구분한다. 전자는 탁월함에 기반하지만 후자는 강제력에 기반한다. 그녀는 『논어』에서의 공자의 견해가 권위주의적인 접근이라기보다는 권위적 접근을 지지한다고 설득력 있게 주장한다. 그녀는 또한 하나에서 또 다른 하나로 미끄러지는 위험을 인식하며, 이러한 미끄러짐에 저항하기 위하여 현대의 유학적 국가의 정치는 상당한 정도로 "자율적"이어야 한다고 주장한다(Ibid.: 147-148). 그녀는 정치적 자율성에 대하여 길게 논의하지는 않으며 이를 머우쭝싼의 자기규제와 연결하지도 않지만, 나는 그녀의 주장이 이 장에서 제시되는 틀과 아주 잘 들어맞는다고 느낀다.

어떤 권리를 보호해야 하는지, 어떤 종류의 선거 및 대의제를 헌법에 담을 것인지는 그다음의 문제이다. 현대유학 연구자이자 머우쭝싼의 제자였던 뚜웨이밍은 "유학적 인격의 이상 — 진인, 현자, 성인 — 은 전통적인 제국 독재나 현대 권위주의 체제보다 자유민주주의 사회에서 더 완전히 실현될 수 있다"고 말했다.**57** 뚜웨이밍의 주장이 어느 정도 맞을지는 모르지만, 현존하는 자유민주주의가 내가 설명하는 다양한 기준에 부합하는 최선이자 유일한 것이라고 한정해서는 안 된다. 수년 전에 다니엘 벨은 유학의 영향을 받은 미래의 중국 국가가 민주적으로 선출된 하원과 능력 중심의 상원으로 구성된 양원제 입법부를 가질 수 있다고 주장했다.**58** 벨의 생각은 종합적 유학이라는 범주에 잘 들어맞는다. 그는 민주적 가치와 유학적 가치를 결합하는 방법을 찾고 있으며, 각각이 서로에게 독립적인 기여를 한다고 가정한다. 벨은 상원을 설명하고 정당화하는 것과, 상원과 하원 사이의 서로 다른 관계의 장단점을 탐구하는 데 초점을 맞춘다. 이를테면 벨이 "유학적" 해결책이라고 부르는 제안대로 상원이 더 강력해야 하는가? 아니면 하원에게 더 큰 권력을 주는 "민주적" 선택지가 선택되어야 하는가?**59** 다양한 논의에서 그는 하원의 필요성을 당연하다고 생각하며 — 그의 종합적 접근 방식을 고려하면 이는 타당하다 — "책임성, 투명성, 평등한 정치참여라는 민주주의적 덕목을 제도화할 절실한 필요"가 있다는 취지의 간단한 주장만 제시한다.**60**

---

57 Tu(1996: 29-30).
58 초기의 견해는 Bell(2000)의 3부를 보라. 나는 그의 후속 개선 사항을 Bell(2006: ch. 6)에서 참고할 것이다.
59 Bell(2006: 171-179). 벨은 약한 상원 제도가 더 실현 가능할 수 있지만 강한 상원이 더 바람직할 수 있다고 주장한다.
60 Ibid.: 160-161. 벨은 민주주의와 능력주의를 Ibid.: 162에서 명시적으로 "유학

제도적 유학자인 장칭은 기존의 유학적 기반 위에서 삼원제 입법부에 대한 제안을 정당화하고자 하면서 다른 접근 방식을 취한다. 초기 유학의 "하늘, 땅, 인간"에 해당하는 천지인으로부터 시작하여, 장칭은 신성, 문화, 민심이라는 세 측면으로 이루어진 "삼중 정당성three-fold legitimacy"이라는 개념을 발전시킨다.[61] 이에 근거하여 장칭은 중국에 입법 체계가 합법화되려면 세 의회, 즉 "유학 전통 의회(通儒院)", "국가 기초 의회(國體院)", "인민 의회(庶民院)"가 있어야 한다고 주장한다. 무엇보다 한 가지 명백한 의문은 천지인 개념, 정당성의 세 차원과 세 의회 간의 연결이 그럴듯하냐는 것이다. 예를 들어 우리는 어째서 장칭이 정당성의 "땅"의 측면을 생태적 가치와 대응시키지 않는지 의아할 수 있다. 더욱 근본적으로 데이비드 엘스타인이 지적한 대로 장칭이 제안하고 있는 제도는 사실상 중국 역사에 전례가 없으며 장칭 또한 이를 서양의 민주주의 사상에서 빌려왔음을 인정하고 있다.[62] 특히 민주적으로 선출된 서민원은 극도로 새로워 보인다. 특히 앞에서의 나의 주장에 비추어 보면 고전 유학자들이 "사람들"에게 행위나 의지를 부여하고 있다고 생각하는 것은 실수이다.[63] 이것은 덕의 보편화와 같은 윤리적 규범과의 연속성을 강조하는 현대 신유학과 달리 과거

적인" 것으로 만들고 있다.

[61] Jiang(2010). 나는 3장 앞 부분에서 장칭의 삼중 정당성 개념을 언급했는데, 그것은 캉샤오광이 자신의 권위주의적 사상에 그 개념을 적용하려고 노력하는 맥락에서였다. 장칭의 정치적 제안에 대한 더 날카로운 논의에 대해서는 Elstein(2015: ch.7)을 보라.

[62] Elstein(2015: ch.7).

[63] 엘스타인은 이러한 종류의 비판, 즉 장칭이 민주주의의 "실질적" 가치보다 그것의 "구조적" 측면에 의지하고 있다는 비판에 대한 장칭의 대응을 논의한다(그리고 회의적인 입장을 표한다)(Ibid.). 엘스타인은 그의 논문 전반에 걸쳐 장칭의 제안의 여러 측면에 대해 효과적인 도전을 제기한다.

유학의 제도적 관행과의 연속성에 뿌리를 두고 있다고 스스로 주장하는 입장에서는 문제라고 할 수 있다.

최근 바이통동이 유학적 입법 체계를 설계하는 세 번째 방법을 제안했다. 1장에서 언급했듯이 바이통동의 접근 방식은 신고전주의적이다. 그는 공자 시대 이래 조명을 받아온 다양한 사실이나 이론적 통찰 그리고 선별된 유학의 고전 문헌을 결합하여 현대유학의 정치철학을 만들어낸다. 『논어』와 특히 『맹자』는 바이통동의 민주주의에 대한 이론화의 원천이다. 그의 독해에 따르면 이 원천들은 민의와 책임에 대한 요구의 기반을 제공하며 우리는 시민을 교육시킬 책임을 가진 국가라는 개념에서부터 그들의 기본적 시민권과 정치권을 보호해야 한다는 관점을 이끌어낼 수 있다.[64] 바이통동은 존 롤즈의 여러 견해에 상당히 공감하며, 심지어 유학에 대한 자신의 관점이 롤즈의 자유민주주의에 관한 "얕은" 혹은 "정치적" 개념의 한 종류로 여겨져야 한다고 주장하기도 한다. 즉 바이통동은 두터운fuller 방식의 민주주의는 휘청거릴 수밖에 없다고 믿는다. 부분적으로 이것은 더 온전한 방식의 민주주의가 그가 말하는 "현대 민주주의의 여섯 번째 사실"을 간과하기 때문이다. 즉 바이통동은 제한된 지성과 제한된 교육 그리고 정보를 왜곡하는 권력자들의 능력과 결합된 대부분의 시민들의 이해관계, 일반적 이기심 때문에 모든 시민이 동등하게 참여하는 자유와 숙고의 민주주의는 불가능한 유토피아라는 사실을 간과해서는 안 된다고 보는 것이다.[65] 그러므로 그는 제한된 유학식 민주주의가 더 낫다

---

[64] Bai(2009: 43, 47, 73)를 보라. 다만 47쪽에서 바이통동이 보호되는 것은 "좋은 정부"를 목표로 하는 발언이지, 일반적인 발언이 아니라고 말하는 점을 주목하라.

[65] Bai(2009: 55-56). 롤즈는 민주적 사회와 관련된 다섯 가지 사실을 Rawls(1999)에

고 볼 탁월한 이유가 있다고 본다. 바이통동은 다니엘 벨의 양원제 제안이 딱 적당하며, 특히 상원이 더욱 강력하여 민의의 역할을 "협의" 정도로 제한하는 방식이 그러하다고 제안한다.66 벨의 제안은 독립적인 민주주의와 유학적 가치를 결합한 종합적인 것이지만, 바이통동은 철저하게 신고전주의적 토대에서 주장한다는 사실에 주목하자. 그는 민주주의의 가치에 따로 호소하지 않는다.

독자들은 내가 맹자가 민의와 책임감을 지지했다고 하는 바이통동의 주장이 다소 설득력이 없다고 생각하며, 그가 시민권에 대한 유학의 암묵적 지지를 도출한 것도 똑같이 의심스럽게 본다는 것을 알고 놀라지 않을 것이다. 더욱이 "여섯 번째 사실"이 정확히 무엇인지는 다소 불분명하고, 그것을 뒷받침하기 위해 바이통동이 제시한 경험적 증거도 상당히 부족하다고 본다. 그러나 내가 강조하고자 하는 것은 진보적 유학이 추천하는 정치적 참여와 제도적 정비에 대한 대안적 접근 방식이기 때문에 이 문제를 여기서 더 다루지는 않을 것이다. 나는 결코 벨, 바이통동, 심지어 장칭이 제안한 것을 곧바로 거부하고 싶지는 않지만, 우리의 출발점은 달라야 하고 우리의 목표는 단순히 입법부를 설계하는 것보다 훨씬 더 광범위해야 한다. 더 구체적으로 말하자면 진보적 유학은 유학자들이 네 가지 특징의 틀을 받아들여야 한다고 주장한다. 첫째, 정치적 권위에 대한 유학적 개념은 "사람들"에 기반을 두어야 하며 여기서 "사람들"은 모든 개인의 집합으로 이해된다. 이때 각 개인은 각자의 고유한 관점과 어느 정도의 권한과 판단

서 다루고 있다. 그래서 바이통동은 그의 추가 사항을 "여섯 번째 사실"이라고 부른다.
66   Ibid.: 61.

력을 가진다. 각 목소리는 진실로 가치 있는 것이 무엇인지에 대해 제시할 수 있는 무언가를 가지고 있다. 또한 광범위한 교육 효과를 위해서도 참여는 중요하다. 즉 사람들은 자신의 관점을 보다 광범위하게 맥락화하는 방법을 배우고, 내가 7장에서 다룰 (대화 및 오류 가능성 같은) "지지 가치supportive values"를 배운다. 이것은 내가 앞에서 살펴본 세 가지 제안 중 어느 것에도 없는, 참여 정치를 위한 유학적 기반을 제공한다. 벨은 민주주의의 필요성을 (합법적이지만 유학적 기반이 아닌) 유학 외부에서 도입한 반면, 장칭과 바이퉁동은 서로 다른 방식과 다소 다른 출처에 근거하여 대중 참여에 대한 요구를 초기 유학에서 잘못 읽었다. 물론 그들은 민의에 자격을 부여하여 제한하고 있기는 하지만, 정치 과정에 민의를 적극적으로 끼워 넣는 것 자체에 대한 충분한 근거를 마련하지 못했다.

둘째, 정치참여에 대한 유학적 정당화 내의 그 어떤 것도 참여나 권력이 평등할 것을 요구하지 않는다. 사실 평등은 이 유학적 정당화 내에서 핵심 가치로 등장하지 않았다. 불평등에 대한 제한은 균형과 조화의 개념에 있어서 중요하며 — 7장 마지막 부분의 분배정의에 대한 논의에서 보듯이 — 어떤 종류의 평등은 다른 더 깊은 유학적 가치를 보호하기 위해 요구된다는 점이 드러날 수 있다. 그러나 평등을 위한 평등은 진보적 유학의 목표가 아니며 이는 내가 다니엘 벨, 장칭과 바이퉁동의 제안의 특정 측면에 대해 열려 있어야 한다고 말한 이유 중 하나이기도 하다. 능력주의 사상이 직면한 어려움과 덕이 있는 사람을 체계적으로 식별하는데 있어 더 심각한 현실적 어려움에도 불구하고 덕이 있고 재능 있는 사람을 권력의 자리에 두는 것이 유학의 목표라는 데는 의문의 여지가 없다. [더욱이] 이것이 성취 가능한 것이고, 이 책 여러 곳에서 언급했던 다른 기준과 일치하는 한 이는 또한 진보

적 유학의 목표여야 한다.67

나의 세 번째 요점은 모든 유학적 관점에서 개인, 사회, 공공/정치 영역 사이를 엄격하게 가르는 구분선이 없다는 것을 상기하는 것이다. 이 때문에 참여는 여러 가지 형식을 취할 수 있다. 그중 일부는 투표나 선거 입후보 같은 법률적으로 정의된 정치적 절차를 통해 이루어지지만, 시민사회 활동이나 심지어 상당히 개인적 영역도 [참여의 일종으로] 고려될 수 있다. 진보적 유학이 참여를 강조하는 주요 이유는 그것이 진정으로 가치 있는 것을 발견하고 표현하는 데 도움이 되고 자신과 상호작용하는 사람들을 개선하는 데 도움이 되는 역할 때문임을 기억하자. 병든 부모를 돌보거나 채소밭을 가꾸는 것과 같은 개인적인 활동은 우리가 공유하는 현실의 중요한 측면과 접촉하고 자신이 배운 것을 다른 사람들과 공유하는 방식으로 수행한다면 참여로 간주할 수 있다. 단순히 채소를 재배하고 먹는 것은 참여가 아니지만, 정원 클럽에 가입하거나 가족과 친구가 정원의 기쁨과 좌절을 함께 나누도록 권장하는 것은 모두 어느 정도 참여를 수반한다. 자신의 경험을 블로그에 올리거나, 지역 신문에 기고문을 쓰거나, 정원 클럽에서 리더 역할을 하거나, 시의회에서 연설하는 것은 모두 참여 수준이 높아진 것을 나타낸다. 다른 모든 것이 똑같다면 더 많은 참여와 더 높은 수준의 참여가 더 좋지만, 참여 자체가 목적은 아니기 때문에 다른 모든 것이 똑같지 않을 수 있다. 선하고 유덕한 삶을 형성하는 방법에는 여러 가지가 있으며, 얼마나 많은 참여가 요청되느냐는 부분적으로 국가와 사회의 성격에 달려 있다. 오늘날 우리 사회와 세계가 직

---

67   덕과 재능을 식별하는 어려움에 대한 통찰력 있는 논평자는 장스자오이다. 4장을 보라. 다른 현대의 비판적 논의로는 Sen(2000)과 McName & Miller(2009)가 있다.

면한 많은 문제 — 억압, 경직된 위계질서, 극단적이며 그래서 문제가 되는 불평등, 자기중심적인 문화, 법치의 빈틈, 인권 침해 — 를 고려하면 상당한 정도의 참여를 요구하는 것으로 보인다.

넷째, 진보적 유학은 [사람들이] 모든 사람의 의견을 경청하도록 유도하며, 아무도 억압받지 않도록 하는 강력한 메커니즘을 주장해야 한다. 제도적 설계만이 유학의 화살통의 유일한 화살은 아니다. 7장에서 논의하겠지만 개인의 덕은 특히 역사와 억압의 차원에 대한 명시적인 관심이 뒷받침될 때 억압에 반대하는 투쟁의 중요한 도구가 될 수 있다. 하지만 적어도 개인은 참여를 통해 다른 사람에게 정보를 주고 행동하도록 하고, 궁극적으로 문제적 태도, 행동의 패턴, 제도를 바꿀 수 있는 수단을 가져야 한다. 따라서 — 다시 말하지만 적어도 — 시민적, 정치적 권리는 보호되어야 한다. 목소리를 높이고 조직할 수 있는 능력이 이러한 참여에 필수적이기 때문에 차별을 반대하는 법률과 모두에게 접근 가능하고 공정하도록 설계된 법률 체계 또한 필수적이다. 여기에서 법 앞의 평등은 법치 개념의 본질적인 부분이므로 진보적인 유학은 이러한 종류의 평등을 지지할 것이다. 바이통동의 책에는 그가 유학자들이 거부해야 한다고 주장하는 "1인 1표" 원칙에 대해 심사숙고한 논의가 포함되어 있다. 정치적 평등이 유학자의 기본 원칙이 아니라는 점을 인정한다면, 진보적 유학자는 가능한 한 최선의 투표 방식에 도달하는 것을 경험적 질문으로 여겨야 한다. 즉 지금까지 우리가 논의한 다른 모든 사회 정치제도와 결합할 때, 어떤 투표 제도가 우리가 살펴본 핵심 가치를 가장 잘 달성할 수 있을까? 우리의 논의의 변수를 고려할 때, 특히 문화와 역사의 배경적 차이를 고려할 때 단일한 제도적 장치만으로 이러한 방정식을 만족시킬 가능성은 거의 없어 보인다. 그러나 유학 사회의 다수자이든 다원적 정치체의 소수자이든 상관없이 진보적 유학자는 자신의 정치적 제안을 동일한 일반적 용어로 정당화하고자 할 것이다.

4장
법치와 덕 정치를 논함:
장스자오, 머우쭝싼 그리고 현대

이 장의 제목은 두 가지 다른 방식으로 분석될 수 있으며, 이는 다음과 같은 질문으로 이어진다. 즉 우리는 세 가지[덕, 법치, 정치] 사이의 관계에 관심이 있는가, 아니면 두 가지[법치, 덕 정치] 사이의 관계에 관심이 있는가? 한편으로 우리는 정치에서 덕의 적절한 역할이 — 만약 있다면 — 물어볼 수 있고, 법치rule of law가 어떻게 덕과 정치에 관계하는지 물어볼 수 있다. 다른 한편으로는 우리가 "법치"를 하나의 단위로 생각하는 경향이 있듯이 "덕 정치virtue politics"를 단일한 개념으로 받아들일 수도 있다. 사실 나는 후자의 접근 방식을 채택할 것인데, 그것은 부분적으로 나의 영어 표제 뒤에 두 중국어인 법치와 덕치가 있기 때문이다. 전자는 법의 통치rule of law 혹은 법에 의한 통치rule by law로 번역되고, 후자는 종종 "덕에 의한 통치rule by virtue"로 번역된다. 앞으로 살펴보겠지만 두 경우 모두에 있어서 [그 의미를] "통치"로 한정하는 것은 지나치게 협소하므로 나는 "덕 정치"라는 용어를 선호한다. 이런 맥락에서 법치는 "법이 지배하는law-governed politics 정치"로 번역될 수 있다. 아무튼 여기서 나의 중심 관심사는 법치와 덕치이다. 나는 유학의 전통에서 이러한 사상이 어떻게 발전해왔는지 간략히 살펴보는 것으로 이 장을 시작할 것이다. 법과 제도가 일정 역할을 하기는 했으나 전통적으로 유학자들은 덕 정치에 더 많은 중요성을 부여했다. 다음으로 나는 20세기 중국에서 발생한 법치와 덕치의 관계에 관한 논쟁의 두 국면으로 시선을 옮길 것이다. 오늘날 이 논쟁의 당사자들은 관심을 거의 받지 못하고 있지만(한 사람은 유학 연구자이고, 또 다른 한 사람은 그렇지 않다), 우리는 그들의 주제가 서로 잘 공명하고, 중국과 해외에서의 최근 논의가 초기의 논쟁이 제안한 결론들을 진지하게 다룸으로써 건설적이고 풍부해졌다는 점을 살펴볼 것이다. 특히 나는 이 논쟁의 두 당사자가 법치와 덕 정치 사이의 균형에 관해 진보적 유학의 입장이 나아갈 길을 제시했다는 점을 보일 것이다.

"법"에 관한 전근대 유학의 입장

20세기로 넘어가기 전에 초기 유학의 사상부터 살펴보자.[1] 중국어 법法은 보통 "법law"으로 번역되지만, 유학자에게 법은 넓은 의미와 좁은 의미를 가지고 있다. 좁게 이해하자면 법은 법률을 지시하며, 넓게 사용할 때의 법은 종종 "제도" 혹은 "체제"로 번역하는 것이 더 좋다. 또한 때로 초기의 의미에 해당하는 "모델"로 이해하는 것이 가장 좋은 맥락도 있다.[2] 법률은 제도의 한 종류이지만, 법을 넓은 의미로

---

[1] 이 구절과 다음 두 구절은 실질적으로 Angle(2009:§ 10.2.4)에 의지한다.
[2] 법의 이러한 의미 중 몇몇에 대응하는 다른 중국어 용어도 있다. 예를 들어 율律은 분명히 법률에 해당하며, 제制 혹은 제도制度는 분명 체제system 혹은 제도institution에 해당한다.

사용할 때 훨씬 넓은 범위의 제도가 그려진다. 예를 들어 법에 관한 한 유명한 논의는 재산 분배, 학교, 결혼식, 군복무 기간 등을 포함한다.³ (어떤 의미든 간에) 법의 역할이 무엇인가에 관해서는 선진 유학자인 순자의 유명한 말로 시작하는 것이 좋을 것이다. "사람에 의한 지배governance by men가 있을 뿐 법에 의한 지배는 없다."⁴ 법 자체보다 법의 해석자와 시행자(두 의미 모두)가 더 결정적이라는 믿음은 이 주제에 관한 신유학적 사유도 지배하였다. 12세기의 위대한 철학자 주희는 법률(律)은 "결국 사람들을 가르치고 변화시키는 데 어느 정도 도움을 준다. 그러나 근본적으로 법률은 어느 정도 결함을 가진다"고 말했다.⁵ 넓은 의미에서의 법에 대하여 그는 다음과 같이 썼다.

> 일반적으로 모든 제도(法)는 반드시 단점을 가진다. 어떤 제도도 완벽하지 않다. 중요한 것은 의로운 인간이 존재하느냐에 달려 있다. 만약 의로운 인간이 제도를 활용한다면 제도가 좋지 않더라도 많은 이익이 있을 것이다. 만약 옳지 못한 인간이 제도를 활용한다면, 탁월한 제도가 있을지라도 어떤 이익이 있겠는가?⁶

3 Huang(1993: 97).
4 Xunzi(1979: 263). 노블럭Knoblock은 법法을 모범model이라고 해석하고 다음과 같이 번역했다. "질서를 가져올 수 있는 사람은 있지만 질서를 만들어낼 수 있는 모범(法)은 없다."(Xunzi, 1988-1994: vol. 2, 175) 노블럭의 "법"에 대한 설명은 유용하다. "이 책에서 법이라는 단어는 다양한 의미로 사용된다. 이는 우禹가 세운 통치의 모범을 의미하며, 우가 후계자들을 위해 만든 법과 의례의 규정, 우가 그의 궁술에서 사용한 방법과 기술, 도덕 원칙에 기반한 법전, 그리고 신도申屠와 상앙商鞅과 같은 사람들이 주장한 법과 그 제재에 의존한 통치 기술을 의미한다."(Xunxi, 1988-1994: vol. 2, 171).
5 Zhu & Lü(1967: 234).
6 Zhu(1991b: 138), 조금 수정함.

많은 신유학의 저술에서 비슷한 정서를 찾아볼 수 있다. 명나라 때의 사상가 나흠순羅欽順(1465-1547)은 "제도(制度)가 확립된 후에야 관습을 개선하고 물질적으로 더욱 번영할 수 있다"고 쓰면서 제도의 중요성을 인정했으나, 그는 여전히 "만약 법을 바꾸길 바란다면 핵심적으로 고려해야 할 것은 의로운 인간을 확보하는 것이다"라고 주장했다.[7]

동시에 우리는 제도가 필수적이라는 나흠순의 주장이 고유한 것이 아님을 염두에 두어야 한다(결국 제도란 선한 인간에게 달려 있다고 해도 말이다). 당연히 많은 신유학자는 송나라 초기 왕안석王安石(1021-1086)이 시행한 급진적 제도 개혁에 대한 가혹한 비판자였다. 정이程頤(1033-1107)와 같은 사상가들은 하향식의 제도 개혁보다 개인의 도덕적 수양에 주안점을 두어야 한다고 보았다. 해설가들은 이를 "내적 전환"이라 이름 붙였다. 그러나 신유학자들이 오로지 도덕적 수양에 대한 개인의 고독한 노력에만 의존한다고 보는 것은 잘못이다. 몇몇 학자는 개인의 발전을 위한 주요한 지원으로서, 또한 궁극적으로 국가 조직을 개혁하는 기초로서 신유학자들이 의존했던 "중간 수준"의 제도를 강조했다. 주희는 한 학자가 중앙과 지방 모두에서 "이기심의 정치"라 불렀던 것에 대해 우려하였으며, 이에 한때 존재했던 "내적 (도덕) 개혁과 외적 (제도) 개혁"의 연결을 재구축하는 데 초점을 맞출 것을 주장했다. 주희는 "중국의 도덕적 재생moral regeneration의 핵심은 가정에 대한 관심을 마을 등으로 확대하는 것을 가능하게 하는 일련의 중간 수준의 제도에 있다"고 믿었다.[8] 그러므로 주희는 서원書院과

---

7   Luo(1987: 88, 86).
8   Levey(1991: 572). 또한 신유학자들의 지지를 받은 많은 종류의 "대안적" 제도에

향약鄕約 등의 제도를 장려하고, 이에 대한 광범위한 글을 썼고, 그렇게 하여 이러한 중간 수준의 제도 개혁에 대한 그의 헌신을 통해 정치적 참여의 조건을 재정의하였다.[9]

내가 두 번째로 언급하고 싶은 것은 송나라와 이후 몇몇 사상가가 제도의 역할을 더욱 전면에 내세우고자 했다는 것에도 주목할 필요가 있다는 점이다. 이러한 경향을 가장 잘 보여주는 사례는 명말과 청초에 보인다. 특히 1663년 황종희가 완성한 신랄한 정치 선언인『명이대방록明夷待訪錄』이 대표적이다.[10] 앞에서 살펴본 넓은 의미에서의 법에 대한 황종희의 강조가 우리가 살펴보고자 하는 것의 핵심이다. 건강한 정치는 고집센 이기주의자selfish egoists가 아니라 국민을 사회적 시민으로 훈련하는 학교, 재산제도, 의식ceremonies과 같은 잘 고안된 제도에 기반한다. 황종희는 이러한 [잘 고안된] 제도들을 근래의 통치자들이 추진해온 "비제도적 제도anti-institutional institutions"*(혹은 비법지법非法之法이라 부를 수도 있다)라고 부르며 그가 규정한 것들과 대비한다. 이런 [비제도적 제도의] 경우에는 교육체제, 재산제도, 의식이 자격

대해서는 Bol(2008)을 보라.
[9] Levey(1991: 545).
[10] 번역에 대해서는 Huang(1993)을 보라. 이 책에는 드베리의 상세한 서문이 포함되어 있다. 다른 다양한 방식으로 황종회에 선행한 인물들로는 진량陳亮, 엽적葉適, 왕정상王廷相이 있다. 황종회와 동시대인인 고염무의 견해도 매우 중요하다. 진량과 엽적의 한계에 대한 머우쭝싼의 논의는 상당히 이해를 돕는다. 머우쭝싼에 따르면 그들은 시대의 문제에 대한 구체적인 해결책을 제시하기 위한 노력으로 지배자들과 타협하였으며, 그들이 지지하는 해결책은 성인 영웅들에게 지나치게 의존적이었다. 머우쭝싼은 황종회와 같은 후대의 사상가들이 단기간의 해결책에 절망하여 시대를 위한 글을 썼기 때문에 더 깊이 보고 더 급진적인 답을 제시할 수 있었다고 말한다(Mou, 1991: ch. 9).
* 제도가 아닌 듯한 제도, 제도에 얽매이지 않지만 제도로서 특성을 갖는 것을 말한다.

과 상관없이 오로지 왕좌를 차지하게 된 한 가문을 찬양하기 위해 고안된다. 황종희는 다음과 같은 유명한 주장을 한다. "'사람에 의한 지배가 있을 뿐 제도(法)에 의한 지배는 없다'고 한다면, 제도에 의한 지배가 있을 때에만 사람에 의한 지배도 있을 수 있다고 대답할 것이다." 그는 이어서 설명한다. "선왕들의 제도가 여전히 유효하다면, 거기에는 제도를 넘어서는 사람들 사이의 정신spirit이 있다. 사람들이 의롭다면, 그들의 모든 의도를 잘 실현할 수 있다. 만약 그들이 의롭지 않더라도 그 해를 깊고 널리 퍼뜨릴 수는 없다."[11]

정리해보자. 법의 적절한 역할과 내용은 유학의 전통이 진행되는 내내 논쟁의 대상이었다. 유학자들은 법률이 제도들의 세계에서 특별한 지위를 가진다고 보지 않았다. [소송 자체를 없게 하겠다는] 공자의 소송에 대한 불만은 잘 알려져 있으며, 법가 사상가들은 후대의 제국주의 국가에서 혐오스러운 존재였다.[12] 그럼에도 불구하고 민법과 형법의 시행은 매우 광범위했고 국가 관리들의 주요 임무였다. 적절하게 관리되는 법은 질서를 유지하는 데 도움이 될 뿐만 아니라 실제로 조화와 도덕적 성장을 장려하는 도구라 할 수 있었다.[13] 사실 건설적

11　Huang(1993: 99), 조금 수정함. 또한 Huang(1985: 7)을 보라.
12　법률 전문가들에 대하여 Ocko and Gillmartin(2009: 72)과 Macauley(1998)를 보라.
13　소송 당사자와 행정관 모두 그들의 만남의 결과로 배우고 성장했다. 여기에 명나라 유학자 왕양명이 있다. " … 당신이 소송 당사자를 심문할 때, 그의 대답이 무례하다고 화내지 말고 그의 말이 매끄럽다고 기뻐하지 말라. 그가 당신의 상사에게 도움을 청하는 노력이 싫다고 그를 벌하지 말라. … 당신 자신의 일로 바쁘다고 해서 순간적으로 부주의하게 사건을 결정하지 말라. … 이중 어느 하나라도 하는 것은 이기적이다. 당신은 자신 안에서 아는 것을 따르기만 하면 된다. 당신은 자신을 주의 깊게 살펴보고 통제해야 한다. 그렇지 않으면 당신의 마음은 아무리 잘해도 편견에 사로잡히게 되고 누가 옳은지 그른지를 왜곡하게 된다"(Wang, 1963: 197-198, 조금 수정함).

이면서 동시에 위험하기도 한 제도가 법뿐인 것은 아니었다. 학교는 학생들을 좋은 사람으로 길러낼 수도 있지만, 어떻게든 과거를 통과하는 데만 이기적으로 초점을 맞추도록 장려할 수도 있었다. 의례는 적절한 감정을 표현하는 것을 가능하게 하고 또 장려할 수도 있지만, 경직되고 억압적인 강요가 될 수도 있었다. 이상적으로 최선의 상황에서는 이러한 각 제도가 덕이 있는 인간과 번영하고 조화로운 사회의 보편적 도덕인 도를 체현했다. 각 제도는 사람과 사회를 특정한 방식으로 길러내는 데 고유한 역할을 수행했다. [이때] 도덕적 질서와 제도 사이의 융합으로 인해 정의가 규칙적으로 평가되는 독립적인 "절차적" 기준은 없었다.¹⁴ 궁극적으로 중요한 것은 국가와 사회의 제도가 도를 실현하기 위해 기능하도록 하는 덕이 있는 사람들을 배치하는 것이었고, 이는 주어진 상황에서 도道의 요구를 인식하는 그들 자신의 덕에 기초한 능력을 바탕으로 이루어졌다.¹⁵

장스자오와 첫 번째 논쟁

이제 1910년대 중반으로 빠르게 넘어가보자. 1911년 청나라가 멸망하고 이듬해 중화민국中華民國Republic of China[1912-]이 수립되었다.

---

14   이것이 절차가 없었다고 말하는 것은 아니다. 절차는 있었으며 진지하게 여겨졌다. 오코와 길마틴은 다음과 같이 쓴다. "광둥의 객가Hakka 뱃사공이든 장베이의 농민이든 충칭의 객원 상인이든 관련된 재판 과정은 동일했다."(Ocko and Gillmartin, 2009: 70) 그러나 법규 차체의 요소와 그 역할에 대한 더 큰 문화적 이해는 실질적 정의가 가장 중요하다는 것을 보장했다(Ibid.: 71).
15   신유학자들은 이를 "보편적 일관성(天理)"을 인식하는 것으로 표현한다. 3장의 논의와 Angle(2009: ch. 2)을 보라.

중화민국 총통이 된 군부 독재자 위안스카이(袁世凱, Yuan Shikai, 1859-1916)는 스스로 황제가 되려는 생각을 품는다. 제국의 말기에 입헌군주제로의 전환을 요구했던 많은 사람이 이제 위안스카이와 거리를 두게 된다. 위안스카이는 심지어 "덕이 본질이며, 법은 단지 수단이다"라고 주창하는 등 성인 군주의 말과 특징들로 자신[의 야욕]을 미사여구로 꾸며 감추고자 노력한다.[16] 위안스카이와 그의 지지자들이 군주제의 재도입을 주장하는 이유 중 하나는 오직 황제 개인만이 국가를 통합시킬 만큼의 존경과 충성을 요구할 수 있다는 점이었다.[17] 실제로 공화국과 그 정치제도는 ― 의회, 임시 헌법, 법률 ― 많은 사람에게 무능력하거나 심지어 무관한 것으로 보인다. 이것이 우리가 살펴볼 20세기의 첫 번째 논쟁이 놓인 맥락이다.

이 논쟁은 유명한 초기 개혁가인 량치차오가 "사람에 의한 통치(人治)"의 대변자로서 영국 자유주의 제도의 연구자이자 "법치(法治)"를 옹호하는 장스자오와 맞붙은 것이라고 대략 특징지을 수 있다. 그러나 현대 학자인 리 젠코의 중요한 새 연구를 참고하면 우리가 이 논쟁을 이러한 방식으로 이해하는 것은 심각하게 오해의 소지가 있다는 것을 알게 될 것이다. 실제로 량치차오의 진영에 있는 몇몇은 진정으로 덕이 있는 개인들이 정치를 이끌어 나가야 필요성에 주목하였다. 그들이 위안스카이에 반대하던 주된 이유는 그가 덕이 없다는 것이었기에 그들은 보다 덕이 있는 엘리트를 배출하기 위한 다양한 수단을 옹호하였다. 부분적으로는 이와 대조적으로 량치차오의 입장은 ― 정확히 어떤 정치체제인지와 관련없이 ― 중국 문화와 사회 내의 전반적인 변혁이

---

[16] Jenco(2010b: 95)에서 인용.
[17] Ch'en(1972: 170-171).

일어나야만 중국인이 지도자, 시민, 충실한 비판가 등의 정치적 역할을 효과적으로 수행할 수 있다는 것이었다. 그러므로 그에게 있어 중국의 미래에 가장 중요한 것은 정치적 제도의 변화보다는 사회문화적 변화였다. 결국에 변화를 만드는 것은 사람이기 때문이다.[18] 량치차오의 덜 알려진 몇몇 동료의 저술에서 우리는 그의 저작들에서보다 더 명시적으로 이와 관련된 어떤 측면을 볼 수 있다. 즉 정치에 참여하는 것은 사회적 변화에 참여하는 것보다 덜 시급할 뿐만 아니라, 사실상 중국인들에게 요구되고 있는 도덕적 개선에 해롭기까지 하다는 주장이다. 정치적 거래에 참여하여 손을 더럽히는 것은 덕을 해친다. 문자 개혁이나 다른 사회적 운동 등의 비정치적인 것에 참여하는 것이 더 낫다. 이것은 도덕적 순수함과 양립할 수 있기 때문이다.[19]

요컨대 량치차오가 주장한 급진적인 사회 및 문화적 변화가 여러 면에서 유학에서 벗어났음에도 불구하고 그의 입장의 일반적인 틀은 전통적인 유학의 주장과 강하게 공명하고 있다.[20] "사람에 의한 통치" 대 "법에 의한 통치"의 이분법이 진정으로 무너진 것은 장스자오를 통해서이다. 그의 동시대인들(그리고 최근의 일부 학자)은 그가 순진하게 영국식 의회제도와 법률이 중국의 문제에 만병통치약이라고 주장한다고 여겼다. 이와 대조적으로 젠코는 장스자오의 미묘한 주장이 두 가지 중요한 입장, 즉 덕에 의한 통치[덕치]에 단순히 접근해서는 안 된다는 우려와, 개인의 발전과 제도적 발전이 상호작용한다는 주장을

---

18 Jenco(2010a).
19 특히 Jenco(2010a)에 있는 우관인吳貫因Wu Guanyin과 두야콴杜亞泉Du Yaquan 의 주장을 보라.
20 문화 변화에 대한 량치차오와 다른 사람들의 주장은 1년 후 일어날 신문화운동의 의제를 예견했다.

포함하고 있다는 것을 보여주었다. 이를 종합하면 장스자오의 입장은 정치제도와 개인의 정치참여가 량치차오와 다른 사람들이 믿는 것보다 훨씬 더 중요하다고 주장하면서도 "사람에 의한 통치"와 관련된 핵심적인 주장을 철저히 거부하는 것과는 거리가 멀다는 것이다. 장스자오는 유학자가 아니지만, 그의 주장은 머우쭝싼 같은 사람의 주장과 잘 공명하며 오늘날 진보적 유학이 무엇을 지지해야 하는가라는 질문에 매우 건설적으로 기여한다는 것을 알 수 있다.

"덕"에 대한 장스자오의 우려에는 두 측면이 있다. 첫째, 그는 덕에 대한 논의가 일반적으로 사회적으로 규범적이고 엄격한 방식으로 작동한다고 본다. 사회의 엘리트들은 "덕"이 무엇인지를 정의하며, 일반적으로 덜 교육받은 사람들을 배제하는 방식으로 이를 수행한다. 위안스카이의 편향적인 (혹은 단지 냉소적인) 덕에 대한 주장은 말할 것도 없이 장스자오는 사람들이 교양 있는 엘리트 문화와 멀어질수록 "덕"에 대한 요구가 미약해진다고 우려했다. 이와 대조적으로 그는 정치를 더욱 개방적이고 포괄적인 것으로 보고 있다.[21] 그는 "정치는 지도자부터 일반 대중까지, 극도로 가치 있는 사람부터 극도로 방탕한 사람까지 국가 전체를 규제하기 위하여 제도를 사용한다. 법의 눈으로 볼 때, 그들 사이에 차이는 없다. 그들 모두를 둘러싸고 있는 안정적으로 확립된 공간이 있는 것이다."[22] 리 젠코가 표현하듯이 장스자오가 주장하는 제도는 "비엘리트들의 활동을 규제와 인정의 대상으로 삼으며, 이는 이러한 활동을 공화주의 정부에서 합법적이고 효율적으

---

[21] Jenco(2010b: 95).
[22] Zhang(2000: vol. 3, 230)에서 인용. 여기와 뒤에서 나는 장스자오의 원본 저술을 참조했지만, 나의 번역은 이 절의 주요 원천인 Jenco(2010b)의 번역을 매우 밀접하게 따른다.

로 등록하는 효과를 가진다."²³ 덕에 대한 장스자오의 두 번째 요점은 그 어떤 사람도 실제로는 제한 없는 정치적 권위를 정당화할 수 있는 덕의 수준에 결코 도달하지 못한다는 것이다. "덕의 절대적 권위에는 성인 외에는 누구도 도달할 수 없다. … [그러나] 이러한 성인은 존재한 적이 없다."²⁴ 장스자오의 요점은 덕이 무의미하거나 존재하지 않는다는 것이 아니다. 사실 그는 국가가 모두가 참여 가능한 좋은 제도를 갖추었을 때 "덕이 있고 유능한 사람들이 점차 그들의 능력을 발휘하게 될 것"이라고 믿는다(Ibid.: 439). 그러나 현명한 덕은 정치적 권위에 필요하지도 충분하지도 않다.

장스자오의 마지막 인용구는 그의 또 다른 방향의 중요한 주제를 가리킨다. 이것은 젠코가 "제도와 덕의 상호작용의 힘"이라 부르는 것이다.²⁵ 량치차오와는 달리 사회와 정치가 서로 독립적이지 않다는 것은 장스자오의 주요 주장이다. 정부 기관의 성격은 모든 계층의 사람들이 재능과 덕을 발전시키는 데 영향을 미친다. 그는 "좋은 정부는 조직을 만들고 국가의 모든 용기 있고 지적이고 현명하고 강한 사람들이 재능의 질에 따라 직간접적으로 조직에 기여하도록 장려하는 것 외는 아무것도 아니다"라고 주장한다.²⁶ 여러모로 그의 입장은 "사람에 의한 통치"의 논조를 띤다. "일반적으로 정치의 행방은 사회 내에서 가장 재능 있는 사람들에 의해 방향 지어진다."²⁷ 하지만 앞에서 강조했듯이 덕은 정치적 권위의 기준이 아니다. 덕과 법은 상호 보완적

---

23   Jenco(2010b: 97).
24   Zhang(2000: vol. 3, 267).
25   Jenco(2010b: 91).
26   Zhang(2000: vol. 3, 431).
27   Ibid.: 429.

이지만 구분된다. "윤리의 관점에서 생각하자면 '공화국'의 기반은 덕이다. 정치의 관점에서 생각하자면 제도가 기반이다."**28** 국민의 재능과 덕을 발전시키는 것은 중요하다. 그러나 이는 정치의 포괄성과 편재성에 대해 무관심한 채 이루어질 수 있는 것이 아니다. 장스자오의 한 동료가 말하듯 "오직 법에 의존하여 사람에 의한 통치의 부족함을 바로잡고자 한다면, [순수한] 법치[정권]의 문제를 초래할 위험이 있다. 그러나 단지 영웅을 기다리는 것 또한 불균형을 초래한다."**29**

장스자오는 윤리와 정치를 구분할 것을 주장했으나, 또한 그것들이 연관되어 있다는 것도 알았다. 나는 이 점을 뒤의 마지막 절에서 다시 다룰 것이다. 지금은 어린 시절 받은 유학 교육과 영국에서의 시간에서 영향을 받은 장스자오의 입장에 주목하자. 그의 입장은 우리가 지금 "법치"라 부르는 것에만 배타적으로 의존하고 있지 않다. 그는 다양한 유형의 정치와 법제도가 수행하는 더 넓은 역할에 관심을 가졌으며 그의 "법"이라는 개념의 사용은 [법이라는 용어의] 이전의 의미에서 비롯된 것이다. 그는 분명 순수한 절차주의자는 아니지만 그렇다고 사회가 나아가야 한다고 믿는 실질적 정의에 대한 구체적 비전을 가진 것도 아니었다. 그는 때때로 "번영하는" 사회에 대해 말하나, 그 번영에 대한 정확한 척도는 정치가 모두의 재능과 관점을 동원하여 더 모색해야 할 것으로 남아 있다. 우리 각자는 자신의 재능을 사용하고자 노력하면서 동시에 의식적으로 우리가 다른 사람들로부터 발견하는 차이를 "수용"해야 한다(이 점에 대해서는 뒤의 마지막 절에서 더 다룰 것이다). 이를 통해 우리는 더 나은 세상으로 나아가는 방법을 함께 모색한다.

28   Ibid.: 230.
29   리다자오李大釗Li Dazhao의 1916년 글로 Jenco(2010b: 92)에서 인용.

머우쭝싼과 두 번째 논쟁

장스자오와 그의 대화자들은 중화민국 초기에 글을 썼다. 1949년 공산주의 세력이 승기를 잡으면서 중화인민공화국中和人民共和國People's Republic of China(PRC)이 수립된다. 장제스蔣介石와 그의 지지자들은 대만으로 물러나 중화민국을 재수립한다. 영국의 식민지인 홍콩 역시 중국의 통제 밖에 머문다. 이후 몇 년 동안 법치 대 덕 정치 간의 또 다른 논쟁이 감지된다. 이 논쟁은 대만과 홍콩에서 자칭 자유주의자와 자칭 유학 연구자 사이에서 이루어졌다. 그 배경에는 본토에서 옹호되고 있는 공산주의에 대한 그들의 [상이한] 이해가 있었다. 여기서 나의 초점은 유학에 관한 것이지만 먼저 자유주의자들에 대해 간단히 살펴보자. 인하이광殷海光Yin Haiguang(1919-1969)은 "도덕을 민주주의의 기반으로 삼는 것", 즉 그가 유학의 입장이라고 생각하는 것에 반대한다. 이는 불가피하게 전체주의로 흐르기 때문이다. 그는 다음과 같이 쓰고 있다. "도덕 자체는 사실상 부도덕적 행위가 나타나는 것을 막지 못한다. 그러므로 도덕은 민주적 질서의 기반으로서의 역할을 전혀 할 수 없다. 한 걸음 양보해서 도덕에 이러한 폐해가 없다고 하더라도 도덕은 결국 윤리적 영역에 속한다. 이것은 제도 밖에 위치하며, 이 때문에 도덕과 정치제도는 여전히 두 가지 다른 실체이다."[30] 인하이광의 도덕과 정치의 구분은 장스자오의 것과 매우 유사해 보인다. 하지만 유학 연구자들을 살펴보면 적어도 그들 중 몇몇은 법치와 덕 정치의 중요성을 결합하고자 하는 섬세한 견해를 가지고 있었다는 것 — 아마도 장스자오의 사상을 더 진정으로 발전시킨 사

---

[30] Lee(2008: 288-289)에서 인용.

람들이라는 것 — 을 알 것이다.

내가 다루고자 하는 대표적 유학 연구자는 "현대 신유학자"인 머우쫑싼이다. 우리는 2장과 3장에서 그에 대하여 조명했다. 1961년 머우쫑싼은 현대유학의 정치철학에 대한 그의 이해를 설명하는 『정치적 권위와 통치』를 출판했다. 머우쫑싼이 정치적 권위를 정당화하는 것이라고 특징지은 "정치politics"와 사회통제의 제도를 포괄하는 "통치governance"의 구분이 이 책의 핵심이다.[31] 내가 앞에서 언급했듯이 머우쫑싼은 전통적 중국에서 통치 제도는 매우 발전했던 반면, 정치적 권위를 시행할 제도는 미흡했다고 주장한다. 머우쫑싼은 법을 그가 말하고 있는 정치제도의 한 예로 자주 사용한다. 예를 들어 법이 독립적 정당화와 의미를 가지지 못한다면, 그것은 불필요하고 통제를 위한 조작 도구에 불과하게 되고 우리에게 진정한 권위를 가지지 못하고 우리 또한 진정한 권리를 갖지 못한다는 것이다.[32] 그러므로 법적 권위는 정치적 권위의 한 종류이며, 보다 일반적인 범주는 합법적, 일반적, 공적 제도에 대한 권리와 의무를 포함한다고 결론 내릴 수 있다(이 범주는 중국어로 공公[공적인 것]이다). 적어도 분석적인 관점에서 볼 때 공적 범주로 특정되는 권리와 의무는 우리의 도덕적 책임과 구분되며, 머우쫑싼은 도덕적 책임을 특수한 것이자 우리의 주관적 양심에 뿌리내리고 있는 것으로 여겼다.

전통적으로 유학은 성인의 경지 — 초기의 생명을 긍정하는 우주

---

31 Mou(1991: 1).
32 Ibid.: 23, 49. 다른 곳에서 머우쫑싼는 초기의 일부 "법가" 사상가가 객관적 법에 대한 관념을 제시했다고 칭찬하지만, 이 관념은 곧바로 조작 기술(術)에 대한 강조와 얽혀 독립적이고 공적인 객관적 법이라는 관념이 완전히 등장하지 않았다고 덧붙인다(Mou, 1983: 67).

의 조화를 (혹은 3장에서 논의했듯이 리를) 실현할 수 있는 모든 기회를 인식하고 반응하는 상태 — 에 도달하는 것을 궁극적인 목표로 개인의 도덕적 의식을 함양할 것을 강조해왔다.33 머우쫑싼은 이러한 관념을 여러 가지 방법으로 지지하고 발전시켰으나 우리의 목적에 있어서 그의 가장 새롭고 중요한 주장은 한편으로는 도덕적 노력moral striving 과 또 다른 한편으로는 법과 정치 사이의 관계와 관련된다. 머우쫑싼은 장스자오의 주장에서 우리가 보았던 주제들에 부분적으로 공명하면서, 정치체제가 고도의 도덕적 통찰력을 가졌다고 주장하는 특정 개인들의 리더십에 의존하는 것에 대하여 우려를 표한다. 이미 언급했듯이 그는 이러한 정치를 도덕에 의해 "삼켜진" 상태라고 특징짓는다(Mou, 1991: 40). 머우쫑싼은 성인이 되기 위한 노력의 중요성에 깊이 전념한다. 무엇보다 그는 법과 권리 자체가 도덕적 분투에 뿌리박고 있으며 이로부터 생겨나는 것이라고 본다. 도덕 없이는 정치도 없다. 그럼에도 불구하고 그는 "성인의 경지에 도달하는 것은 끝없는 과정"이라는 점을 인정한다(Ibid.: 127). 그러므로 (법을 포함하는) 정치는 반드시 도덕과 독립적이어야 한다.

머우쫑싼은 그와 토론했던 자유주의자들과 달리 정치가 모든 가치의 근본적인 원천으로부터 [완전히] 풀려나지 않도록 하기 위하여 도덕적 가치와 정치적 가치의 연속성을 유지해야 한다고 주장했다 — 이런 연속성이 없다면 정치적 과정의 결과가 궁극적으로 더 나은 삶을 만드는 것을 목표로 한다는 확신을 가질 만한 이유가 없기 때문이다. 그럼에도 불구하고 공산주의자들이나 초기 유학자들과 다르게 정치와 법은 고유의 영역을 가지고 도덕과 무관하게 독립적이어야 한

---

33 이 관념에 대한 광범위한 논의는 Angle(2009)을 보라.

다. 다시 말해 머우쭝싼은 도덕과 정치의 직접적 연결과 그런 연결의 완전한 부재를 모두 거부한다. 그의 대안은 2장에서 길게 논의했던 "자기규제(自我坎陷)"의 개념을 기반으로 하는 간접적 연결이다. "자기규제"를 간략히 설명하는 한 가지 방법은 다음과 같을 것이다. 이를 정치적 영역에 적용하면 성인sage일지라도 헌법을 어길 수는 없다는 것이다.

머우쭝싼의 덕 정치 — 중요한 역할을 유지하면서도 도덕의 자기규제에 의해 제한을 두는 덕 정치 — 의 비전에 대해 이 장의 뒷부분에서 더 자세히 설명하겠다. 지금은 한편으로는 "부분적으로 독립적인 정치적 가치와 법적 가치" 사이의 관계와, 또 다른 한편으로는 "법치"라는 다른 현대적 개념 사이의 관계에 대해 생각해볼 수 있다.[34] 법치에 대한 학문적 논의는 복잡하며 때때로 영어와 중국어 용어 모두가 가지는 애매성 때문에 어려움을 겪는다. 먼저 두 가지 극단적인 가능성으로 시작해보자. 스펙트럼의 한쪽 끝에는 자신의 욕구를 성취하기 위해 법을 지배자의 재량에 따라 사용하는 — 적어도 법처럼 보이는 어떤 선언을 사용하는 —경우가 있다. 만약 지배자가 자신의 의지를 이러한 "법"의 사용을 통해 성취하지 못한다면 다른 통치의 수단을 사용하는데, [이 경우] 법은 특별한 지위를 가지지 못한다. 나는 이를 "법에 의한 통치"라 부를 것이다.[35] 이제 스펙트럼의 다른 끝으로 넘어가

---

34 이 구절의 내용은 Angle(2009: 216-217)에 의지하고 있다.

35 Peerenboom(2002: 33)을 보라. 동일한 장치가 법이 통치자 자신의 목적에 기여하는 방식으로 사용될지라도 "법"이 통치의 수단으로 여겨지기 위해서는 이에 대한 통치자의 입장이 "일관되고, 원칙적이어야" 한다고 주장하는 사람들에 의해 "임시 도구주의ad hoc instrumentalism"라 불리기도 한다(Winston, 2005: 316). 즉 일부 이론가는 "법치"에 이미 최소한의 도덕적 내용이 포함되어 있다고 보는 반면, 다른 이론가는 임시 도구주의를 "법치"라고 부르고 법에 대한 원칙적

서 — 많은 사람이 법치의 "두터운thick" 형태라고 부르는 — 가장 완전한 형태의 "법치"에 대해서는 도덕적, 정치적 가치의 광범위한 문제가 정의definition에 포함되어야 한다고 일반적으로 동의하고 있으며, 무엇보다도 좋은 법은 나쁜 법이 적절한 정의justice 개념을 지원하지 못한다는 점에서 나쁜 법과 구별될 수 있다.36 이 두 극단 사이에는 어떤 것을 법으로 간주하려면 일련의 절차적인 요건을 충족해야 한다는 "법에 의한 원칙적 통치principled rule by law" 혹은 "법의 얕은 통치thin rule of law"가 놓여 있다. 학자들은 충족해야 하는 요건에 대해 일반적으로 동의한다. 두 가지 예는 법은 비슷한 상황에 처한 사람들을 동등하게 대우해야 하고 법은 공개되어야 한다는 것이다.37

머우쭝싼은 "정치적 가치"인 법, 권리, 인권을 구별하는 데 많은 시간을 할애하지 않는다. 그에게 있어서 핵심은 이 모든 것이 도덕으로부터 부분적인 독립성을 가져야 하는 종류의 사례라는 것이다. 다음 장에서 나는 머우쭝싼이 마련한 기초 위에서 인권에 대한 설명을 구축하는 데 전념할 것이므로 지금은 이 문제를 제쳐두겠다. 나머지에 대해서는 머우쭝싼이 법과 권리를 적어도 "법의 얕은 통치"로 이해하

입장을 "법치"의 "얕은" 이론이라고 구분한다(Peerenboom, 2002: 65).

36 Peerenboom(2002: 69-70). 관련 중국어 용어 또한 다소 모호하기 때문에 영어 이론을 중국어 토론에 덮어씌울 경우 이러한 문제는 더욱 복잡해진다. 법치法治는 rule by law나 rule of law를 의미할 수 있다. 이법치국以法治國은 분명 제도주의적 방향을 표현하지만, 이것이 순수하게 임시 도구주의를 의미하는지, 법에 의한 원칙적 통치를 의미하는지는 분명치 않다. 의법치국依法治國은 결국 정부가 법에 묶여 있음을 분명히 표현하므로 "rule of law"를 가장 애매하지 않게 만드는 것이다. Peerenboom(2002: 64)을 보라.

37 완전한 목록은 Winton(2005: 320f)이나 Peerenboom(2002: 65-67)을 보라. Fuller(1969: 46-91)는 이러한 많은 관념 중 가장 잘 알려진 것이며, 각 기준의 도덕적 의의에 대한 확장된 논의를 포함한다.

고 있다는 점이 분명하다. 널리 알리는 것publicity 그리고 비슷한 상황에 있는 사람들을 동일하게 대우하는 것과 같은 절차적 요건들은 법의 "독립성independence"이 어디에 있는지 명시하는 방법이다. 사실 머우쭝싼은 아마 이보다는 강한 입장일 것이다. 법이 도덕으로부터 나타난다는 생각을 바탕으로 그는 법의 체계가 다양한 권리의 보호를 포함한다고 주장하며, 그러므로 우리는 그가 두터운 버전의 법치를 지지한다고 결론 내려야 할 것이다. 하지만 그는 어디에서도 개별 법률이 신성시되어야 한다고 주장하지 않는다. 내 생각에는 머우쭝싼의 입장은, 시민불복종이 근본적으로 정당한 헌법을 훼손하는 것을 목표로 하지 않는 한, 시민불복종과 양립할 수 있다.[38]

현대의 논쟁들

법치와 덕 정치에 대한 논의는 현대 중국에서 왕성하게 이뤄지고 있다. 그 이유를 이해하고 조금 전에 살펴본 두 논쟁과의 관련성에 대한 결론을 도출하기 위하여 법과 덕에 대한 현대, 즉 문화혁명 이후의 담론의 맥락으로부터 [논의를] 시작해보자. 법이 혁명의 목표나 당 정책의 명령으로부터 독립적인 지위를 가진다는 생각은 1950년대 후반 반우파 운동Anti-Rightist Movement 시기 동안 비판받았으며, 문화혁명 시기에는 그 자체로 조롱받았다. 홍위병들Red Guards은 마오쩌둥이 "법치가 아니라 인치에 달려 있다"고 가르쳤다고 주장했으며, "법 앞의 평등"이나 "무죄추정"에 관한 말은 계급의 적들을 보호하기 위한

---

[38] 시민불복종에 대한 추가적 논의는 2장의 마지막을 보라.

교활한 자선 정책으로 이해되었다.³⁹ 문화혁명 시기 동안 중국의 기존 법제도들은 해체되었다. 1978년 포스트 마오쩌둥 시대의 개혁 초기에 중국에서 작동하고 있는 법률 체계는 사실상 없었다. 법은 거의 존재하지 않았으며, 법무부Ministry of Justice는 1959년에 폐지되었고, 국가 전체에 오직 소수의 변호사만 남아 있었다.⁴⁰ 1978년 덩샤오핑이 집권하면서 지도부의 성명(진술), 학술 연구 및 제도적 변화에서 "법치"가 강조되기 시작했다. [이 시기에] 일반적으로 "인치"는 문화혁명의 혼란과 연관되었지만 많은 학자가 다양한 출처에서 서양 법철학의 주장과 특징을 이끌어내기 시작하면서, "법치"의 정확한 의미에 대한 광범위한 논의가 있었다. 비교적 소수의 예외를 제외하고 1980년대와 1990년대에는 덕 정치에 대한 긍정적인 논의가 거의 없었다. 다만 덕의 증진을 통해 부패를 퇴치하고자 하는 대중 캠페인은 계속되었다.⁴¹

법과 덕의 관계는 2000년과 2001년 장쩌민의 발언에 힘입어 2000년대에 다시 활기를 되찾았다. 2001년 1월 10일 연설에서 장쩌민은 이후 많이 논의되는 한 쌍의 용어를 언급했다.

---

39   Keith(1991: 112).
40   Peerenboom(2002: 6-7).
41   Hao(1999: 412)를 보라. "덕치" 혹은 덕 정치(德治)에 대한 산발적인 학적 논의가 있었다. 이것들은 대부분 초기 유학의 통치 모델과 관련해서 다루어졌으나, Li(1996)는 유학적 영감을 받은 중요한 20세기 지식인인 량수밍의 "덕으로 통치하는 것(以德治國)"에 대한 견해를 설명한다. 법치와 덕치 사이의 긍정적인 상호작용의 잠재력에 대한 몇몇 학적 논의가 장쩌민의 언급 이전에 있었다. 특히 Shan(1998)을 보라. 이 논의는 중국 전통사상가들 및 론 풀러(Fuller, 1969)와 같은 서양 학자들의 견해를 바탕으로 덕치와 법치 사이의 현대적이고 건설적인 관계가 전통적인 중국 사상에 의존할 수 있지만 그것과는 달라야 하는 방식을 논의한다.

우리는 지속적으로 사회주의 법률 체계의 구성을 강화해야 하며, 법에 따라 국가를 다스려야(依法治國) 합니다. 동시에 우리는 지속적으로 사회주의 도덕의 구성을 강화해야 하며, 국가를 다스림에 덕을 사용해야(以德治國) 합니다. 국가 행정에 있어서 법치(法治)와 덕 정치(德治)는 서로를 보충하며 증진합니다. 한쪽을 지나치게 강조하여 다른 쪽을 등한시해서는 안 됩니다.[42]

장쩌민의 발언으로 인해 덕 정치 및 덕 정치와 법치의 관계에 대한 학문적 글과 논평이 폭발적으로 증가했다.[43] 저술가들은 맑스, 레닌 및 다양한 중국 공산당 지도자의 저술, 서양의 법적, 철학적 사상의 역사 속 인물, 현대 서양 법철학자와 도덕철학자, 고대(거의 전적으로 고전 시대) 중국 사상가 등의 네 가지 주요 출처를 활용한다. 또한 그들은 급성장하는 문학에 기여한 다른 현대 중국인들을 활용하거나 이들과 교류한다.

우리는 이러한 현대의 논의들에서 몇 가지 주제를 발견할 수 있다. 첫째, 저자들은 유학에서 발견되는 덕의 발전과 통치에서의 덕의 역할에 관한 풍부한 담론을 반복적으로 강조하고, 이러한 자료에 의존하여 법과 덕의 균형에 대한 중국 특유의 접근 방식의 가능성을 제안한다. 중국 및 서양의 법, 덕, 통치 이론 사이의 (때로는 매우 광범위하고 모호한) 구분은 매우 일반적이다. 둘째, 많은 사람이 덕과 도덕의 중요

---

42 Luo & Xia(2001)에서 인용. 번역은 부분적으로 Keith and Lin(2003: 631)에 기반한다.

43 중국 학술지 데이터베이스 The Chinese Academic Journal Database에는 제목에 "덕으로 나라를 통치한다(以德治國)"가 포함된 논문이 1,920개 있다(2009년 7월 7일 접속 기준). 6개를 제외하고 모두 2001년 이후의 것이다. chinanew.eastview.com 참조.

성 중 하나는 법을 위한 원천이나 기반을 마련하는 데 있다고 설명한다. 셋째, 덕은 지도자에게만 중요한 것이 아니라 훨씬 더 광범위하게 중요하다. 많은 저자는 모든 공산당원을 대상으로 하는 덕 교육의 필요성을 강조한다. 그들이 사회에서 주도적 역할을 하려면 당내 "자질"과 규율이 요구된다.[44] 일부 저자는 "덕 정치(德治)"를 훨씬 더 광범위하게 적용한다. 즉 그것을 사회 전체에 적용하여 "좋은 정부"와 "좋은 사회"의 발전을 위한 전제로 삼는다.[45]

마지막으로, 많은 저자는 덕 정치의 중요성을 인정하는 것은 "인치"로의 회귀와 다르다고 주장한다. "법치"에서 특징적으로 강조되는 가치와 절차는 현대적이고 조화로운 사회를 향한 중국의 지속적인 발전에 매우 중요하다. 예를 들어 리란펀李蘭芬은 [누군가의] 덕이나 정치적 계몽에 대한 판단을 바탕으로 재화의 분배의 기반을 놓는 것은 ― 덕의 추가적인 함양에 동기를 부여하는 것이기는 하지만 ― 도덕적 가치의 발전을 저해하고 억누르는 역효과를 낳는다고 주장한다. 그러므로 독재가 아닌 민주주의와 자유는 법치와 덕 정치를 변증법적 통합으로 이끄는 적절한 기초이다.[46] 왕커펑王克平은 법치와 덕 정치가 모두 중요하지만 ― 그의 은유는 그것들이 수레의 두 바퀴와 같다는 것이다 ― 중국의 오랜 인치의 역사와 법치에 대한 아주 최근의 노력을 고려할 때, 덕의 역할을 너무 강조하지 않는 것이 중요하다고 경고한다. 그는 다음과 같이 쓰고 있다.

---

[44] 서양의 분석가들은 당원의 "자질"에 대한 주장이 일당 통치의 정당성에 기여한다는 점을 주목했다. 예를 들어 Guo(2003)를 보라.
[45] 리란펀의 책 한 권 분량의 설명은 특히 포괄적이다(Li, 2008).
[46] Li(2008: 58-59).

[현재의] 환경에서 만약 덕치의 사회 정치적 기능이 단지 편의적 수단으로만 사용될 뿐이고 그 적절한 비율보다 의도적으로 과장되거나 확대된다면, 그것은 법치의 진보와 강화를 가로막거나 무효화할 위협이 될 것이다. 더구나 그것은 통치 정책을 조정한다는 명목으로 중간에 방향을 바꾸거나 분기될 수도 있다. 즉 도덕적 수사나 덕치의 외적 형식을 통해 인치의 잠재적 전략은 법치의 기본 구조를 조건화하거나 해체하는 데 사용될 것이다.[47]

결과적으로 당분간 법치는 1차적인 것으로, 덕치는 2차적인 것으로 여겨져야 한다.

이러한 학자들 중 아주 소수만이 ― 고전 유학에 의존하고 있는 학자들을 포함하여 ― 자신들이나 자신들의 주장을 "유학적"이라고 생각한다는 것을 명심하는 것이 중요하다.[48] 많은 사람이 자신들은 "중국식 사회주의"의 한 형태를 제안하고 있다고 주장하지만, 이러한 표현은 너무 다양한 방식으로 사용되어 사실상 아무런 의미를 가지지 못한다. 유학적 용어나 문헌을 활용하고 있는 대부분의 저자는 (모두를 위한 덕의 실현이나 덕을 유학적 방식으로 이해하는 것과 같은) 유학적 가치에 대한 더 큰 헌신 없이 고립된 사상이 자극적이라고 생각한다. 그러므로 일반적으로 법치와 덕 정치의 관계에 대한 현대유학의 강력한 담론이 아직 나타나지 않았다고 결론 내릴 수 있다. 그러나 적어도 한 가지 흥미로운 예외가 있다. "제도적 유학자"인 판루이핑은 "시민사회"에 대한 현대적 논의는 어떤 관점에서든 시민사회가 법치에 기반

---

[47] Wang(2003).
[48] 이 절과 다음 절의 일부분은 Angle(2010b)에서 가져온 것이다.

을 둔 사회질서라는 것을 받아들여야 한다고 주장했다. 그러므로 만약 유학적 시민사회가 존재하려면, 유학적 법치가 있어야 하는 것이다.[49] 이를 바탕으로 판루이핑은 유학 내의 법치주의가 결국 유학에 기초하고 있다는 것을 보여주기 시작한다. 그의 핵심 주장은 『논어』와 『맹자』에 나오는 유명한 "갈등conflict" 사례에 대한 해석으로, 여기에는 정부의 권위와 자식의 책임[효도] 사이에 갈등이 있는 것으로 보인다. 이 갈등 사례(『논어』「자로」 18과 『맹자』「만장」상 3, 「진심」상 35)는 잘 알려져 있으나, 판루이핑은 이 구절들이 덕이 있는 사람이 "자신의 가족의 이익을 위하여 법을 어기라"고 요구하는 것으로 자주 오해받는다고 주장한다. 이와 반대로 그는 이 구절들이 사실 "사회가 어떤 종류의 법을 만들어야 하는지"에 관한 것이라고 말한다.[50] 예를 들어 만약 성인 군주인 순임금의 아버지가 누군가를 살해했다면 순임금이 어떻게 행동할지에 대해 맹자가 추측하는 『맹자』의 「진심」상 35와 관련하여, 판루이핑은 맹자가 "입법 제안을 하며, 그 제안은 황제에게 그의 부모의 생명을 구하고자 한다면 자신의 지위를 포기하고 그의 부모와 함께 달아나도록 법이 요구한다는 것이다"라고 말한다. 결국 판루이핑은 "유학적 도덕주의자인 맹자는 법의 요건이 잘 구축되어 있다면 사람들로 하여금 법을 어기라고 장려할 수 없었다"고 말하는 것이다.[51]

나는 이것이 매력적이라고 생각하며 판루이핑의 근본적인 동기의 일부에 동의하지만, 판루이핑의 구체적인 생각은 문헌적으로도 철학

---

49   Fan(2010: 24-25).
50   Fan(2010: 37).
51   Ibid.: 38.

적으로도 매우 받아들이기 어렵다고 본다. 내가 지지하는 근본적인 생각은 유학 연구자들이 "법치"와 "덕치" 각각의 고유한 의미를 명시할 수 있어야 한다는 것이다. 판루이핑은 개념들의 융합이 주로 지난 백 년의 문제이고 부분적으로 서양의 영향에 의한 것이라고 보고 있지만, 이것에 대해 적절하게 비판한다. (판루이핑이 계속해서 주장하듯) 유학적 사회의 법이 다른 사회와는 달리 어느 정도 가족 관계를 고려하고 있다는 것이 사실일지라도 공법이 덕에 대한 누군가의 주장과 독립적인 권위를 갖는 것은 실제로 중요하다. 하지만 이것은 『맹자』 「진심」상 35의 문제를 해결하지 못한다. 첫째, 순임금이나 맹자가 입법 제안을 염두에 두고 있었다는 암시가 본문(또는 『맹자』의 다른 어디에도)에 없다. [이 구절에서] 드러나고 있는 것은 어렵고 복잡한 상황에서의 성인의 인식과 반응이며, 그중 오직 한 차원만이 법률과 관련이 있다. 이는 『맹자』 전반에 나타나는 특수하고 상황적인 반응성에 대한 광범위한 논의와도 잘 맞아떨어진다. 이러한 반응성은 자주 "재량권(權)"이라는 용어로 표현된다. 둘째, 판루이핑이 추천하는 방식으로 갈등을 해결하는 데는 엄청난 장벽이 있다. 우선 판루이핑의 접근 방식은 적절한 수준의 법률이 부재했기 때문에 순임금이 이상적으로 행동하지 않았음을 암시한다. 이것은 본문의 취지와 후대의 명시적인 해석에 반하는 것이다. 더욱 근본적으로 판루이핑의 해결책은 어떻게든 국가 권위와 다른 책임들 사이의 모든 가능한 긴장을 예측해내는 법이 필요하다는 것을 의미한다. 이것은 단지 복잡하거나 어려워보일 뿐만 아니라 ─ 익숙한 비트겐슈타인적 이유로 ─ 불가능하다. 그러므로 법치와 덕 정치의 유학적 구분을 발전시킬 다른 방법이 필요하다. 나는 장스자오와 머우쫑싼에게 다시 주목함으로써 소중한 현대적 교훈을 찾을 수 있다고 제안한다.

진보적 유학을 위한 교훈

나의 주제에 대한 최근 중국의 문헌의 범위가 매우 방대하기 때문에 대략적인 요약을 제공하는 것 이상을 다루려면 훨씬 더 긴 장chapter이 필요하지만, 나의 목표는 다른 곳에 있다. 우리가 만약 최근의 논의에서 법치에 대한 실현 가능한 유학적 비전을 발견하지 못한다면, (아이러니하게도 유학자가 결코 아닌) 장스자오나 [유학 연구자인] 머우쭝싼에게 눈을 돌림으로써 이를 발견해낼 수 있을까? 그들로부터 무엇을 배울 수 있을까?

무엇보다 그들은 현대의 논의에 등장하는, 공동체가 덕으로부터 나오는 권위에 지나친 중요성을 부여하는 것을 삼가야 한다는, 유의미한 사유의 노선을 뒷받침하는 풍부한 자원을 제공한다. 장스자오는 덕에 대한 [개인의] 주장은 사회적으로 부과된 규범에 기초하는 경향이 있으며, 완벽한 덕을 갖춘 사람은 없으므로 권위에 대한 흠잡을 데 없는 주장을 할 수 있는 사람은 아무도 없다고 주장한다. 정치가 도덕에 삼켜진 것에 대한 머우쭝싼의 우려와 도덕적 주관성이 부분적으로 스스로를 부정해야 한다는 그의 주장은 적어도 부분적으로는 장스자오의 관점과 맞물린다. 성인의 경지에 대한 추구는 끊임없는 과정이라는 머우쭝싼의 명시적인 주장은 누구도 절대적이거나 완벽한 권위를 가져서는 안 된다는 장스자오의 주장과 완벽하게 부합한다. 덧붙여 말하자면 이 과정의 "끊임없는" 특성에 대한 머우쭝싼의 입장이 대부분의 유학자들이나 신유학자들보다 더욱 명시적이기는 하지만, 이 점에 대한 그의 이해는 근본적으로 역사상의 많은 유학의 가르침과 양립한다. 따라서 장스자오와 머우쭝싼으로부터 우리가 이끌어낼 수 있는 것은 정치제도와 법제도뿐만이 아니라, 그들이 도입하는 특정한 종류의 권위들이 적절한 수준의 덕성이나 이데올로기적 순수성에 좌우되기보다는 반드시 모두에게 개방되어 있어야 한다는 것이다.

"순수성purity"이라는 단어를 언급함으로써 우리는 첫 번째 요점에서 이어지는 두 번째 요점에 이르게 된다. 장스자오가 모든 사람의 서로 다른 재능에 대한 개방성을 강조하고, 머우쭝싼이 ― 헌법에 의해 지배되지만 엄격한 덕에 대한 요구가 아닌 ― 정치적인 것의 독립적 영역을 상정한 것은 정치가 갈등contestation과 충돌dissonance에 의해 특징지어지고, 또 그래야만 한다는 것을 의미한다. 이러한 충돌을 억제할 수 있는 여러 방법과, 억제해야 하는 순간들이 있다. 하지만 우리의 다채로운 시각, 경험, 재능, 불완전성으로 인해 건강한 정치적 과정이 쉽게 만장일치로 이어지지는 않을 것이다. 량치차오와 그의 동시대인들, 오늘날에 이르기까지의 많은 중국 지식인은 정치의 더러움을 규탄하며 보다 순수한 해결책을 어느 정도 갈망해왔다. 그들은 문화적, 사회적 변화가 만장일치로 이어지기를 갈망한다. 토머스 메츠거는 중국 정치사상 내의 이러한 궤적을 날카롭게 분석하고, 이 충돌에 의한 불편함을 그가 "인식론적 낙관주의"라고 부르는 것과 연결했다.[52] 메츠거의 주장이 중국 정치 담론을 상당 부분 조명하고 있음에도 불구하고 장스자오와 머우쭝싼은 두 가지 상반된 목소리를 대변한다. 정치와 법을 포용한다는 것은 정치인과 법률가라는 갈등의 세계를 포용한다는 것을 의미하기도 한다.

세 번째로 장스자오와 머우쭝싼은 한편에는 도덕과 덕의 영역, 다른 한편에는 법과 정치의 영역이 서로 구별되어야 한다고 주장하지

---

[52] Metzger(2005).

만, 또한 이 두 영역이 여러 면에서 연속적이라고 주장한다. 사실상 여기에는 두 가지 별개의 문제가 있다. 연속성의 한 측면은 개인적인 것과 공적인 것 사이에 단단하고 고정된 구분선이 없다는 것이다. 장스자오가 특히 강조하듯이 지엽적이고 심지어 개인적인 활동도 넓고 "정치적인" 중요성을 가질 수 있다. 연속성의 두 번째 측면은 정치적인 가치와 법적인 가치가 도덕성에 뿌리내리고 있다는 것과 관련된다. 머우쭝싼은 정치적 가치는 윤리적 가치로부터 "나타나며" 그 궁극적인 실현에 협조하도록 고안된 것이기 때문에 이러한 뿌리내리고 있음을 정당한 정치적 가치로 여기도록 규정하는 것이 매우 중요하다고 주장한다.[53] 이것은 — 조셉 첸, 판루이핑 및 다른 사람들이 지적했듯이 — 유학적 법의 내용이 유학의 윤리적 가치를 특정한 방식으로 고유하게 반영할 수 있음을 의미한다.[54] 더욱이 나는 다른 책에서 유학적 사회의 규범과 법체계 자체의 세부 사항이 다음과 같은 방식으로 갖추어져야 한다고 주장했다. 즉 어떠한 종류의 논쟁을 마주했을 때 법체계가 이를 진정으로 필요로 하는 사람들에게 활용 가능한 상황일지라도 법체계에 의지하는 것이 사람들의 첫 번째 선택이 되지 않도록 준비해야 한다고 주장했던 것이다. 나는 이를 "보조 수단 체계로서의 법law as a system of second resort"이라고 부른다.[55] 이 모든 것과 대조적으로 머우쭝싼은 자유주의가 공적 규범의 문제를 더 깊은 가치보다는 정치적 논쟁에 의해서만 제약되는 것으로 특징짓는 경향이 있다고

---

[53] 윤리적 가치와 정치적 가치 사이의 상호관계에 대한 보다 자세한 논의는 2장을 보라. 적절한 정치적 가치가 덕을 실현하는 데 도움을 주는 특정한 방식에 대해서는 3장을 보라.
[54] Chan(1999)과 Fan(2010: 36-37)을 보라.
[55] Angle(2009: 218-221).

우려했다.⁵⁶ [이러한 자유주의적 시각은] 무엇보다도 자유주의가 어째서 공산주의의 적절한 대안인지 설명하는 데 별 도움이 되지 않는다.

마지막으로 장스자오와 머우쭝싼에게서 얻을 수 있는 네 번째 교훈은 덕이 정치와 법의 갈등을 적절하게 중재할 수 있는 구체적 방법에 관한 것이다. 장스자오에게 있어 핵심은 "조화(調和)"이다. 장스자오에 따르면 조화는 제도적인 면과 개인적인 면을 모두 가진다. 하지만 그 근본은 다름을 인식하고 가치를 인정하는 덕이 있는 품성이며, 이 능력은 "특수성에 대한 식별과 수행"에 달려 있다.⁵⁷ 장스자오는 우리가 우리의 재능을 사용하고 발전시키기를 바라지만, 다른 사람들의 다양한 재능과 필요를 의식하는 방식으로 그렇게 하기를 바란다. "자각(自覺)"은 우리의 이러한 재능 발현의 근간을 이룬다. 따라서 장스자오는 ― 시민들이 모든 수준의 정치적 과정에 어느 정도 참여하면서 ― 자각을 발전시키도록 장려해야 한다고 주장한다. 머우쭝싼은 보편적 도덕교육에 대하여 이야기하며, 국가가 이러한 "교화(敎化)" 과정에서 역할을 하는 데 아무런 문제가 없다고 본다. 하지만 "자기규제"라는 그의 주장을 따르면 공적 도덕교육의 역할에는 엄격한 제한이 있어야 한다. 머우쭝싼은 우리가 공개적으로 지지해야 할 가치는 인간다움에 관한 최소한의 그리고 보편적인 방식이라고 말한다.⁵⁸ 개인의 도적적 수양의 일부로서 스스로 지켜야 할 기준과 비교하면 공교육을 통해 가르치고 이에 기대되는 기준은 느슨하다. 머우쭝싼은 지도자가 자신의 비전을 강압적 방식으로 국민에게 강요하기보다 국민의 욕구에 개

---

56 그는 이것을 "범정치주의pan-politics-ism"이라고 부른다. Lee(2001: 64)를 보라.
57 Jenco(2010b: 207).
58 Mou(1991: 126).

방적이고 순응해야 한다는 것이 정치의 핵심 원칙임을 반복해서 주장한다.⁵⁹ 따라서 머우쭝싼이 생각하기에 공적, 정치적, 법적 갈등은 시민들이 도덕교육을 통해 기본 덕목의 기초를 발전시켜왔기 때문에 제약을 받을 것이다. 이러한 갈등은 물론 헌법에 의해서도 제한받는다. 이외에도 머우쭝싼은 헌법을 넘어서는 정치나 법의 실천에 대한 어떤 공적인 제약도 거부한다.⁶⁰

결론적으로 장스자오와 머우쭝싼은 모두 덕이 있는 사람들이 정치에 기여해야 한다는 생각과 매우 친연성을 가짐에도 보다 덕이 있는 사람들이 덕이 부족한 사람들을 다스려야 한다는 전제 위에 고안된 정치제도에 대해서는 신중해야 할 이유를 제시했다. 유학 정치의 가능한 구조에 대한 논의는 이러한 장스자오와 머우쭝싼의 우려를 염두에 두는 것이 좋을 것이다. 이제는 법적 영역의 다른 측면을 검토해보도록 하자. 유학자로서 인권에 대하여 무엇을 말해야 하는가?

---

59 Ibid.: 124, 164.
60 나는 이 책의 결론에서 국가 도덕교육에 대한 머우쭝싼의 생각을 꽤 길게 다룬다.

5장
천하 만물의 권리: 인권과 현대유학

오늘날 국제법 그리고 윤리적 사고의 상당 부분에는 국가 주권과 보편적 인권 사이에 깊은 긴장이 존재한다. 우리는 개별 민족국가 nation-state의 자기결정권과 더불어 국경을 초월하는 개인의 권리도 소중히 여긴다. 이러한 긴장은 잭 도넬리가 보고하듯이 국가가 인권의 "주요 침해자이자 핵심적인 보호자"이기 때문에 더욱 악화된다.[1] 현대 민족국가의 막강한 힘과 영향력은 개인의 권리를 전례 없을 정도로 위협하고 있지만, 국가는 또한 시민들이 자신들의 권리를 실현할 수 있도록 하는 유일무이한 능력을 가지고 있다. 게다가 제2차 세계대전 이후 발전한 국제 인권 체제는 주로 민족국가들에 의해 합의된 일련의 제도이다. 1948년 세계인권선언부터 이후 국제 규약, 기타 조약, 다양한 지역 문서 및 기구, 유엔에 기반을 둔 위원회까지 이 모든 것은 국가 간에 설립된 것이기 때문에 "국제적인" 것이다.

상반되는 경향을 보이는 두 집합에 주목할 필요가 있다. 첫째, 우리가 대략 "세계화"라고 부를 수 있는 많은 경제적, 사회적 변화가 있다.

---

1 Donnelly(2003: 35).

이것은 엄청나게 복잡한 주제이지만, 적어도 세계적이고 사회적인 상호 의존성이 극적으로 증가했다는 것은 부정하기 어려운 사실이다. (기업과 NGO 같은) 초국적 또는 다국적 관계자들은 현재 세계의 여러 곳에서 일상 경험의 중요한 부분을 차지한다. 이러한 다양한 관계자가 진정으로 "국제적"으로 간주되는지는 — 전 세계에 대한 어떤 책임을 지는 존재인지는 — 또 다른 문제이다. 다양한 출신의 다른 연구자와 협력하면서 세계적인 기후변화에 대해 염려하는 과학자는 [국제적이라고] 여겨질 수 있을 것이다. 광범위한 경영적 이해관계와 전 세계에 주주들을 가진 기업들 또한 그들의 목표가 계층에 기반을 두고 있다는 특징이 분명한 제약이기는 하지만 [국제적이라는] 주장을 할 수 있다.

둘째, 이와 관련하여 점차 "세계화되고" 있는 세계의 이러한 측면을 관리하고자 하는 국제기구들은 점차 개별 국가의 자기결정권에 대한 강력한 주장을 약화시키고 있다. 이는 물론 경제 영역에서 타당하지만(WTO를 생각해보라) 우리가 다루고자 하는 주제와 관련해서 보자면 국경을 초월하여 인권을 보호하고자 하는 노력과 가장 큰 관련이 있다. 현재 최첨단 노력 중 하나는 2001년 개인과 국가 주권에 관한 국제위원회International Commission on Intervention and State Sovereignty[ICISS]가 최초로 명시하고 2005년 유엔 60주년 세계정상회의에서 실질적으로 승인한 "보호 책임Responsibility to Protect" 원칙이다.[2] 이 원칙의 핵심은 첫째, 국가 주권은 국민의 행복에 대한 책임을 내포하며, 둘째, 이러한 책임이 심각하게 무시된다면 "보호를 위한 국제적 책임이 불간섭 원칙에 우선한다"는 것이다.[3] 이러한 종류의 책임

---

2 ICISS 2001; Evans(2008: 44).
3 ICISS 2001, xi.

은 어디에서 기인하는가? 선언문은 다음과 같이 요약하고 있다.

    A. 주권 개념에 내재된 의무
    B. UN 헌장 제24조에 의한 국제 평화와 안보 유지에 대한 안전보장이사회의 책임
    C. 인권 및 인간 보호 선언, 계약 및 조약, 국제 인도법 및 국내법에 따른 구체적인 법적 의무
    D. 국가, 지역 기구 및 안전보장이사회 자체의 발전 관행

즉 보호와 관련된 국제적 책임은 실제로 국제적으로 협상된 법과 관행의 표현이다. 이 책임은 국가 지도자가 국가 주권에 내재된 책임을 포기할 때(오직 그때만) 작동하기 시작한다.

개인은 그가 어디에 있든 상관없이 보호 책임의 대상이지만 이 보호 책임은 여전히 국가 간의 협정이라는 틀 안에 있다. 최근 중국철학자 자오팅양은 현대 세계의 심각한 실패가 바로 이러한 점에 기인한다고 주장한다. 즉 국가 주권에 대한 집착이 세계 문제에 대한 실질적인 해결책으로 이어질 수 있는 더 넓은 공통점commonality을 가린다는 것이다.[4] 자오팅양은 고대 중국의 사상을 활용하여 개인, 가정, 국가가 모두 "천하 만물(天下)"의 구성원으로 여겨지는 체계가 우리로 하여금 서로에 대한 도덕적, 정치적 책임을 더 잘 실현할 수 있도록 한다

---

4   루크 글랜빌이 대안적 접근 방식을 제안한다. 그는 고대 중국의 주권 개념이 최근 등장한 책임으로서의 주권 개념의 많은 부분을 예견한다고 주장한다. 글랜빌의 연구는 자극적이지만 내가 3장에서 거부한 — 예를 들어 대중의 반란권과 같은 — 초기 유학 이론의 독해에 지나치게 의존하고 있다. Glanville (2010)을 보라.

고 주장한다. 이 장에서 나는 인권에 대한 진보적 유학의 틀을 발전시키기 위한 출발점으로 자오팅양의 개념을 사용할 것이며, 이를 천하 만물의 권리라고 부를 것이다. [사실] 이것은 자오팅양 자신의 입장은 아니다. 그는 스스로를 유학 연구자라고 여기지 않았으며, 인권에 대한 현대의 견해에 큰 관심을 가지지도 않았다. 이 장에서 나는 자오팅양이 유학과 권리에 대해 가졌던 우려들에 대응하기 위하여 다시 한 번 머우쭝싼의 사상을 중요하게 활용할 것이다. 그러나 머우쭝싼 자신은 인권에 대해서 구체적 언급을 거의 하지 않았기 때문에 결국 내가 제시하고자 하는 입장에 대한 최종적인 책임은 내가 져야 할 것이다.

피상적으로 볼 때 천하 만물의 권리는 서양의 "천부인권God-given rights"이라는 개념과 유사하게 들릴 수 있다. 물론 이 천부인권이라는 개념은 적어도 많은 현대 헌법에서 찾을 수 있는 표현에 기초해볼 때, 역사적으로 그리고 오늘날에도 서양의 인권 개념의 중요한 토대가 된다. 그런데 신성한 천부인권이라는 유산은 현재 인권 철학에서 가장 큰 난제 중 하나이다. 우리는 엄청난 가치를 지닌 이 개념을 물려받았지만, 더 이상 이를 위한 정당화를 받아들이지 않기 때문이다. 철학자들이 설득력 있는 정당화를 분명히 제시하기 위해 노력해왔다는 것은 말할 필요도 없다. 많은 경우 이 노력은 특정한 인권 개념이 어떠한 도덕 이론에 기반하고 있는지 보여주는 것을 의미하며, 이때 철학자들은 각자가 가장 설득력 있다고 생각하는 도덕 이론을 활용한다. [그러나] 자크 마리탱은 당시 시작되고 있던 세계인권선언에 대한 논의의 일환으로 1947년 세계 철학자 회의에 참석했을 때 이와는 매우 다른 접근을 시도하였다. 그는 합리적 정당화의 가치를 부정하지 않으면서도 실천적 합의의 중요성을 강조하며 "격렬하게 반대하는 이데올로기의 대변자들이 권리 목록에 동의했다 … 그들은 '우리는 이 권리에 동의한다. 하지만 이 동의는 누구도 우리에게 그 이유를 묻지 않을 것을 조건으로 한다'라고 말했다"는 이야기를 한다.[5] 즉 그들은 권리가 중요한 이유에 대해서는 의견이 다르지만 — 일부는 칸트적 정당화를 채택하고, 다른 일부는 기독교적 정당화를 채택하지만 — 그들은 여전히 기본적 권리 목록에 동의할 수 있다. 여기서 내 주장의 핵심은 현대유학 연구자들이 마리탱의 실용주의를 공유하는 인권에 대한 접근 방식을 지지할 충분한 이유가 있다는 것이다.[6] 자기규제라는 개념을 바탕으로 진보적 유학자는 도덕적 가치와 정치적 가치 사이에 원칙적 구분을 지을 수 있다. 이를 통해 유학 연구자들은 우리 모두를 지배하는 정치적 가치에 대한 실질적 합의를 허용하고 사실상 그것을 주장할 수 있다 — 이를 통해 하버마스가 "인권 근본주의"라 부르는 것을 피할 수 있다. 인권 근본주의는 머우쭝싼의 "정치를 삼키는 도덕"이라는 개념과 거의 유사한 것이다. 즉 "가짜 법적 정당화sham legal legitimation"가 무엇이 [정치 권력의] 개입을 정당화하는 진정한 "도덕적 정당화"인지를 은폐하기 위해 사용되는 것이다.[7] 하버마스는 관련 법적 또는 정치적 규범에 대한 진정한 합의가 없다면, 법적 정당화는 가짜이며, 이는 특정 집단이 어떤 입장을 도덕적으로 옳다고 확신하는 것과는 별개의 문제라고 생각한다. 요컨대 여기서 나의 주장은 인권

---

5   Maritain(1949: 9).
6   마리탱의 태도는 내가 말한 것보다 더 복잡했다. 왜냐하면 그는 어떤 정당화가 실제로 참인지가 "본질적으로 중요하다"고 계속 주장하기 때문이다(Ibid.: 11). 그 이유는 우리가 참된 도덕적 신념(도덕적 가치란 각 개인이 인권에 대한 자신의 정당화를 표현하는 데 사용하는 용어)을 채택하는 것이 매우 중요하기 때문인 것 같다.
7   Habermas(1998: 200).

의 구체적인 내용이나 목록에 관한 것이 아니라, 현대유학이 이 주제에 접근하는 방법에 관한 것이다.

자오팅양과 "천하 만물" 체계

현대 중국철학계에 익숙한 사람이라면, 이 장의 제목을 듣고 자오팅양을 떠올릴 것이다. 그는 저명한 철학자로서 2005년 8월 출간 이후 널리 읽히고 논의되고 있는 『천하체계: 세계 제도의 철학에 대한 입문』의 저자이다.[8] 그는 윤리학, 정치철학, 철학적 방법론에 대한 중요한 책과 논문를 썼으며, 오늘날 중국철학의 창조적 발전을 주도하고 있다. 나는 결과적으로 자오팅양과 유학적 인권 개념을 발전시키는 방법에 대하여 다른 의견을 가지고 있으나, 우리의 프로젝트를 수행하는 데 있어서 그 외에도 그에게 배울 수 있는 것이 많이 있다.

내가 받아들이고자 하는 핵심적인 방법론적 관념은 "중국을 재사유rethink China(重思中國)"할 필요가 있다는 자오팅양의 주장이다.[9] 이것은 중국의 관점에서 중국의 중요성을 재고해보자는 의미이다. 그는 말한다. "'중국을 재사유'할 역사적 중요성은 중국의 고유한 사유 능력을 회복하기 위해 중국이 다시 한번 사유를 시작하고, 고유한 사유의 틀과 근본적 개념을 재정립하고, 다시 한번 고유한 세계관과 가치관, 방법론을 창조하고 … 중국의 미래에 대해 … 세계에서의 중국의

---

[8] 그는 중국어로 쓴 Zhao(2009a; 2009b)와 영어로 쓴 Zhao(2012)를 포함하는 다양한 이후의 출판물에서 이러한 관념을 수정하고 명료화하고 변호했다.
[9] Zhao(2005: 6).

역할과 책임에 대해 성찰하는 데에 있다."[10] 그는 중국을 "재사유"하는 것과 "비판적으로 검토(檢討)"하는 것을 대조한다. 검토는 중국이 분석의 대상일 뿐으로, 반드시 중국을 이 분석을 수행하는 능동적인 주체로 상정하는 것은 아니다.[11] 중국을 "비판적으로 검토"하기 위해 사용되는 틀은 — 중국의 지식인들의 대부분의 논의를 포함하여 — 보통 외부에서 유입된 것이다. 이러한 논의가 반드시 틀리거나 도움이 안 되는 것은 아니지만, 자오팅양은 중국과 중국에 대해 논의하기 위해 사용되는 다양한 분석 범주 사이의 잠재적 부적합성을 우려한다. 이러한 범주들의 기원이 매우 다른 맥락에 놓여 있기 때문이다. 그는 중국과 중국철학을 위한 주체 의식을 회복하는 것이 중요하다고 주장한다. 이러한 회복은 반드시 "창조적"이고 "건설적"이어야 한다.[12] 다른 곳에서 그는 특히 유학을 언급하면서, 유학은 "완성"되거나 완전한 것으로 이해해서는 안 되며, 도전에 역동적으로 대응해야 한다고 촉구한다. 유학은 "지역적 지식local knowledge"에서 "보편적 지식"으로 나아가야 한다는 것이다. 그는 말한다. "유학을 새롭게 한다는 것은 '해석되는 대상'이라는 부정적 입장을 버리고 '해석자'로서의 긍정적 위치를 회복하는 것을 의미한다. 유학은 모든 정치적 문제를 분석하고 세계의 모든 사회를 설명하는 데 활용되어야 한다. 만약 (이렇게) 할 수 없다면 유학은 보편적으로 타당한 이론이 될 수 없다."[13]

자오팅양은 유학 스스로가 보편적 지식이 되고자 하는 도전에 직면

---

10 Ibid.: 11.
11 비판적 검토의 뜻에 대한 유용한 코멘트와 관련하여 필 핸드Phil Hand에게 감사한다.
12 Ibid.: 165-156.
13 Zhao(2008: 175).

할 수 있으리라 확신하지 않는다. 그는 그렇게 되기 위해서는 유학이 "거대한 이론적 혁신"을 거쳐야 한다고 말한다.¹⁴ 중국을 재사유하고자 하였던 20세기의 선구자들을 검토할 때, 그는 (예를 들어 량수밍과 리쩌허우李澤厚Li Zehou 같이) 중국 전통의 모든 측면을 폭넓게 활용한다고 여겨지는 인물들을 선호하며, 중국 전통이 다양한 상호 보완적 측면으로 구성된 전체로 여겨져야 한다고 주장한다. 자오팅양은 머우쫑싼에게 비판적인데, 그가 스스로[의 관심]를 너무 좁게 유학에 국한하여 근본적으로 "중국을 재사유"하는 능력을 잃었다고 보기 때문이다.[15] 자오팅양이 머우쫑싼의 저작을 보다 자세히 읽었더라면, 머우쫑싼이 스스로를 유학 연구자로 여겼음에도 불구하고 그가 매우 광범위하게 도교, 불교 그리고 어느 정도의 법가적 개념과 가치를 활용한다는 것을 알았을 것이다. 나는 창의성의 측면과 넓은 범위를 다뤘다는 측면 모두에서 머우쫑싼이 사실상 자오팅양이 선호하는 접근 방식의 탁월한 예라고 주장한다. 더구나 나는 이 장 뒷부분에서 머우쫑싼이 — 그리고 자오팅양의 이론이 — 유학이 인권의 의미와 지위를 적절하게 설명하는 데 필요로 하는 "거대한 이론적 혁신"을 만들어냈다고 주장할 것이다.

하지만 지금은 자오팅양이 "천하 만물" 개념과 관련하여 일궈낸 특정한 기여를 살펴보도록 하자. "천하" 혹은 "천하 만물"은 고대 중국의 용어이다.[16] 자오팅양이 사용하는 것처럼 천하 만물이라는 용어에는

---

[14] Ibid.: 165-166.
[15] Zhao(2005: 8).
[16] 이와 관련된 논의는 Chan(2008)과 Nylan(2008: esp. nn.9, 80)을 보라. Luo(2007)는 19세기 후반과 20세기 초반의 중요한 과도기에 "천하"와 "세계(世界)"의 의미에 대한 날카로운 독해를 제공한다. 루오가 설명하는 대로 우리는 전통적으로 천하의 넓은 의미(세계)와 좁은 의미(중국)를 모두 발견할 수 있다. 20세기가 시

세 가지 측면이 있다. 물리적 세계, ("사람들의 일반적 감정"[17]을 의미하는) 심리적 세계, (세계 제도에 해당하는) 제도적 세계가 그것이다. 다양한 초기 중국 문헌에서 발견되는 여러 개념과 초기 주나라의 정치구조에 기반하여 자오팅양은 진정한 세계는 오직 천하 만물 개념에 내재된 세 가지 측면이 모두 통합될 때에만 가능하다고 주장한다. 모든 사람의 일반의지general will가 지지하는 일종의 세계정부가 필요하며, 이것이 없다면 우리는 "실패한 세계"에 남게 된다는 것이다.[18] 자오팅양에 따르면 현재 우리는 민족국가라는 개념에 기초한 정치철학에 갇혀 있으나, 이 개념과 국제주의는 세계화의 가속화와 함께 특히 긴급해지는 "세계성"의 개념을 정당화하지 못한다. 중국철학의 중요한 가치는 세계적 관점을 설명할 수 있는 능력에 있다. 이러한 가치는 다음과 같은 사실, 즉 폴리스polis를 중심 개념으로 두고 있는 그리스적 정치철학과 달리 중국의 정치는 "천하 만물"의 관점에서 구성된다는 사실에 근거한다.[19]

[여기서] 누군가가 제기할 수 있는 즉각적인 반대는 많은 철학이 그

작되면서 중국 사상가들이 "국國과 국가國家" 개념을 설명하기 위해 노력했다는 것은 잘 알려져 있다. 하지만 루오는 이를 천하에 대한 좁은 독해로 보기보다 천하가 "세계"로 변모하는 두 가지 모순된 변화가 일어나고 있다고 주장한다. 한편 캉유웨이와 같은 유토피아적 사상가들은 중국인들과 모든 사람이 그들의 고향을 찾을 수 있는 광범위하고 보편적인 "세계"를 명료하게 표현하려고 노력한다. 한편 중국인들은 당시 중국이 본질적으로 배제되었던, 강력한 서양 국가들이 규정한 범주로서의 "세계" 안에 자신의 자리를 가지길 원했다. 나는 자오팅양을 두 가지 경향의 계승자로 볼 수 있다고 생각한다. 그의 작업은 이 두 가지 뚜렷한 과제를 모두 해결할 수 있는 단일한 천하 개념을 찾고자 하는 노력이다.

[17] Zhao(2009b: 9).
[18] Ibid.: 5.
[19] Ibid.: 7.

기원이 무엇이든 간에 보편주의적 열망을 가지고 있다는 것이다. 철학은 모든 사람에게 적용되는 참된 것을 말하고자 한다. 자오팅양은 다음과 같이 대답한다. "모든 사람이 자신의 지평에 따라 세계 철학을 가질 수 있다. … 그러나 우리는 세계를 대표하는 세계 철학을 필요로 한다. 우리가 세계의 관점에서 세계를 볼 것을 거부하기 때문에 세계는 부재한다."[20] 자오팅양의 "천하 만물" 개념의 목표는 처음부터 세계를 세계의 관점에서 바라보는 방법으로 설계된 틀을 제시하는 것이다. 일부 학자, 특히 국제 관계 맥락에서의 "천하 만물" 개념의 사용 방식에 주목하는 사람은 자오팅양의 수사학이 서양의 패권을 중국의 패권으로 대체하려는 노력을 은폐한다고 비판한다.[21] 자오팅양의 목표가 단순히 고대 중국의 개념 — 혹은 그 개념의 업데이트된 형태 — 을 모두가 받아들여야 한다고 주장하는 것이라면 이는 사실일 수 있다. 그러나 이것은 그의 의도가 아닌 듯하다. 그는 중국철학의 초석이 다양한 관점에 대한 폭넓은 개방성이라고 말한다. 이때 이것은 관용과는 다르다. 관용은 자신이 심하게 거부하는 것에 대한 수용을 의

---

20 Ibid.
21 Callahan(2008)을 보라. 캘러한은 자오팅양의 철학적 주장과 (내가 곧 설명할) 개방성과 대화에 대해 거의 관심을 기울이지 않는다. 그 대신 그는 "천하 만물"이라는 수사가 중국의 "소프트파워"를 발전시키기 위해 사용되는 방법에 초점을 맞춘다. 그래서 캘러한이 자오팅양에게서 패권적 의제를 찾는 것은 놀라운 일이 아니다. 캘러한은 자오팅양에 대한 또 다른 비판의 좋은 예이기도 하다. 캘러한은 자오팅양의 "주장은 중국 사상의 몇 가지 주요 구절을 무심코 사용한 것에 근거한 것인데, 이를 자세히 살펴보면 실제로 그의 천하 세계관을 지지하지 않는다"라고 쓴다(Callahan, 2008: 753). 하지만 이것은 자오팅양이 과거의 사상에 대한 해석을 제공하는 것으로 오해하는 것이다. 반대로 자오팅양은 과거의 문헌과 저자를 기반으로 하지만 엄격하게 의존하지는 않으며 창조적이고 건설적인 사업에 명백히 참여하고 있다. 이와 관련된 추가적인 유용한 논의는 Zhang(2010)을 보라.

미한다. 이에 비해 그가 중국철학에서 발견한 "개방성"은 관대한 학습 과정을 포함하며, 궁극적으로 새로운 요소를 수용하기 위해 근원적인 통일성의 변화를 이끌어낸다.[22] 좀더 구체적으로 자오팅양은 자신의 최근 논문의 마무리 부분에서 정당한 "세계"란 "천하 만물"뿐만 아니라 그리스의 이성적 대화 개념(아고라)을 재고하고 통합하는 데에도 달려 있다고 강조한다. "내 생각에 아고라와 천하 만물이라는 두 가지 핵심 개념이 그리스와 중국의 전통이 조화롭게 조우하는 지점으로서 정당한 세계의 기초라고 할 수 있다. 물론 이 두 개념 모두 현대적 방식에 따라 새로워지거나 다시 쓰여야 한다."[23]

지금까지 나는 자오팅양의 방법과 목표에 크게 공감하고 있으며, 이 장의 뒷부분에서 "천하 만물" 개념을 직접 사용할 것이다. 그러나 비평가들이 지적했듯이 자오팅양의 접근 방식에서 중요한 문제는 매우 유토피아적인 목표를 향한 명확한 경로가 없다는 것이다.[24] 이를 보여주는 한 가지 예는 UN 관련 국제 협정에 대한 그의 지나치게 편협한 해석이다. 내가 이러한 문제를 지적하는 이유는 자오팅양의 "국제적인 것international"과 "세계적인 것global" 사이의 구분을 거부하기 위해서가 아니라, 기존의 국제 제도를 거부하고 처음부터 시작하는 것보다 기존의 국제 제도에서 진정한 세계적 제도로 이행하는 것이 더 쉬울 수 있다고 주장하기 위한 것이다. 자오팅양은 UN은 "각국의 이익을 협상하고 흥정하는 기구일 뿐이다. 따라서 모든 사람이 자

---

[22] Zhao(2005: 13).
[23] Zhao(2009b, 17)를 보라. 자오팅양의 개방성에 대한 강조는 자오팅양이 암묵적으로 다른 문화와 도덕 체계를 "이차적 지위"로 경시한다는 다니엘 벨의 비판이 공정하지 않을 수 있음을 보여준다(Bell. 2008: 25).
[24] 이러한 비판의 한 형태로는 Zhang(2010)을 보라. Zhao(2009a)는 기본 주장에 세부 사항을 추가하기 위해 노력하지만 여전히 상당히 추상적이다.

신의 이익을 극대화하는 데만 관심을 가진 합리적이고 이기적인 존재로 정의되기 때문에 유엔은 결코 진정한 합의를 이끌어낼 수 없다"라고 주장한다.²⁵ 이러한 주장은 개념적으로나 실제적으로 어느 정도 일리가 있다. 그러나 "보호 책임"이라는 생각은 인권운동 전반은 말할 것도 없고 유엔의 구성체(국가와 개인)의 본질과 책임 그리고 그들 간의 관계를 재고하기 시작하려는 노력을 보여준다.

인권에 관한 자오팅양의 저술을 구체적으로 살펴보면 우리는 또한 문제점도 발견한다. 자세히 설명하지는 않겠지만 나는 다시 자오팅양의 방법론이 꽤 적절하며, 이것이 인권에 대해 진정으로 개방적인 세계적 대화 — 중국 사상이 특권을 누리지도 무시되지도 않는 대화 — 에 참여할 수 있는 능력에 기반이 된다고 다시 한번 생각한다.²⁶ 그러나 그의 인권에 대한 "크레딧credit" 이론 — 인간은 사회적 책임을 다하지 않으면 잃을 수 있는 일련의 권리를 가지고 삶을 시작한다는 이론* — 은 문제가 있으며, 더 이상 자신의 권리를 가질 자격이 없다는 자의적인 권위의 판단arbitrary authority's judgment에 분명히 취약해 보인다. 자오팅양은 권리가 정의나 불의에 대한 특정 판단보다 우선하는 것이 합리적이지 않다고 생각하기 때문에 이러한 견해를 가지게 되었다. 앞으로 나는 자오팅양이 우려하는 문제를 피하면서 권리의 우선성을 정초할 수 있는 방법을 머우쭝싼이 제공한다고 주장할 것이다. 그렇게 함으로써 현대유학 연구자들은 천하 만물의 권리를 구체

---

25 Zhao(2009b: 16).
26 Zhao(2006a: 17-20).
* 권리가 모두에게 동일하게 침해 불가능한 성격으로 주어지는 것이 아니라 태어날 때 어느 정도의 양(크레딧)으로 주어지며, 사회적 책임에 따라서 각자 부여받은 권리의 양이 소진될 수도 있음을 의미하는 이론이다. 선불 전화카드에 크레딧을 충전하고 사용량에 따라 소진되는 상황을 상상해볼 수 있다.

적으로 인식하고 보호한다는 목표를 향해 기존의 인권 기관들과 보다 건설적으로 협력할 수 있을 것이다.

유학자들과 인권

인권은 우리의 가장 기본적인 가치나 이익에 대한 특별한 종류의 보호이다. 이러한 특별한 보호를 정확히 어떻게 설명해야 하는지에 대해서는 이론가들 사이에 견해차가 있지만 — 권리가 이익에 "우선" 해야 한다는 드워킨의 이론은 잘 알려진 견해 중 하나이다 — 인권이 어떤 의미에서든 다른 가치들과 구별되며 우선권을 가진다는 것은 인권의 의미에 있어 중심적인 부분이다. 나는 조금 전에 자오팅양이 인권이 정의보다 우선한다는 주장을 받아들일 수 없었으며, 인권을 잠정적인 것으로 여김으로써 갈등을 해결하고자 했음을 언급했다. 유학자들은 전통적으로 우리가 "윤리적"이라 이름 붙일 수 있는 단일한 가치의 영역을 인정해왔기 때문에 인권이 존재할 수 있는 이유를 설명하는 데도 어려움을 겪는다. 효孝와 공적 책임 사이의 충돌이 암시하듯 유학자들은 가치들 사이에 잠정적인 갈등이 존재할 수 있음을 무시하지 않는다. 그러나 그들은 상황이 올바르게 이해된다면 달성 가능한 조화로운 해결책이 항상 존재한다고 오랫동안 주장해왔다. 이틀에서는 고유하게 [반드시] 보호되어야 하는 특별한 종류의 이익[즉 불가침한 인권]이라는 개념이 들어설 여지가 없어 보인다. 분명 유학자들은 천하 만물의 안녕well-being에 자비롭게 관심을 가져야 한다고 말했지만, 이것은 다른 종류의 더 많은 지역적 책임과 조화를 이루어야 한다. 이러한 조화는 사례별로 판단해야 하는 특수한 문제이다. 우리 각자에게 직설적이고, 공적이며, 굽힐 수 없는 한계가 [즉 불가침한 인권이] 있다는 생각은 유학적 틀과 잘 맞지 않는다.27

그럼에도 불구하고 많은 현대유학 연구자는 인권의 어떤 형태를 지지할 방법을 찾고 있다. 가능한 다양한 입장을 나열하는 것이 도움이 될 것이다.

1. 유학은 처음부터 인권을 인정해왔다. 유학자들과 가상의 현대 유학 정치는 오늘날의 인권을 옹호하는 데 아무런 어려움이 없다.
2. 유학은 인권과 양립할 수 없으며, 오늘날 인권은 편협하고 문제가 있는 것이므로 거부해야 한다.
3. 유학은 역사적으로 인권과 관련된 원칙을 발전시키지 않았지만, 인권 사상과 양립할 수 있고 현대에 이를 지지할 수 있다.
4. 유학은 역사적으로 인권에 대한 입장을 발전시키지 않았지만, 유학 자신의 핵심 주장을 실현하기 위해서는 이제 이를 위한 자원을 개발할 필요가 있다.
5. 유학은 역사적으로 인권에 대한 입장을 발전시키지 않았다. 이제 이를 위한 자원을 개발하는 것이 필요하며, 그 결과 유학은 결과적으로 서양의 자유주의로 변형될 것이다. 독립적인 철학적 입장으로서의 유학은 더 이상 존재하지 않을 것이다.

1번 입장에 대한 지지자들이 있다. 1947년 세계인권선언문 초안이 작성되던 때에 세계 철학자들의 주요 회의가 개최되었으며, 전 지구적으로 인권에 대한 태도가 탐구되었다. 중국철학자 로충수羅忠恕는

27 추가적인 논의는 3장을 보라.

다음과 같이 썼다. "과거에는 중국 사상가들이 인권 문제를 거의 논의하지 않았지만" 그럼에도 불구하고 "중국에서 인권 사상은 매우 일찍 발전했다."[28] 그러나 로충수의 논문의 전반을 읽어보면 바로 알 수 있듯이 그는 "인권" 개념을 매우 느슨하게 사용하고 있으며, 초기 유학이 예를 들어 통치자가 신하에 대해 책임을 지는 것을 인정했다는 사실에서 신하가 통치자에 대해 권리를 가진다는 결론으로 성급하게 나아간다. 이것은 내가 이미 지적한 이유로 문헌을 잘못 읽은 것이다.

헨리 로즈몬트는 유학 연구자들이 2번 입장을 수용해야 한다고 주장한다(그는 유학에 아주 호의적이며 서양의 신자유주의에 매우 비판적인 미국 철학자이다). 그의 주장에는 세 가지 주요 전제가 있다. (1) 고전적 유학의 윤리적 언어는 권리 기반의 도덕의 언어와 다르며 사실상 양립할 수 없다. (2) 개인주의적 권리 주장에 기반한 현대사회는 심각한 문제를 겪고 있다. (3) 특정한 수정emendations을 거친다면 유학의 비전은 서양의 권리 기반 전통에 대한 성공적인 대안이 될 수 있다.[29] 핵심적인 질문은 — 중국이 전통적으로 겪었던 독재적인 통치자들뿐만 아니라 — 강대국들 및 세계적인 기업들과 같은 현대적 현상들에 의해 야기되는 위험들에 대처하기 위해 유학에게 필요한 것이 어떤 종류의 수정인가일 것이다.[30] 이러한 것들은 (머우쭝싼을 포함하여) 광범위한 유학 연구자들이 유학이 상당히 다른 정치철학을 필요로 한다고

---

28   Lo(1949: 186). "인권"이라는 말을 식별하는 이런 느슨한 방식이나, 인권을 지지할 수 있는 윤리적 가치와 인권 자체를 혼동하는 것은 상당히 흔하다. 예를 들어 Lauren(1998)을 보라.
29   Rosemont(1988; 1998)을 보라.
30   물론 다른 두 전제에 대해서도 의문이 제기될 수 있다. 유학이 관계와 역할을 강조하기 때문에 인권과 양립할 수 없다는 생각에 대한 도전은 Tiwald(2011a)를 보라.

주장하게 만든 매우 현실적인 문제이다. 로즈몬트의 해결책은 사회의 철저한 의례화ritualization에 크게 의존하는 것처럼 보이는데, 나는 다음 장에서 이에 대해 논의할(그리고 거부할) 것이다.[31]

많은 저자는 유학과 인권에 관해 세 번째 입장을 취한다. 그들은 유학은 인권과 양립 가능하므로 (유학의 주요 관심사와 별개의 이유로) 우리가 인권 교리를 갖기를 원한다면 유학 연구자들이 인권에 대한 입장을 정당화할 수 있다고 주장한다. 내가 1장에서 신고전적 유학 연구자로 규정한 조셉 첸은 이러한 종류의 주장에 대한 주목할 만한 사례를 제공한다. 첸은 다양한 문화적, 종교적 관점에서 인권을 정당화하는 것이 획일적인 보편적 정당화보다 더 나을 수 있다고 주장한다. 또한 그는 유학과 인권이 양립할 수 없는 것이 아니며, 어떠한 형태의 인권은 고전적 유학의 사상에 근거하여 정당화될 수 있다고 주장한다. 첸은 "유학적 관점은 권리를 덕이 없거나 인간관계가 분명히 무너지는 경우, 기본적인 인간의 이익을 보호하기 위한 예비 보조장치로 여긴다"라고 말한다.[32] 첸의 주장은 만약 유학 내부에서 인권을 정당화하고자 한다면, 근본적인 갈등 없이 이를 위한 자원을 찾을 수 있다는 것이다. 그러나 첸은 유학에 인권이 필요하다고 주장하지 않는다는 점을 주의해야 한다. 우리는 칸트적 현대 신유학자인 리밍훼이의 저술에서 구조적으로 유사한 주장을 찾을 수 있다. 리밍훼이는 유학이 인권을 발전시키는 데 필요한 핵심 자원을 가지고 있다고 말한다.

---

[31] 이것은 의례가 유학의 정치철학에서 중요한 역할을 하지 않는다는 것이 아니다. 자세한 내용은 6장을 보라. 나는 또한 Chu(1998)와 Hahm(2003)에서 강조한 것처럼 의례가 권력자를 견제하는 데 유용한 역할을 해왔고 앞으로도 계속할 수 있다는 것을 인정하고 싶다. 이 장의 결론 부분도 보라.

[32] Chan(1999: 228).

핵심 자원, 즉 인간 본성human nature에 대한 교리, 개인에 대한 존중, 그가 윤리에 대한 권리 친화적인 의무론적 접근으로 이어지는 것으로 해석하는 의righteousness와 이익의 구분, "인민에 의한"은 아니더라도 "인민의"와 "인민을 위한" 정치를 가지고 있다고 말한다. 리밍훼이는 그가 유학이 인권 개념을 줄곧 가지고 있었다고 주장하는 것이 아니라는 점을 강조한다. 그에 따르면 인권은 결국 서양에서도 현대적 개념이다. 그렇지만 인권이 세계적으로 널리 받아들여지고 있기 때문에 유학도 이를 지지할 수 있으면 좋을 것이며, 아마도 그 과정에서 인권의 의미와 기반을 풍부하게 하는 데 기여할 수 있을 것이다.[33]

판루이핑은 또한 고전적 유학이 인권 개념을 사용하지 않았다고 인정하지만, 첸을 따라 유학의 도덕 및 법적 틀에 일종의 권리와 관련된 언어를 추가할 수 있다고 주장한다. "유학적 권리를 확립한다는 것은 유학적 틀이 가진 풍부하고 이타적인 덕의 언어에 최소한의 자기주장적인 권리self-asserting entitlement의 언어를 추가하는 것과 같다."[34] 여기까지 보면 이것은 첸과 비슷한 방식으로 "예비" 메커니즘을 추가하는 것처럼 들린다. 하지만 판루이핑은 더 나아가서 4번의 입장을 취한다. 그는 유학이 (어떤 방식의) 인권을 필요로 한다고 말한다. "덕이 사회에 우세할 때는 권리가 필수적이지 않을지 몰라도 … 덕이 사회에 우

---

[33] Lee(2006b). 리밍훼이는 "예비fallback"라는 개념을 언급하지 않기 때문에 어떻게 그가 인권이 유학의 윤리적 가치와 상호작용할 수 있다고 보는지는 다소 불분명하다. 하지만 리밍훼이가 머우쭝싼의 친밀한 추종자이기 때문에 그는 분명 인권에 대한 헌신이 "자기규제"의 일종이라는, 우리가 뒤에서 보게 될 내용을 받아들일 것이다.

[34] Fan(2010: 58). 여기서 내가 문제삼고 싶은 몇 가지가 있다. 나는 자기와 타자를 구분하는 것이 유학과 잘 맞지 않는다고 생각하며, 또한 판루이핑이 자유주의적 도덕이 일반적 인권을 넘어서는 내용이 거의 없다고 읽는 것에 대해서도 의문을 제기한다.

세하지 않을 때 권리는 필수적이다."³⁵ 이는 일리 있는 주장이다. 결국 권리는 핵심 이익 — 덕이 널리 퍼져 있지 않는 사회에서 보호받지 못할 수도 있는 종류의 이익 — 을 보호하기 위해 고안된 것이기 때문이다. 판루이핑은 유학적 권리가 유학의 덕 개념에서 파생되어야 한다고 말한다. 즉 덕이 권리보다 더 기초적이라는 것이다. 그는 권리를 이끌어내기 위해서 다음과 같은 방법을 제안한다. (1) 유학의 각 덕에 대하여 각 덕을 수행함에 수반되는 특징적인 의무를 결정한다. 예를 들어 효(孝)를 수행하는 것은 자신의 나이든 부모의 안녕을 돌볼 의무를 수반한다. (2) 이러한 의무에 수반되는 권리 — 우리의 예에서 노부모가 돌봄을 받을 권리 — 는 인권으로 규정된다. 판루이핑은 유학의 특수주의particularism에 입각하여 이러한 과정으로부터 나오는 권리는 "구체적이고 행위자 상대적이며 맥락에 민감하고 역할에 기반한 것"이라고 강조한다.³⁶

권리가 제 기능을 하고자 한다면, 덕에 기반한 편향적 요구를 극복할 수 있는 지위를 가져야 할 것이다. 판루이핑은 권리가 "덕이 실패"할 때 사용될 수 있어야 한다고 주장하지만, 여전히 권리가 기능하도록 허용하는 맥락에서의 덕의 지위에 대해 충분히 설명하고 있지 않다. 두 가지 이유로 나는 판루이핑이 취하고 있는 전략이 이러한 도전에 부합하지 않는다고 생각한다. 첫째, 판루이핑의 인권 견해에는 없는 인권의 힘과 중요성에 필수적인 일련의 특징이 있다. 현대 국가 및 글로벌 기업과 같은 강력한 실체들에 대해 중요한 이익을 보호하기 위해서 인권은 명확하고, 공개적으로 알려지며, 쉽게 집행 가능

---

35 Ibid.
36 Ibid.: 58-60; esp. 60n28을 보라.

하고, 최대한 모호하지 않아야 한다.37 판루이펑의 권리는 그렇지 못하다. 그 대신 그것은 매우 특수하고 심지어 주관적이며, 어떠한 가능한 상황 아래에서는 다른 재화나 이익과 대립적인 관계에 놓여 있다.38 판루이펑의 인권은 개인이 의지할 수 있는 결정적인 보호 장치로서 기능하기보다는 일반적인 안녕과 사회직 질서를 실현하고자 하는 정부의 수단 중 하나에 가깝다. 나의 두 번째 우려에는 판루이펑의 제안뿐만 아니라 "예비[대비책]"로서의 권리 개념에 의존하고 있는 첸과 같은 다른 사람들의 제안도 포함된다. 문제 해결의 주요 메커니즘이 서로 자신의 권리를 주장하는 사회가 심각한 문제를 가지고 있다는 것은 분명히 사실이다. 가장 열렬한 자유주의 사상가들도 이에 동의한다.39 어떤 의미에서 우리 모두는 인권이 대비책이 되어야 한다는 데 동의한다. 즉 상황이 잘못되어 다른 종류의 메커니즘이 도움이 되지 않는 (매우 드문) 상황에서만 인권에 대한 필요가 강조된다는 것이다. 문제는 저스틴 티왈드가 "권리가 인간 행동의 도덕적 윤곽에 영향을 미치는 수동적 방식"이라 부르는 것과 유학이 양립할 수 있는 방법을 찾을 수 있는지 여부이다. 티왈드는 "권리는 주장되지 않더라도 권리가 존재한다는 것만으로도 집단의 역학 관계에 지대한 영향을 미친다"고 지적한다. 권리의식 — 주장 가능한 권리에 대한 인식 — 은 건강한 유학 사회가 기대하는 것과 근본적으로 상충하는 방식으로 감정과 동기를 뒤틀면서 사람들이 서로의 이해관계가 경쟁적 관계에 놓여

---

37 일부 권리, 특히 최소 수준의 경제적 복지에 대한 권리는 특정 맥락에서 시행하기 어려울 수도 있지만 적어도 목표는 분명해야 한다.
38 Ibid.: 61.
39 심지어 인권 주장이 존엄성이나 자존감의 원천으로서 기능할 수 있다는 조엘 파인버그의 잘 알려진 논증도 인권 주장이 상호작용의 주요한 양상이 되어야 한다고 요구하지는 않는다(Feinberg, 1970).

있다고 생각하도록 유도할 수 있다.[40]

나의 결론은 판루이펑(또는 첸)의 접근 방식이 절망적이라는 것이 아니라 그들이 심각한 도전에 직면해 있다는 것이다. 나는 헌법에 의해 어떤 권리가 보호되어야 하는지, 어떤 권리가 인권으로 인정되어야 하는지에 대한 협상에 임하는 유학 연구자들이 판루이펑, 조셉 첸 등이 권리의 내용에 관하여 주장하는 것을 진지하게 받아들이라 생각한다. 그러나 권리의 형태와 출처에 대한 이해와 관련해서는 다른 지점을 살펴야 한다. [이때] 머우쭝싼의 자기규제 개념은 조화로운 세계에 대한 신념을 느슨하게 하지 않으면서도 유학자들이 인권의 가치를 이해하는 방법을 제시한다.[41] [42]

머우쭝싼

어떤 사람들은 머우쭝싼을 "문화적 보수주의자"라고 부른다. 다른 사람들은 그가 유학을 자유민주주의의 모조품으로 바꾸어놓았다고 비판한다. 그러나 나는 머우쭝싼이 "중국을 재사유"하는 진정한 프로젝트에 참여하고 있다고 본다. 그는 자오팅양과 사뭇 다른 조건 아래

---

[40] Tiwald(2011a).
[41] 이 주장에 대한 사례의 일부는 이 장의 나머지에서 설명된다. 하지만 이 책의 결론에서의 자기규제의 심리학에 대한 논의도 보라. 거기서 나는 권리의식의 "수동적 영향" 문제를 더 직접적으로 다룬다.
[42] 나는 5번 입장에 대해서는 아무 말도 하지 않았다. 이러한 결론에 도달한 유학 연구자들이 몇몇 있고 ― Ci(1999)를 보라 ― 인권과 유학이 양립할 수 없으므로 인권을 선택해야 한다고 결론을 내리는 자유주의자들이나 다른 사람들도 많이 있지만, 나는 이런 입장을 취하는 유학자들을 알지 못한다.

에서 사유하고 있다. 왜냐하면 — 다른 철학 학파에 대한 폭넓은 의존에도 불구하고 — 머우쭝싼은 자신이 유학 사상을 자의식적으로 발전시키고 있다고 여겼고, 따라서 그 전통에서 핵심적인 것이라 여기는 것들에 신세 지고 있었기 때문이다. 이전 절에서의 구분에 입각해보면 머우쭝싼은 4번 입장에 해당한다. 그는 유학 전통이 법과 권리의 지위를 이해하지 못하는 것을 포함하여 결함이 있으며, 현대 신유학이 개념적, 규범적 혁신을 통해 이러한 실패를 해결해야 한다고 본다. 머우쭝싼을 비판하는 일부 비평가는 이러한 중국에 대한 재사유의 결과가 사실상 5번 입장에 해당하는 것이라고 보지만, 내 생각에 이는 실수이다. 4번 입장을 머우쭝싼식으로 이해하는 것은 일관되고 매력적이며 탐구할 가치가 있다. 나는 이 점에 대해서 이 책의 다른 부분에서 광범위하게 논의했으며, 사실상 머우쭝싼은 천하 만물의 권리에 대한 유학적 이론을 설명하고자 하는 나의 목표와 관련하여 일부에 해당할 뿐이기 때문에 지금으로서는 그의 주장의 얼개만 간략히 그려볼 것이다. 나는 머우쭝싼의 주장을 받아들인 후에도 잔존하는 문제들을 탐구할 여지를 남겨두고자 한다. 머우쭝싼은 간혹 구체적으로 "인권"을 언급하기도 한다. 그러나 사실상 그는 국내 헌법에 명시된 법률과 권리 같은 윤리적 가치와는 상이한 종류의 "정치적" 제약들에 주로 초점을 맞춘다. 여기서 내 목표 중 하나는 머우쭝싼의 이런 입장이 세계의 더 넓은 영역으로 확장될 수 있는지를 확인하는 것이다.

이전 장들에서 우리는 이미 머우쭝싼의 자기규제와 관련된 논증을 살펴보았다. 상기해보면 그 핵심적인 개념은 (1) 완전한 덕은 공적, 정치적 세계 내에서 실현되어야 한다는 것과 (2) (법과 같은) 객관적 구조 없이는 완전한 덕이라는 공적인 목표에 접근할 수 없다는 것이다. 이 주장이 앞에서 살펴본 4번 입장의 구조를 가지고 있다는 점에 주목하자. 즉 헌법, 법률, 권리는 단지 유학과 양립할 수 있는 것이 아니라, 이러한 객관적 정치구조가 유학이 스스로의 목표를 실현하고자 한다면 반드시 필요하다는 것이다. 머우쭝싼의 주장을 오로지 헌법적 민주주의를 지지하기 위해 만들어진 것으로 보는 것은 적절하지 않다. 오히려 이것은 유학 전통에 대한 내부적인 비판이다. 마치 초기 유학자들이 불교 사상을 차용했다고 해서 그들의 비판을 전통에 대한 외부 비판으로 보지 않는 것과 마찬가지로 그가 헤겔적인 용어를 끌어오고 있더라도 이러한 사실은 바뀌지 않는다. 이와 관련된 추가적인 논의는 2장과 3장을 보라. 여기서는 그의 결론의 정확한 의미, 즉 심지어 성인聖人일지라도 "관련 한계(즉 정치적 세계의 최고 원칙(律則))를 무시할 수 없으며 사실상 성인들은 자신들의 위엄 있는 품성을 바탕으로 이러한 한계들을 실현하는 데 이바지하도록 힘써야 한다"는 것이 어떤 의미인지 살펴보도록 하자. "정치적 세계"가 무엇이며, 최고 원칙이 무엇이고, 우리는 어떻게 이러한 원칙이 무엇인지 정확히 알 수 있을까? 앞에서 지적했듯 이러한 "원칙"은 성인이 내리는 개별적인 윤리적 판단과 구분된다. 이러한 원칙은 일반적이고, 공적이며, 제도를 통해 설명되는 것이다. "정치적 세계"는 올바른 헌법 ― 진정한 법과 권리를 제정하는 헌법 ― 이 가능하게 하는 종류의 정치적 권위에 의해 적절하게 지배된다. 이러한 법들은 머우쭝싼이 사용하는 "정치적 원칙"에 해당하는 주요 예들이다. 그리고 이러한 법들이 민족국가의 헌법적 절차에 의해 확립된 국내법이라는 것을 인식하는 것이 이후의 내 주장에서 중요하다.

나는 국가를 초월하는 인권에 대해서 곧 묻겠지만, 먼저 머우쭝싼이 특정 민족국가의 헌법이 어디에서 유래하는지에 대한 답을 제공한다는 점에 주목해보겠다. 머우쭝싼이 주장하는 핵심적인 역학 관계는 서로 다른 사회계급 사이의 투쟁과 최종적인 협상이다. 그가 어떤 곳에서 말했듯이 "민주정치를 만드는 것은 권리를 얻기 위한 계급 집단의 상호 투쟁과 그 결과에 따라 헌법을 명확화하는 것이다."[43] 머우쭝싼에 따르면 이러한 과정은 서양에서는 발생했으나 중국에서는 발생하지 않았다. 왜냐하면 중국에는 경제적 계급과 정치적 특권층 간의 이론적 상관관계가 없었기 때문이다. 적어도 원칙적으로 정치적 역할은 (예를 들어 관료제하의 관료처럼) 어떤 경제적 배경을 가진 사람이라도 대체할 수 있는 "변수"였다.[44] 즉 개인이 과거제를 통과하기만 하면 되었던 것이다. 현실적으로 가난한 농부의 아들이 부유한 지주의 아들보다 과거를 통과하는 것이 훨씬 더 어려웠고, 그 결과 실제로 중국의 정치체제는 지배계급과 피지배계급으로 경직되었다고 머우쭝싼은 인정한다. "백성(民)"은 어떤 종류의 시민권도 없었다. 하지만 각 개인이 잠재적으로 주도적인 정치적 역할을 수행할 수 있다는 이론은 계속 존재했으며, 이는 어떠한 권리가 집단 구성원에게 보장되어야 할지에 대한 집단 간의 논쟁이 발생할 가능성을 약화시켰고, 결국 공적인 정치적 규칙에 대한 헌법상의 규정으로 이어지지 못했다.[45] 결론은 이해관계에 대한 뚜렷한 관점을 가진 뚜렷한 집단이 있을 때 권리와 법을 만들어낼 수 있고, 권리와 법이 있을 때만 진정한 정치적 권위를 가질 수 있다는 것이다. 집단은 특정한 윤리적 판단에만 의존하는 대신에 제도화된 일반 원칙을 명확히 하는 방향으로 밀어붙이기 때문에 부분적으로 중요하다.

43 Mou(1992: 257); 또한 Mou(1991: 130)도 보라.
44 Mou(1992: 47).
45 또한 Ibid.: 257도 보라.

국내법에 대해 머우쫑싼이 주목한 점의 중요성을 확장하는 것이 이 절에서의 나의 마지막 주제다. 머우쫑싼이 때때로 "인권"에 대한 명시적 언급을 하고 있는 것은 사실이다. 그러나 이러한 언급은 항상 그가 서양 또는 민주적 제도와 연결 지은 다양한 가치의 목록에 포함된다. 그는 어떻게 "인권"이 국내 헌법의 틀에서 제안되는 권리에 관한 일반적 설명과 다를 수 있는지에 대해 아무런 설명도 제공하지 않는다. 우리의 목표에 비추어 볼 때 더 유의미한 것은 "천하 만물"에 대한 머우쫑싼의 논의이다. 머우쫑싼은 모든 개체(個體)가 개별성을 가지지만, 개체의 실천 속에서 리[일관성]가 실현될 수 있다고 주장한다. 구체적인 개체의 실천이 없으면, 사실상 리가 실현될 방법이 없다. 그는 개인, 가족, 국가가 모두 이러한 "개체"의 예들이라고 말한다. 더욱이 머우쫑싼은 "국가들의 실제적인 삶이 결합된" 조직화된 국가들의 집합으로 볼 수 있는 "천하 만물"도 인仁과 리를 나타낼 수 있는 구체적인 "하나의 개체"라고 시사한다.⁴⁶ 머우쫑싼의 언어는 우리가 더 넓은 종합에 기반한 개체, 특히 천하 만물로 이동함에 따라 다양한 관점을 종합하는 과정이 떠오르는 개체를 리를 향해 나아가게 할 것이라고 강력하게 시사한다. 하지만 머우쫑싼은 인간의 삶과 가치를 오직 "천하 만물" 개념으로 포착할 수 있다고 생각하는 것은 적절하지 않다는 것도 함께 강조한다. 그는 "도덕적 실천의 과정에서 도덕 관계의 실현은 천하 만물로 확장되기 전에 반드시 가족과 국가의 승인을 통과해야 한다"고 서술한다.⁴⁷ 만약 우리가 단순히 천하 만물의 층위에서 무언가를 수행하고자 한다면 — 20세기 초반 유토피아적 유학자였던 캉유

---

46 Mou(1992: 59). 유용한 논의로는 또한 Chan(2008: 79-81)도 보라.
47 Ibid.: 61.

웨이와 공산주의자들이 그랬던 것처럼 — 우리는 실제로는 인위적이고 외부적인 규범을 강요하는 것이 될 것이다. 우리는 실제 인간의 삶과 우리가 견지한 가치의 주관적이고 핵심적인 의미와의 연결을 잃게 될 것이다. 우리는 머우쫑싼의 "천하 만물"에 대한 이해에 대하여 두 가지 결론을 내릴 수 있다. 첫째, 그것은 매우 포괄적이지만 구체적인 보편적 실재concrete universal("국가들의 실질적 삶"으로 구성된 "개체")이다. 둘째, 그러한 개체는 국가와 가족 같은 하위 수준의 구체적인 개체의 상호작용에서 나타날 때 머우쫑싼에게 의미가 있다.

종합과 발전: 천하 만물의 권리

이제 정리할 시점이다. 나는 인권에 대한 현재의 국제적 논의가 직면하고 있는 주요 과제 중 하나를 소개한 후, 두 명의 중국 철학자 — 두 사람 모두 "중국을 재사유하기"에 헌신했지만 그중 한 명만 유학 연구자라고 스스로 인정했다 — 의 사상을 통해 인권에 대한 유학적 이론을 설명하는 데 필요한 자료를 수집할 수 있고, 나아가 유학의 중심 개념인 "천하 만물의 권리"가 민족국가와 관련된 최근의 난제에 대한 해결책을 제시할 수 있을 것이라고 제안했다. 자오팅양에게서 우리는 "중국을 재사유"하는 방법론적 틀과 세계의 관점에서 세계에 대해 말할 수 있는 추정적인 방법으로서의 "천하 만물" 개념을 얻었다. 한편 자오팅양은 정의와 관련된 특정한 주장에 대해 인권의 우선권을 정당화하는 방법이 없다고 보았으며, 하나의 세계정부를 만드는 유토피아적인 틀에 전념했던 것으로 보인다. 윤리적 가치와 정치적 가치를 구분하고, 윤리적 가치는 오직 "자기규제"를 통해서만 완전히 실현될 수 있다는 점에서 윤리적 가치와 정치적 가치가 간접적으로 연결되어 있다고 본 머우쫑싼의 생각은 권리 주장의 우선순위를 이해할 수 있는 방법을 제시했다. 머우쫑싼은 자오팅양이 말한 것과 몇몇 중요한 지점에서 — 특히 가족, 민족국가, 천하 만물이 각각을 구체적인 "개체"로 이해할 때의 상동관계에서 — 유사한 천하 만물 개념에 대해 간략히 논의하지만, 머우쫑싼의 정치적 사유에서 천하 만물 혹은 인권은 중요한 역할을 하지 않는다. 그는 국가와 그 국가의 헌법, 법률, 권리에 더욱 초점을 맞추고 있다. 머우쫑싼은 헌법이 어떻게 나타나고 정당화되는지에 대한 몇몇 견해를 제시하지만, 그는 자신의 생각이 어떻게 국제적 혹은 세계적 맥락으로 확대될 수 있는지에 대해서는 거의 말하지 않는다.

이러한 토대를 쌓는 과정에서 먼저 세계를 세계의 시각으로 바라본다는 생각에 집중해보자. 천하 만물의 관점에서 천하 만물을 바라본다는 것이 무엇을 의미하는가? 천하 만물에는 세 가지 측면, 즉 지리적인 것, 심리적인 것, 제도적인 것이 있다는 것을 상기해보자. 지리적인 것에 대해서는 언급할 필요가 거의 없다. 이것은 단순히 천하 만물의 범위가 전체 세계에 해당한다는 것을 의미한다. 자오팅양에게 심리적 측면과 제도적 측면은 서로 상당히 분리된 것으로 보인다. 즉 백성의 심리적 지지를 나타내는 제도적 장치가 없어도 세계를 대표하는 제도(예를 들어 주나라의 "천자", 왕족, 신하)가 있을 수 있다. 초기의 유학적 사유에 따르면 백성들의 지지는 매우 중요하지만 그들은 자신들의 발feet로 "투표"한다. 즉 백성들은 좋은 지배자를 찾아서 이주하고, 나쁜 지배자로부터 도망친다(혹은 저항한다). 만약 세계가 평화롭고 조화롭다면, 이것은 천자가 정당성을 가진다는 것을 의미한다.

하지만 우리는 3장에서 정치적 권리에 대한 초기 유학적 개념에 심각한 긴장이 있음을 보았다. 이는 개개의 평범한 사람들이 그들과 그들의 공동체에 좋은 것이 무엇인지 판단할 수 있는 능력을 주장하면서도 동시에 부정하는 것처럼 보인다. 이 점은 내가 방금 서술한 주나라 정치제도에도 반영되어 있다. 즉 백성은 정치가 추구해야 하는 것에 대한 실제적인 의견을 가진다기보다 오직 정당성에 대한 반응적 표지로 기능했을 뿐이다. 나는 유학의 정치 권위를 둘러싼 이 문제에 대한 해결책이 사람들(民)에게 더욱 완전하게 권위를 부여하는 것이라고 믿는다. 여기서 "사람들"은 반응적 집단이라기보다는 모든 개인의 총체이다. 우리 각자는 이상적으로 조화로운 (즉 리를 달성하는) 방식으로 어떻게 우리 모두가 함께 어울릴 수 있는지에 대한 독특하고 가치 있는, 물론 제한적이기도 하지만, 관점을 가지고 있기 때문에 이 권위 있는 실체의 일부가 될 것이다. 따라서 "사람들"은 하늘의 뜻을 수동적으로 보여주는 지표가 아니라, 진정으로 가치 있는 것에 대한 우리의 최선이자 정말 유일한 접근 수단으로 기능하게 될 것이다.

   만약 정치적 권위에 대한 유학의 개념을 수정하고자 하는 나의 제안을 받아들인다면, 우리는 천하 만물의 심리적 측면과 제도적 측면에 대해 — 특히 이 두 측면의 관계에 대해 — 재고해야 한다. "제도적인" 것은 권위를 가진 세계적 제도뿐만 아니라, 그 제도와 규범이 확립되고 권위를 유지하는 과정도 포괄해야 한다. 이와 관련하여 머우쭝싼이 도움이 될 수 있다. 국내 헌법과 관련된 맥락에서 우리는 이익에 대한 고유한 관점을 가진 개별적 집단이 있어야만 권리와 법을 도출해낼 수 있음을 살펴보았다. 집단 사이의 협상은 제도화된 일반적 원칙들의 명시화를 촉진한다. 따라서 우리는 세계에 대한 고유한 관점을 가진 집단들 — 경제적, 문화적 혹은 다른 배경을 가진 집단들 — 이 국제적인 규범을 명시화하는 과정에 참여할 수 있는 방법을 모색해야 할 것이다. 그렇게 되면 집단들이 동의하는 권리나 법은 천하 만물에 의해, 천하 만물을 위해 승인된 권한을 가지게 된다. 달리 말해 세계를 세계의 관점에서 보는 것은 우리로 하여금 하나의 관점을 보편화하는 것이 아니라 포괄적인 과정을 통해서 보편적이고 세계적인 관점에 도달할 것을 요구한다. 나는 천하 만물의 권리에 대한 이러한 유학적 관점이 권리의 목록이 이미 존재하는 유학적 가치들로부터 단독으로 혹은 직접적으로 도출되는 것이 아님을 보여준다고 분명히 말하고 싶다.[48]

나는 자오팅양이 자신의 야심 찬 목표를 향한 구체적 길을 제시하지 않는다고 비판받았던 점을 언급했다. 내가 여기서 제시하는 관점도 그와 같은 비판을 받을까? 어떤 사람들은 모든 사람의 권리에 대한 합의로 이어지는 포용적인 과정에 의존하는 것은 정말 순진하다고 생각할 것이다. 그러나 반대로 나는 이러한 과정이 이미 잘 진행되고 있음을 말하고 싶다. 유엔, 세계인권선언(UDHR) 그리고 제2차 세계대전 이후 협상된 많은 인권 조약은 완벽하지는 않지만 총체적으로 천하 만물의 관심을 필요로 하는 그런 종류의 과정을 잘 보여주고

[48] 다시 말해 이 유학적 견해는 특정 도덕적 가치 개념의 보편화를 통해 인권에 도달하는 코스모폴리탄적 자유주의 견해와 상당히 다르다. 몇 가지 관련 논의에 대해서는 Zhao(2006b)를 보라. 나의 유학적 견해 또한 존 롤즈의 "만민법"과 다르다. 롤즈는 특히 다른 사람들의 전통에 대한 존중의 증진을 목표로 삼고 있으나, 만민법은 자유주의적 관점에서 생성된다. 다른 사회는 "괜찮은" 사회로 간주될 수 있지만 보편적 규범을 공식화하는 데는 참고하지 않는다(Rawls, 1999). 비크후 파레크의 "비민족 중심적 보편주의"(Parekh, 1999)는 내가 지지하는 견해와 몇몇 유사점을 가진다. 한 가지 중요한 차이점은 나는 여기서 유학자들이 천하 만물의 권리를 지지해야 할 이유를 제시하는 반면 파레크는 모든 특정한 관점 또는 아마도 어떤 특정한 관점도 아닌 관점에서 나온 이론을 제안하고자 한다는 것이다.

있다. 앞에서 언급했듯이 자오팅양은 유엔에 대하여 상당히 회의적이다. 그가 "유엔은 세계를 통치할 수 있는 실질적 힘을 가진 기구가 아니라 각국의 이익을 협상하고 흥정하는 기구일 뿐이다. 따라서 모든 사람이 자신의 이익을 극대화하는 데만 관심을 가진 합리적이고 이기적인 존재로 정의되기 때문에 유엔은 결코 진정한 합의를 이끌어낼 수 없다"[49]고 말한 것을 상기해보자. 자오팅양은 "합리적 대화"를 촉진하려는 유엔의 노력을 인정하지만, (세계처럼) 모두가 헌신하는 더 넓은 실체가 없다면 "이해"조차도 "수용"과 합의로 확실히 이어질 수 없다고 지적한다. 더욱이 유엔은 실제적인 권력이 없기 때문에 단일한 초강대국의 세계 지배에 저항할 수 없다.

이러한 비판 중 일부는 받아들일 만하지만, 나는 이러한 주장이 상당히 과장되었다고 본다. 유엔은 회원국들로 구성된 기구이기는 하지만 처음부터 그 이상의 역할을 해왔다. 유엔헌장에 따르면 유엔은 부분적으로 "후속 세대를 전쟁의 재앙으로부터 구하기 위하여" 그리고 "더 큰 자유 속에서 사회적 진보와 더 나은 기준을 증진하기 위하여" 설립되었다. 유엔의 많은 위원회와 사무국은 공통의 목표를 발견하고 추구할 수 있는 공간이자, 자국의 이익만이 아니라 전 세계를 바라보는 공공 정신을 가진 개인들을 위한 훈련장이었다. 내가 처음에 언급했던 "보호 책임"을 분명히 표현하려는 개인들의 노력은 유엔의 조직 내에서 개인들이 단지 자신의 이익에 초점을 맞춘 이기적인 존재자들로만 이해되지 않는다는 확실한 증거이다. "책임" — 주권국가와 국제사회의 "책임" — 이라는 바로 그 개념은 단순히 개인에 대한 것이라기보다 분명 관계에 대한 것이다. 또한 세계인권선언에 상호 기

---

[49] Zhao(2009b: 16).

여한 많은 관점과, 기존의 그리고 새롭게 등장하는 인권 조약과 관련된 복잡하고 다양한 소통과 협상의 과정을 살펴보면, 현 인권 체제가 자오팅양의 비판이 시사하는 것보다 훨씬 더 유의미하다는 것은 분명해 보인다. (예를 들어 "형제애"에 대한 언급은 중국 대표 P. C. 창의 요청에 의해 세계인권선언의 1조에 삽입되었는데, 그는 이를 통해 유학적 개념인 인(仁)을 나타내고자 했다.)⁵⁰ 자오팅양과 머우쭝싼이 모두 언급하듯 천하 만물은 추상적인 것이 아니라 구성 집단들 간의 상호작용을 통해 등장하는 구체적인 실체이다. 이러한 구체적인 보편자는 이론가들에 의해 존재하게 되는 것이 아니다. 개인들 간의 조정된 상호작용만이 이를 존재하게 한다. 유학자들이 리와 같은 이상을 구체적으로 실현하는 데 관심이 있는 한 인권 체제에 참여해야 할 것이다. 유학자들의 도덕적, 형이상학적 입장은 그들 스스로에게 천하 만물의 권리의 가치와 인식 가능성에 대한 확신뿐만 아니라 이를 지지해야 하는 확고한 이유를 제공한다.⁵¹

자오팅양은 "유학자"로서 글을 쓰지는 않았지만 천하 만물의 관점에 대한 그의 강조는 유학자들이 국가와 세계 사이에서 잘못된 이분법으로 보는 것을 넘어서서 국제적 인권 담론을 진전시키려는 노력의 일환으로, 인권에 대해 말해야 할 것을 명확하게 설명하기 위해 맞춤

---

50 Chang(2001: 209).
51 여기서 내가 강조하는 것은 유학 및 인권의 개념과 과정 사이의 관계에 관한 것이다. 이 장에서 내가 한 말의 일반적인 취지와 조금 전 최초의 세계인권선언문 초안 작성에 참여했던 P. C. 창에 대한 나의 언급은 유학자들이 현존하는 인권 협정의 내용을 대체로 지지할 것이라는 점을 시사하기 위한 것이었다. 나는 유학적 관점이 기존 목록과 권리 공식화의 특정 결점을 강조할 수 있다는 생각에 확실히 열려 있다. 이 논의에 대해서는 Chan(1999)과 Bell(2006: 76-78)을 보라.

제작되었다. 유학자들은 친밀하고 국소적인 집단(전형적으로 가족)에 대한 책임을 큰 가치로 여기며, 더 넓은 관계망의 중요성 또한 인정한다. 리를 찾고자 하는 것은 정확히 이처럼 서로 다른 종류의 책임 사이의 균형과 조화를 이루는 방법을 찾고자 하는 것이다. 또한 더 넓은 관계망 자체도 매우 다양하다. 머우쭝싼은 우리의 국적이 우리의 도덕적, 정치적 정체성에 있어 중요하지만 천하 만물 안에서의 우리의 위치(그리고 천하 만물에 대한 우리의 관점) 역시 중요하다고 보았다. 우리는 동료 인간에 대한 도덕적 책임이 있으며, 세계적인 규모의 정치 제도가 있기 때문에 모든 인간과 함께 천하 만물의 권리를 공유한다고 말할 수 있다.

6장
윤리도 법도 아닌 유학적 예

"예ritual", "예절propriety", "예의civility"는 모두 내가 지금까지 거의 언급하지 않은 중요한 유학 개념 — 중국어로는 예禮¹ — 에 대한 가능한 번역어이다.* 예의 중요성에 대해 강조하는 것은 특히 현대유학 부흥 운동가들과 제도적 유학자들의 많은 연구의 핵심이다. 반면에 머우쫑싼과 많은 칸트적 현대 신유학자들은 예를 충분히 진지하게 다루지 않는다는 이유로 (특히 제도적 유학자들로부터) 비판을 정기적으로 받아왔다. 나는 머우쫑싼에 대한 이러한 비판에 부분적으로 동의한다. 진보적 유학은 예가 건설적인 역할을 할 수 있도록 머우쫑싼이 수용할 수 있는 것보다 더 넓은 여지를 마련할 필요가 있다. 동시에 예나 예의가 우리의 전반적인 철학에서 수행해야 할 역할에 대하여 과장하지 않아야 한다. 이는 윤리와 법이 수행하는 독특하고 똑같이 중

---

1   발음이 같지만 [理와 禮는 중국어 발음이 li로 같다] 예는 내가 "일관성"으로 번역하는 리와는 완전히 다른 단어이다.
*   이 장에서 ritual은 '예禮(li)'를 의미하는 경우 '예'로, 그 외는 '의례'로 옮긴다. 또한 ritual propriety도 '예'로 옮긴다. 그 외에 propriety는 예절, civility는 예의, ceremony는 의식으로 옮긴다.

요한 역할과 균형을 이뤄야 한다. 이 셋은 함께 진보적 유학이 의지하고 있는 삼각대를 형성한다.

토머스 메츠거는 전통적 유학과 현대적 유학을 통틀어 중국의 정치적 사상에 대한 가장 통찰력 있는 분석을 제시하는 사람 중의 하나이다. 그는 전형적으로 도발적인 방식으로 "예의 바른 사람이라면 누구나 실천할 수 있는 행할 수 있는doable 덕"이라는 주제를 제기한 다음 이렇게 주장한다.

> 이러한 덕은 향원적 도덕鄉愿的道德(존경받는 사람으로 보이려고 하지만 실제로는 옳은 일을 하려는 의지가 없는 사람의 도덕성)이라는 터무니 없는 용어를 만들어내지 않고는 중국어로 개념화조차 될 수 없다. … 하지만 서양에서는 정치적 삶의 영구적인 불협화음을 인정하는 문화적 맥락 속에서 [행할 수 있는 덕이] 강조되어왔다. 따라서 공적 삶에서의 덕은 이기적인 이익 추구에서 자유로운 사회적, 정치적 삶을 실현해야 할 필요성을 함축하지 않고도 강조될 수 있었다. 실제로 어느 정도 예의 바른 사람의 공적 덕으로서의 "예의civility"는 중국어로 번역될 수 있는 단어가 아니다.[2]

만약 메츠거가 맞다면, 유학철학자들로부터 예의에 대하여 무언가를 배우고자 하는 우리의 시도는 시작도 하기 전에 좌초되는 것처럼 보인다. 그리고 그의 말에는 상당한 진실이 담겨 있다. 『논어』와 『맹자』는 모두 "향원", 즉 향촌 토호에 대해 분노하는데, "향촌 토호들"에 대한 피상적인 존경심이 그들 자신과 공동체의 다른 사람들을 위한

---

2 Metzger(2005: 705).

더 많은 도덕적 진보의 가능성을 약화시키기 때문이다.³ 만약 향원이 유학자들이 개념화하고 있는 "행할 수 있는 덕"을 대표하는 유일한 것이라면 실제로 유학적 예의와 같은 것에 대해 말하는 것은 어려운 일이 될 것이다. 그러나 메츠거 스스로도 인정하듯 행할 수 있는 덕에 대한 언급이 위대한 철학자들의 저작에 많이 등장하지는 않지만, 대중적인 "유학적 중국" 내에서 "단순히 예의 바른 사람들의 덕"에 대한 강조를 좀더 찾을 수 있다.⁴ 사실 나는 철학자들이 종종 내가 최소주의적 예(예ritual 또는 예절propriety)의 감각이라고 부르는 것을 의식했으며, 이러한 생각이 "행할 수 있는 덕"이라는 개념과 잘 부합한다고 주장할 것이다. 물론 여기에는 잠재적인 혼란이 있다는 것을 인정해야 한다. 왜냐하면 예절propriety에 대한 최대주의적 독해를 지지하는 증거들도 같은 문헌들 내에서 찾을 수 있기 때문이다. 이 장의 과제는 다음과 같다. 즉 내가 지지하는 예의 "최소주의적" 개념을 설명하고 옹호하며, 이러한 종류의 접근 가능한 "예의civility"가 ― 윤리적, 법적 규범과 구별되는 방식으로 ― 현대유학의 정치철학에 어떻게 중요하게 기여하는지 보여주는 것이다.

예의 변천

예에 대한 관심은 사실상 모든 유학자의 사유와 실천의 중심이었

---

3 『논어』「양화」13과 『맹자』「진심」하 37. 고려할 만한 논의는 Angle(2013)을 보라.
4 메츠거는 자세히 설명하지는 않지만 학자인 패트리샤 이브리의 저작을 언급한다. 그는 아마도 Ebrey(1984; 1991)와 같은 저작들을 염두에 두고 있는 것 같다.

다.⁵ "예"는 단지 형식적 의식ceremony을 의미하는 것이 아니고 우리가 어떻게 서로 상호작용하는지를 규제하는 다양한 사회적 규범을 포함한다. 현대 세계에서 우리는 예를 가족 식사, 낯선 이와의 인사, 위원회 회의 등 다양한 상황에서 발견한다. 유학자들에 따르면 번영하는 사회에는 예의 질서가 확립되어 있다. 예에 따라 사는 개인은 짐승이 아니라 인간이다. "양식patterning(文)"은 문화, 공동체, 문명을 가능하게 하는 예에 기반하여 형성된 고유한 활동들이다. 그러나 몇 가지 일반적인 동의에도 불구하고 예에 대한 유학적 가르침을 자세히 살펴보면 몇 가지 중요한 차이점 — 특정 시대에 논의되었던 문제와 시간이 지남에 따라 변화하는 일반적인 경향 — 이 드러난다. 예의 적절한 지위에 관한 앞으로의 논의의 맥락을 제공하기 위하여 유학의 긴 역사 속에서 제기된 핵심 문제들 몇몇을 살펴보는 것으로 시작하는 것이 도움이 될 것이다.

『논어』에 이미 예의 체계가 수행할 수 있는 두 역할 사이의 긴장이 보인다. 한편으로는 내가 예의 역할의 최대주의적 개념이라 부르는 것이 있다. 이런 입장에 따르면 예의 적절한 제정enactment은 개인의 수양 및 사회적 완벽함과 관련된 프로그램 전체를 포함한다. 이것은 스승(예 공자)이 "자기를 극복하고 예(禮)로 돌아가는 것이 인(仁)이다"라고 말할 때 가장 유명하게 표현된다.⁶ 인은 윤리적 성취의 정점이므로 만약 예로 돌아가는 것이 인을 성취한다는 의미라면 예는 분명 최대주

5   세부 사항은 물론 더욱 복잡하다. 예를 들어 만약『논어』의 구성에 대한 브룩스Brooks의 재구성을 따른다면 — 나는 이 재구성의 일반적 개요를 받아들인다 — 예ritual는 이 문헌의 초기 층위의 명시적 관심사가 아니다(Brooks & Brooks, 1998). 예를 유학 학파의 초기 실천의 중심이라고 보는 대조적인 견해로는 Eno(1990)를 보라.
6   『논어』「안연」1.

의적 역할을 하는 것이다. 예를 획득하기만 하면 ― 물론 이는 어렵고 흔치 않은 일일 테지만 ― 더 이상 해야 할 일이 없다. 다른 한편으로는 예가 수행하는 것으로 보이는 최소주의적 역할을 감지할 수도 있다. 『논어』의 또 다른 유명한 구절에서는 강제적이고 처벌에 기반한 통치는 실패할 수밖에 없지만, "[백성을] 예로써 규제하는 것"은 그들로 하여금 부끄러움을 알게 하고 스스로 나아질 수 있도록 한다고 말하고 있다.⁷ 이 맥락에서의 예는 윤리적 성취의 절정을 나타낸다기보다는 백성들이 배울 수 있는 무엇인가이다.⁸ 물론 그것[예]은 백성들에게 긍정적인 영향을 미친다. 하지만 백성들이 받은 의례적인 가르침의 결과로 이제 모든 사람이 성인으로 간주될 수 있다고 결론 내리기는 어려워 보인다.

전통이 축적될수록 많은 견해가 형성되었다. 특정한 고전들로부터 찾을 수 있는 예에 대한 최대주의적 경향의 설명에 기반하여,⁹ 몇몇 후대의 정치사상가는 예를 그들의 중심 개념으로 삼았다. 알랜 우드에 따르면 송나라 문인 손복孫復(992-1057)에게 "'예'는 절대적인 도덕 원칙의 외적 표현으로 생각되었으며, … [그러므로] 예를 어기는 것은 단지 인간의 질서를 어기는 것이 아니라 보편적 질서에 대한 훼손이

7 『논어』「위정」 3.
8 이 구절을 읽으면서 여기서는 통치자와 백성 모두가 상호 보완적이고 반응적인 방식으로 예를 제정하는 것으로 상상되고 있다는 것을 알 수 있다. 여기서 나의 생각을 명확히 하도록 나를 격려해준 빌 하니스Bill Hanies에게 감사한다. 우리의 대화는 warpweftandway.com/minimal-versus-maximal-ritual에서 볼 수 있다.
9 내가 이미 논의한 『논어』「안연」 1 외에 다른 주요 구절로는 『순자』「예론」("예를 통하여 하늘과 땅이 조화를 이룬다…")과 『좌전』의 "예는 하늘의 불변의 원리이다(天地之經)…"라는 말이 포함될 것이다(「주공」 25; cf. Legge, 1985: 708).

기도 하였다."¹⁰ 하지만 신유학 운동의 주요 철학자들은 예와 예가 끌어내도록 고안된 그 이면의 리를 구분하는 경향을 보였다.¹¹ 예를 들어 장재張載(1020-1077)는 "예는 리이다. 리를 이해하는 법을 먼저 배워야 한다. 예는 [리에 따르는] 옳은 것을 실천하는 방법이다 … 예는 리 이후에 오는 것이다"라고 주장한다.¹² 가장 영향력 있는 신유학자인 주희는 더욱 최소주의적인 방향으로 나아간다. 그는 장재가 예를 지나치게 강조했다고 비판하며, 예가 개인적 변화에 대한 하나의 길을 제공하기는 하지만 유일한 수단은 아니라고 주장한다.¹³ 하지만 주희는 여전히 예를 매우 유용하고 범용성이 있는 교육적 메커니즘이라고 생각하며, 후기 제국 시대[송나라]*에 예와 관련된 가장 중요한 매뉴얼인 『주자가례朱子家禮』를 집필하였다.¹⁴

신유학자들의 시대 이래로 최대주의와 최소주의적 견해 사이의 진자운동pendulum이 수 세기 동안 계속되었다. 청나라 시기(1644-1911) 많은 사상가의 저술에서 강력한 최대주의적 견해들을 찾을 수 있다.

10 Wood(1995: 103-105).
11 내가 "일관성Coherence"이라고 번역하는 중국어 용어는 "예"처럼 "리li"로 발음하지만 완전히 다른 단어이다. [리의] 다른 일반적인 번역어는 "패턴pattern"과 "원리principle"이다. 일관성[리] 개념은 3장에서 설명했다.
12 Bol(2008: 238)에서 인용함. 장재의 예에 대한 추가적인 이해에 대해서는 Kasoff (1984: 81-82, *passim*)를 보라.
13 Angle(2009: 146).
*   저자는 이 표현을 통해 송나라, 명나라, 청나라를 각각 가리키거나 모두 가리킨다. 일단 후기 제국 시대라는 표현을 그대로 옮겼으나 어느 나라인지 확실한 경우 병기한다.
14 번역은 Zhu(1991a)를 보라. 이 주제에 대한 이브리의 단행본은 매우 귀중한 자료이다(Ebrey, 1991). 『가례』에 대한 볼의 논의도 도움이 되며, 신유학자들의 의례와 제도의 역할에 대한 그의 광범위한 논의도 도움이 된다(Bol, 2008: 239-241, *passim*). 주희가 지적한 대로 예가 개인적 "소학"에서 수행하는 역할에 대한 중요한 논의는 Angle(2009: ch. 8)을 보라.

그들은 신유학자들이 전통에 대해 지나치게 주관적인 독해를 전개했다고 느꼈으며, 이 주관주의가 만주족의 침략으로 명나라가 무너지는 데 책임이 있다고 생각했다. 예 순수주의ritual purism을 향한 이러한 운동의 대표적인 주창자는 능정감淩廷堪(1757-1809)이었다. 그는 "성인의 도는 오직 예(禮)일 뿐이다"라고 선언하였다.[15] 능정감은 일반 사람들이 명시적인 예의 지도 없이 예절을 인식할 수 있는 능력을 가졌다고 전혀 생각하지 않았으며, 심지어 성인이 실수할 가능성에 대해서 우려하기도 하였다. 그 결과 고대 경전에 기록된 예를 철저히 고수하도록 요구하는 엄격하고 권위주의적인 윤리가 나타났는데, 이는 적어도 이러한 모호한 경전들을 능정감이 해석했기 때문이다.[16]

1911년 청나라가 무너지고 공화국 시대가 도래하자, 예 순수주의는 점차 공격을 받았다. 20세기의 대부분의 유학철학자들은 ─ 탕쥔이와 머우쭝싼 같은 주요 현대 신유학자들 포함하여 ─ 예보다는 인과 같은 윤리적 이상을 더 많이 강조했다. 제도와 관련해서 보자면 재구축된 민주적 정치를 정당화하기 위하여 유학을 어떻게 이해할 수 있는지에 초점이 맞추어졌다. 물론 예가 20세기 유학의 관심에서 완전히 멀어진 것은 아니었다. 도덕교육 프로그램의 일환으로 유학의 예와 실천의 중요성을 주장하기 위한 일부 노력이 있었으나, 이것은 최소주의적 방식이었다. 예를 들어 현대 신유학자인 쉬푸관은 『예기』의 다소 애매하게 여겨지던 편篇에 상당한 강조점을 두었다. 『예기』「표기」편의 다음과 같은 통찰은 공자 덕분이다.

---

15   Chow(1994: 191).
16   Chow(1994: 196-197).

오랫동안 인의 완전한 성취는 어렵고, 오직 군자만이 할 수 있는 것으로 이해되었다. 그러므로 군자는 그가 홀로 얻을 수 있는 것에 의거하여 백성들을 비난하거나 수치스럽게 하지 않았다. 성인이 행위의 규칙을 정할 때, 그는 자신을 규칙으로 삼는 것이 아니라 백성들이 자신들을 자극하여 노력하고 실패하면 수치심을 느낄 수 있게 함으로써 성인의 말을 실천에 옮길 수 있도록 했다. [그러므로 성인은] 예가 행위를 규제하도록 하고 선한 믿음이 백성들을 결속하고 올바른 행실이 예를 표현하도록 하고(文) 예복으로 예를 구분하고 우정으로 예를 완성하게 하신 것이다.[17]

모든 "백성"이 원리상 "군자"가 될 수 있다고 믿더라도 특정 시점에서 그들은 아직 거기에 이르지 못했다는 것이 분명하다. 즉 이것은 그들이 군자가 자기 자신에게 부여하는 높은 수준의 인간성에 곧장 부합할 수 없다는 것을 의미한다. 그러므로 만약 질서를 바란다면 사람들에게 요구할 수 있는 더 낮고 (그렇지만 사소하지는 않은) 현실적인 기준이 필요하다. 이 글에 따르면 이와 같은 종류의 기준은 예의 관점에서 이해될 수 있다. 요컨대 우리가 서로에게 요구할 수 있는 것은 최소주의적 의미에서의 예일 뿐이다.[18]

그러나 지난 10여 년 동안 최대주의적 주제에 관한 목소리가 점점 커지고 있다. 이에 몇몇 학자는 중국에서 일어나고 있는 현대유학 부흥에서의 강력한 "근본주의 경향"에 대해 언급하고 있다.[19] 예를 들어

17 Wang(1980: 853); cf. Legge(1967: 336).
18 덕 정치가 사회에서 실현될 수 있는 수단으로서의 예에 대한 쉬푸관의 이해와 관련된 추가적인 내용은 Xu(1980: 52)와 Elstein(2015: ch.4)을 보라.
19 Huang(2009a).

나는 다른 곳에서 홍콩의 철학자 판루이펑이 자신의 "재건주의 유학"의 가치들을 전통적 중국의 관행들과 매우 밀접하게 결합하기 때문에 그는 전 세계적으로 점점 거부되고 있으며 유학적 가치에서도 분명한 정당성이 없는 차별 형태를 지지할 위험이 있다고 주장한 적이 있다.[20] 적어도 ― 유학의 오랜 역사 속에서 그랬던 것처럼 ― 현대유학 내에서의 예의 역할이 논쟁의 대상이라 말할 수 있다.[21]

최대주의의 문제

유학의 전통 내에서 예의 범위와 중요성이 논란이 되어왔기 때문에 현대의 어떤 유학 연구자도 현대 세계에서 전통적 예를 어떻게 해석하면 좋을지에 대한 분명한 대답을 제시할 수 없다. 그 대신에 우리는 예의 현대적 역할에 대한 설득력 있는 비전에 도달하기 위해 전통 외부에서 찾을 수 있는 관련된 주장뿐만 아니라, 전통 내에서 찾을 수 있는 다양한 입장과 이유를 깊게 살펴보아야 한다. 청나라 사상가인 방동수方東樹(1772-1851)로부터 유래하는 청나라의 최대주의적 엄격주의에 대한 비판으로 시작해볼 수 있을 것이다. 방동수는 능정감과 같은 엄격주의자들이 리를 추구하는 것을 금지하고 "그 대신에 가르침의 도구로서 예에만 의존한다"고 우려한다. "그들이 예라고 부르는 것은 후대 학자들이 쓴 해설과 주석에 기록된 사물의 이름, 제도에 불과

---

20 Angle(2010a).
21 유학적 예의 의미와 중요성에 대한 논의는 중국에 국한된 것이 아니다. 예를 들어 Neville(2000)에서 예의 의미에 대한 해석 및 보스턴과 그것의 관련성에 대한 논증을 제공한다.

하다."²² 다시 말해 엄격주의자들의 문제는 순수하게 서술적인 방법론 — 특정 예가 무엇인지에 대한 연구 — 을 사용하여 당대의 행위에 대한 규범적 표준을 만들려고 한다는 것이다. [엄격주의자들의 입장은] 예가 조정될 필요가 있고, 그래서 — 리와 같이 — 조정을 가능하게 하는 무엇인가를 필요로 한다는 점에서 문제가 있다. 예 자체는 궁극적인 기준이 될 수 없다. 이 논리는 새로운 시대의 요구가 변화를 필요로 할 때와 우리가 일련의 새로운 상황에 직면할 때마다 모두 적용된다.²³ 유학의 고전인 『맹자』는 예가 형수의 손을 잡는 것을 금지하고 있을지라도 만약 그녀가 물에 빠진 경우라면 당연히 손을 뻗어 그녀를 구해야 한다고 전하고 있다.²⁴ 이것은 "재량권(權)"을 발휘하는 것이다. 예는 보통 신뢰할 만한 지침이지만, 언제 어떻게 예를 수정하거나 중단해야 하는지 판단하는 것 자체는 예의 문제가 될 수 없다.

우리는 일종의 유학적 예 중심주의를 발전시키려는 잘 알려진 현대의 노력, 즉 로저 에임스가 데이비드 홀 및 헨리 로즈몬트와 함께 발전시키려는 연구 — 홀과 로즈몬트가 현재 "역할 윤리"라고 부르는 것 — 에서 비슷한 문제를 볼 수 있다. 언뜻 보면 에임스의 듀이식 유학

---

22 Chow(1994: 201) 인용.
23 『논어』는 이 문제에 대한 두 가지 다른 독해를 인정할 것이다. 예의 변화를 명시적으로 언급하는 구절들은 변화를 판단하는 기준을 똑같이 명시적으로 제시하지 않으며, 몇몇 구절(예를 들어 「팔일」 9, 14, 「위정」 23)은 근본적인 기준이 없다는 제안으로, 즉 단지 예의 진화의 변천을 따른다는 제안으로 읽힐 수 있다. 하지만 「자한」 3에서 공자는 어떤 변화는 허용되는 반면 다른 변화는 허용되지 않는다는 점을 분명히 하고, 새로운 예가 근본적인 도덕 감정을 성공적으로 표현하는지가 기준이 된다는 것을 암시한다. 또한 적절한 도덕 감정이 예의 기반이라는 「팔일」 3과 4에서의 제안과 「팔일」 1에서의 거짓된 예에 대한 공자의 비판을 보라.
24 『맹자』 「이루」 상 17.

은 능정감의 엄격주의와 대척점에 서 있는 것처럼 보인다. 에임스는 예의 실천이 가지는 "창조적인 개인적 측면"을 강조한다. 즉 "예는 스스로의 문화적 중요성을 기입하고, 발전시키고, 나타내는 유연한pliant 몸인 것이다." 결과적으로 "예를 단순히 외부의 패턴이나 규범에 대한 수동적 존중deference으로 이해해서는 안 된다." 개인이 예에 참여하는 것은 "수양하는 개인의 통찰을 구체화하는 수단으로, 개인이 독특한 관점에서 공동체를 개혁할 수 있도록 한다."[25] 이러한 입장에 따르면 개인이 예를 형성하는 방식에 대한 이 설명은 아주 통찰력 있는 것으로 보인다. 공동체를 개혁하고자 하는 노력의 일환으로 예는 의식적이든 무의식적이든 조정될 수 있다. 문제는 에임스와 그의 협력자들이 예 그 자체 외에 다른 "통찰"의 원천이 있다는 것을 거부하고 싶어 한다는 것이다. 즉 그들은 예(그리고 예를 통해 규정된 역할들)가 전부라고 보는 것이다.[26] 그러나 그들 자신의 저술은 현대 중국인들이 의례적 용어로 특징지어지지 않는 역할과 예에 영향력을 행사해야 한다는 그들의 믿음을 분명히 보여준다. [예를 들어] 젠더와 관련하여 그들은 여성이 "남성과 동일하게 자아실현을 추구할 자유"를 가져야 한다고

---

25 Hall & Ames(1999: 205).
26 나는 에임스의 설명의 많은 부분이 매우 매력적이라고 생각한다. 특히 주요한 윤리적 감수성을 가족과 역할 맥락에서만 학습하고 발전시킬 수 있다는 생각이 그렇다. 그러나 이러한 감수성이 발전하면, 이를 독립적인 윤리적 권위의 원천으로 삼아 역할과 예를 비판하고, 역할이나 예가 없는 상황에서 지침으로 삼을 수도 있다. 에임스는 그의 최근 저서에서 "고려와 포함에 대한 정당한 주장이 무엇인지에 대한 방향을 제공하는 용기나 정의와 같은 보다 추상적인 규제적 이상"의 필요성을 지적하지만(Ames, 2011: 268), 그는 덕을 경험에 선행하는 "원칙"으로 보는 것을 고집하기 때문에 — 매우 의심스럽다 — 역할과 예를 필요한 방식으로 비판할 수 있는 덕 개념을 자신의 설명에 구축하는 만족스러운 방법을 찾을 수 없다(Ibid.: 159).

말하고 있다. 소수자의 지위와 관련하여 그들은 "만물을 더 좋게 바꾸는 데 가장 큰 잠재적 효과를 가지는 유학의 원리는 능력주의 원칙"이라고 말한다.[27] 예가 윤리적으로 가치 있는 목적을 추구하는 유학적 방법을 형성한다는 것은 쉽게 확신할 수 있지만, 예라는 개념이 자유, 자아실현, 능력 등의 범주를 어떻게 철저히 설명할 수 있는지는 알기 어렵다.

이와 관련된 어려움은 예의 중심성centrality of rituals을 명확히 하려는, 유학의 영향을 받은 현대의 또 다른 노력에서 볼 수 있다. 『예와 그 결과들』에서 보스턴 지역에 기반을 둔 네 명의 학자로 이루어진 팀은 공유된 예를 "가정된subjunctive" 우주를 만드는 것으로 이해해야 한다고 주장한다. 예의 활동에 참여함으로써 우리는 서로를 "마치" 우리의 세계가 진정으로 예가 표현하고 있는 가치들로 구축되어 있는 것처럼 대하게 된다는 것이다. 저자들은 다음과 같이 설명한다. "예의courtesy라는 '환상'으로 우리의 의도를 틀 지음으로써 이러한 틀이 실제로 우리를 끌어들여 이러한 환상을 현실로 만든다. 이러한 현실은 우리가 이 환상을 고수하는 한 지속될 것이다."[28] 이 도발적인 책에서 많은 것을 배울 수 있는데, 이에 대해서는 이 장의 뒷부분에서 다시 살펴보도록 하겠다. 그러나 이 책은 또한 "예로 모든 것을 설명하는" 접근 방식의 문제를 분명히 보여주기도 한다. 이 보스턴 팀은 유학 문헌을 그들의 주장의 원천으로 사용하며, 『논어』와 같은 고전들이 예와 인(仁)을 구분한다는 것을 인정한다. 『논어』의 많은 독자에게 인은 유학 윤리의 최상의 성취를 대표하는 유덕한 성품이다. 예는 인

---

[27] Hall & Ames(1999: 201-202).
[28] Seligman et al.(2008: 22).

의 수양과 표현에 중심적으로 관여하지만 — 예에 대한 최소주의적 독해에 따르면 — 성품으로서의 인이야말로 핵심이면서 예를 "재량에 따라discretionary" 수정할 수 있게 해주는 원천인 것이다.[29] 반면에 보스턴의 학자들은 다음과 같이 쓴다. "[인은] 아마도 다만 무엇을 할지 지시해주는 예가 없을 때 예에 따라 행동할 수 있는 방법으로 이해되는 것이 최선일 것이다. 즉 만약 자신의 삶을 적절한 예를 수행하며 살아간다면, 기존의 예가 없는 상황이거나 예와 관련된 의무들 간에 충돌이 있을 때 이러한 예로부터 구성된 가정적 세계가 어떻게 구성될 수 있는지에 대한 감각을 얻을 수 있을 것이다. … 예와 관련된 의무가 충돌할 때의 핵심은 마치 분명한 예의 안내가 있는 것처럼 행동하는 훈련된 반응을 해내는 것이다."[30] 사실 명시적인 안내 없이도 예에 따라 행동할 수 있는 감각이나 기질을 키우는 것이 필요하다. 비트겐슈타인식으로 말하자면 우리의 행동은 규칙의 명시적인 안내를 항상 넘어서기 때문에 "같은 방향으로 나아가기 위하여" 규칙의 요점에 대한 감각을 필요로 하는 것이다.[31] 하지만 이는 관련된 예에 대한 규칙이 전혀 없을 때, 혹은 — 『맹자』의 물에 빠진 형수에 대한 예로 돌아가서 — 예가 위급한 상황에서 인에 기반한 반응과 충돌할 때 어떻게 행동하면 좋을지에 대한 질문과는 상당히 다르다. 이런 모든 상

---

29 앞에서 논의한 것처럼 "재량권(權)"은 맹자의 용어이다. 이것은 『논어』에 등장하지 않는다. 하지만 『논어』는 예 자체가 불충분하다는 것을 조명하는 여러 구절을 포함하고 있다. 「팔일」 3, 「위령공」 18, 「위령공」 33을 보라.
30 Seligman et al.(2008: 35).
31 주어진 상황에 그 자체로 어떻게 적용되어야 하는지를 말해주는 규칙은 없다. 이것은 추가적인 규칙을 요구한다. 어떤 지점에서 명시적인 규칙들은 끝이 나야 한다. 이러한 사상에 대한 하나의 영향력 있는 논의로는 McDowell(1979)이 있다.

황 속에서 마치 분명한 예의 지도가 있는 것처럼 행동해야 한다는 것이 무슨 의미인지 나는 잘 모르겠다. 그러한 지도는 없다. 아마 한 사람의 인간적인 반응이 나중에 새로운 종류의 예의 지도로 여겨질지도 모르지만 그런 일은 일어나지 않을 수도 있다. 그런 일이 일어난다고 할지라도 공동체가 나중에 한 사람의 행동을 의례적으로 적절하게 여겼다고 해서 그가 처음부터 예를 따랐다는 것을 의미하는 것은 아니다. [따라서] 초기 유학자들이 예와 인을 별개의 개념으로 이해했다는 결론을 피하기 어려워 보인다.

제도적 유학자인 판루이핑은 그의 최근 저서인 『재건주의 유학』에서 예 최대주의적 견해를 주장한다. 앞에서 제시된 것과 같은 반대에 대응하면서 그는 고려할 가치가 있는 두 가지 제안을 한다. 첫째, 물에 빠진 형수의 경우와 관련하여 그는 "예를 성립하는 데에 있어 … 특정한 방어, 이유, 예외는 명시적이든 암묵적이든 예의 해당 상황에 이미 수용되고 있다"고 주장한다.³² 그는 상례喪禮에서 고기와 같은 사치스러운 음식을 금지하는 예와 함께 병이 나서 건강을 위해 그런 음식이 필요한 경우는 고기를 먹는 것이 허용된다는 명시적인 예외도 제시한다. 다시 말해 "특정한 상황에서 예를 지키는 적절한 유학적 숙고는 개인적, 주관적, 공리적 이유로 행위를 조정하는 완전한 자유를 허용하지 않는다. 오히려 어떠한 방어, 이유, 예외가 해당 상황에 이미 반영되어 있는지를 숙고할 뿐이다."³³ 그의 주장은 어느 정도 일리

---

32   Fan(2010: 182).
33   Fan(2010: 182). 판루이핑은 송나라 유학자인 이구李覯(1009-1059)가 내가 예에 대한 최대주의라고 부르는 것에 대해 다른 변호, 즉 형수를 구하기 위해 손을 뻗을 때 그는 적절한 예를 따르고 있는 것이고, 위험한 맥락에서는 완전히 다른 예가 적용된다는 것을 제안했다고 주목한다. 판루이핑은 이러한 접근 방식은 표준적으로 적용 가능한 예를 따르지 않는 것에 대한 변명으로 항상 새로운

가 있지만, 그가 생각하는 것만큼 성공적이지는 않다. 판루이핑이 말하는 것처럼 예의 요구에는 종종 명시적으로 받아들여지는 예외가 있다. 즉 랍비가 욤 키푸르Yom Kippur[유대교의 속죄의 날로 단식을 함]의 아침에 회중에게 건강 문제가 있는 사람들은 금식해서는 안 된다고 상기시켰을 때처럼 예외 자체가 의례화되는 것이다. 하지만 유학 문헌이나 이 문제에 대한 숙고가 모든 적절한 예외가 이런 식으로 여겨져야 한다는 의견을 지지하지는 않는다. 『맹자』의 수많은 구절 중 어느 곳에도 이미 존재하는 예외를 논의하는 방식으로 권도를 실현하라는 암시는 없다.34 더욱이 후대의 영향력 있는 목소리들은 명시적으로 권도에 기반한 예외가 예의 문제가 아니며 오히려 사람들이 기른 윤리적 반응성의 결과라고 주장한다.35 우리가 단순히 의문을 제기하고 모든 적절한 예외에는 그러한 예외가 허용되는 "암묵적인" 가정이 있다고 상정하지 않는 한 판루이핑이 주장하는 것 이상이 있다고 봐야 할 것이다. 예를 진지하게 받아들이는 동시에 "사람들의 행동이 개인적, 주관적 혹은 공리적 이유로 행위를 조정하는 완전한 자유를" 가질 수 없다는 판루이핑의 말은 맞지만, 우리는 예가 자의적 변화에 저항

      예를 따르고 있다고 주장할 수 있기 때문에 의문을 제기한다고 비판한다(Ibid.: 182n19). 나는 판루이핑의 견해에 반하여 비슷한 대답이 적용될 수 있다고 본다. 나는 이 점을 본문에서 계속 논의한다.

34   이 일반화에 대한 가능한 유일한 예외는 성인인 순임금이 부모의 허락을 먼저 구하지 않고 부인을 취한 일을 묘사하고 있는 「이루」상 26이다. "[맹자가] 말하길 '세 가지 불효 중에 자식을 가지지 않는 것이 가장 나쁘다. 순임금이 부모에게 알리지 않고 아내를 맞이한 것은 후손이 없는 것을 피하기 위해서였다. 군자는 이를 마치 순임금이 부모에게 알린 것처럼 여긴다.'" 이것은 예를 전체적으로 완성하기 위하여 예의 일부 규칙을 따르지 않을 때 판루이핑의 적절한 예외 모델 중 하나에 맞을 수 있다. 공자가 자신의 어머니를 장례 지내는 경우에 대한 판루이핑의 통찰력 있는 논의로는 Fan(2010: 183)을 보라.

35   Angle(2009: 124).

하는 것을 포착할 수 있는 덜 최대주의적인 길을 찾아야 한다.

판루이펑의 두 번째 혁신적 주장은 예의 변경과 관련된다. 그는 도덕적 공동체가 그들의 예를 구성하는 규칙을 바꿀 수 있는 결정 절차를 거쳐야 한다고 주장한다. 그는 이것을 "메타적 예metarites"라고 부른다. 그는 이렇게 덧붙인다. "이러한 특별한 예의 성공은 종종 공동체 내에서 인정받는 몇몇 권위 있는 사람의 고유한 역할에 의존한다. … 유학 공동체에서 예를 변경하는 것은 인이라는 도덕적 덕을 따르는 유학적인 성인에 의해 이루어질 수 있다."36 예외에 대한 그의 논의에서처럼 나는 여기에서 판루이펑에게 부분적으로 동의하고 싶다. 예는 때때로 그가 설명하는 방식으로 변경된다. 하지만 그렇지 않은 경우가 더 많다. 변경은 일반적으로 사회적, 경제적, 정치적 삶의 복잡한 과정에서 나타나며, 이러한 변경은 공동체의 권위 있는 목소리에 의해, 혹은 공동체 전체에 의해 수용되거나 거부된다. (때때로 권위 있는 목소리와 공동체가 서로 동의하지 않을 수도 있다.) 『논어』에 나오는 예의 변경의 가장 분명한 예는 바로 이런 경우이다. 『논어』에서 공자는 예를 변경하는 성인에 대해서가 아니라, 이미 변경이 이루어진 두 경우에 대해 논평한다. 그는 한 경우에는 그것이 더욱 검소해지기는 하였으나 근본적인 존경을 유지하고 있기 때문에 그것을 승인하고, 다른 경우에는 그것이 이전의 방식보다 덜 공손하다는 이유로 못마땅해한다.37 후자의 변경에 대한 그의 비판이 사회에 영향을 미쳤는지의 여부는 알 수 없다. 마지막으로 판루이펑이 유학의 성인이 인의 관점에

---

36   Fan(2010: 206).
37   『논어』「자한」 3. 공자는 의례용 모자의 재료를 마에서 (덜 비싼) 비단으로 바꾸는 것을 허락한다. 하지만 군주 앞에서 절하는 장소를 바꾸는 것에는 반대한다.

서 결정을 내린다고 할 때, 예에 대한 최대주의적 견해가 적절하지 않다고 그가 인정하고 있다는 점에 주목하자.[38]

미국식 최소주의: 칼훈의 "예의의 덕"

최소주의의 방식으로 예를 받아들여야 한다고 말하는 것이 예를 사소한 것이라고 주장하는 것은 아니다. 내가 염두에 두고 있는 유형의 최소주의적 설명에 기반할지라도 예는 여전히 우리의 삶의 중요한 요소이다. 예가 개인의 수양discipline을 가능하게 한다는 점에 모두가 동의해야 한다는 것을 시작점으로 삼을 수 있다. 다양한 사회적 압박과 심리적 경향은 (이 주제를 잠시 후 설명할 것이다) 우리가 스스로를 예라고 하는 외부의 기준에 맞추어 수양하도록 촉진한다. 예를 들어 (부모가 자녀에게 장례식에 검은색 옷을 입으라고 고집하더라도) 장례식에 검은색 옷을 입고 싶은 마음이 자발적으로 생기는 것은 아니지만 일반적으로 그렇게 한다. 초기 유학의 저명한 사상가인 순자가 설명했듯이 예를 통해 스스로를 수양하는 것은 우리의 욕망이 드러나는 방식을 형성한다. [장례식에서] 존경받는 친척의 시체에 장식을 하고 적절한 거리를 유지함으로써 우리는 (다른 맥락에서 시체를 맞주했을 때 자연스럽고 적절한 감정일 수 있는) 혐오감을 느끼는 것을 피할 수 있다. 의례적 규칙에 의해 부과된 수양은 우리가 저녁 식사 자리에서 손윗사람

---

[38] "최대주의적"이라는 것은 나의 용어이지 판루이핑의 용어가 아니다. 내가 본문에서 논한 몇 가지 이유로 판루이핑이 다소 강하게 최대주의적 방향으로 기울어 있기는 하지만, 그는 또한 다른 맥락에서 인을 상당히 강조하기도 한다. 그래서 그는 예에 대하여 순수한 최대주의자는 아니다.

에게 존중을 보이는 것처럼 기존의 권력 구조에 순응하도록 하는 것을 포함하여 다른 효과들도 가질 수 있다.³⁹ 그러나 적어도 뒤르켐까지 거슬러 올라가면 서양의 분석가들은 수양보다 의례에 더 많은 것이 포함되어 있다는 것을 인식했다. 즉 어떤 식으로든 예는 일종의 표현expression이나 소통communication을 포함한다. 대략 검은색 옷을 입거나 죽은 몸을 장식함으로써 우리는 다른 사람들에게 슬픔, 사랑, 존경 등을 표현한다.

"표현"에 대한 이러한 사유를 발전시키는 한 가지 방법은 현대철학자인 체셔 칼훈의 예의에 대한 영향력 있는 논문에서 제시된다. 그녀는 예의가 존경respect, 관용tolerance 및 배려considerateness의 소통을 가능하게 하기 때문에 중요한 도덕적 덕이라고 주장한다. 존경하는 것과 이를 표현하는 것, 즉 "예의에 맞게 대우받는 대상이 내가 그녀에 대해 도덕적으로 중요한 사실을 인정하고 있으며, 그로 인해 그녀가 존경받을 가치가 있다는 것을 명확하게 인식할 수 있도록" 표현하는 것은 별개의 문제이다.⁴⁰ 칼훈은 이런 것을 표현하기 위해서 우리는 "사람들에게 … 존경을 보여주기 위해 사회적으로 확립된 규범이 무엇이든 그것을 따라야 한다"고 강조한다.⁴¹ 이러한 개념의 (서양적) 발전을 따라서 그녀는 예의가 "정치적" 영역과 "공손한polite" 영역에 걸쳐 있다고 여긴다. 정치적 대화에서 "예의 바른 언어"를 사용하는 것과 타인의 말을 경청하려는 적극적인 자세가 전자의 예이며, 갈등과

39　『순자』「예론」과「성악」을 보라. 예와 권력에 대한 관계에 비판적인 관점은 특히 Van Norden(2007: 103)에서 유용하게 논의된 모리스 블로흐Maurice Bloch의 연구를 보라.
40　Calhoun(2000: 259). 칼훈은 내내 "존경, 관용, 배려"에 대해 말한다. 나는 이를 단순히 "존경"으로 줄여 쓴다.
41　Calhoun(2000: 260).

독선을 피하고 차례를 기다리는 것이 후자의 예이다. 이러한 것들을 포함한 많은 사례에서 칼훈은 다른 사람들의 삶에 대한 인정과 존경을 발견한다.⁴²

조금 전에 언급했듯이 칼훈은 예의의 소통적 역할은 우리가 기존의 사회적으로 수립된 규범을 따르기 때문에 성공할 수 있는 것뿐이라고 주장한다. 그는 (예의를 통한) 소통하는 존경과 사람들을 존경하는 것이 분리될 가능성이 있는지에 대해 얼마간 고민한다. 우리의 목적에 있어 가장 중요한 문제는 "도덕적으로 불완전한 사회적 세계에서 우리는 예의 바르게 행동하는 것 — 즉 존경의 태도를 성공적으로 전달하는 것 — 과 진정으로 존경하는 방식으로 행동하는 것 중에서 선택을 해야 할 수도 있다"는 것이다.⁴³ 여성을 위해 문을 열어주는 것은 진정으로 존경을 표현하는 일일까? 아니면 우리는 지금 오래되고 성차별적인 가치에 기반한 사회적 관습에 사로잡혀 있는 것일까? 어떤 예를 들든 칼훈은 최소주의적인 사회적 관습(혹은 예)에 대한 설명을 따르고 있는 것이 분명해 보인다. 그녀는 존경의 소통이 매우 중요하기 때문에 예의가 중요한 도덕적 덕이라고 주장한다. 그러나 그것은 또 다른 중요한 도덕적 덕, 즉 "사회적으로 비판적인 도덕적 추론가"로서 우리에게 요구되는 "진실성integrity"과 충돌할 수 있다.⁴⁴ 우리가 진실성과 예의 바름을 둘 다 가질 수 있는지 여부는 우리 사회가 가진

---

42 정치적인 예의와 공손한 예의 모두에 대해 칼훈은 그녀가 강조하는 중심 가치와 관련하여 시간이 지남에 따라 일반적인 일관성과 약간의 변화 모두를 본다. 그녀는 "계급에 대한 공손한 존경의 표시"를 강조하는 미국의 18세기 에티켓 매뉴얼이 미국의 이상에 궁극적으로 맞지 않았으며 결국 밀려났다는 것을 언급한다(Ibid.: 258).
43 Ibid.: 262.
44 Ibid.: 274.

공유된 이해의 도덕적 품위에 달려 있다. 한 사회의 관습을 배우고 따르는 것은 도덕성의 프로젝트의 전부가 아니기 때문에 이러한 관습의 역할은 최대주의적일 수 없다.

   소통으로서의 예의civility-as-communication라는 칼훈의 개념에는 매우 중요한 의미에서 옳은 면이 있다. 예의civility와 유학적 예절propriety은 서로를 전혀 몰랐지만 예의 의미에 대하여 공유된 감각을 가진 사람들 사이에서 효과적으로 태도와 가치를 소통하는 데 매우 적절한 것처럼 보인다. 칼훈이 지적하듯이 이러한 예를 제정하는 것은 단순한 소통 이상의 의미를 가진다. 그녀는 예의가 "함께하는 공통된 사회적 삶의 가능성을 보호하는" 목표를 가진다고 쓰고 있다. 종종 예의는 타자가 우리와 공유된 활동을 시작하거나 유지할 의지를 가지도록 하기 위한 전제조건으로 기능하기도 한다.[45] 만약 우리가 다른 사람들에게 공동 참여자로서 그들과 함께 일할 수 있다는 개방성을 보여주지 못한다면 우리의 공동 기획은 붕괴의 위험에 처하게 될 것이다. 다시 말하지만 이러한 생각은 최소주의적인데, 여기서 예는 광범위하게 접근 가능하고 최대의 도덕적 성취에는 미치지 못하기 때문이다. 평범한 현대의 미국 가정에서도 가족 저녁 식사에는 중요한 예가 있다. 만약 이런 것들이 무시되면 — 예를 들어 테이블이 촛불 등으로 우아하게 세팅되지 않거나 하루에 대한 대화의 공유가 없다면 — 가족 만찬이라는 공동 프로젝트는 실패하게 될 것이다. 예가 없으면 [먹기 위한] 식사 시간은 있지만 저녁 만찬은 없을 수도 있다.[46] 만약 예가 충분히 이루어지지 못한다면, 생물학적 의미 이상의 "가족"을 말하기조차 어

---

45   Ibid.: 272, 266.
46   Woodruff(2001: 19).

럽게 된다. "최소주의적" 의미에서 예는 결코 사소한 것이 아니다.

칼훈의 소통 및 신호 전달에 대한 논의는 예가 가족과 같은 공동의 기획을 가능하게 한다는 점을 잘 설명하고 있으나, 여전히 그녀의 설명 틀에는 몇 가지 단점이 있다. 첫째, 나의 "최소주의적" 주제를 염두에 두면서 우리가 예를 넘어설 수 있다는 것에 주목하자. 칼훈은 예의라는 사회적 규범을 따르는 것이 존경을 전달할 수 있는 유일한 방법임을 강력하게 암시하며, 사라 버스는 관련된 논문에서 이 주장을 명시적으로 나타낸다. 버스는 만약 "당신은 존경받을 가치가 있습니다"라는 말을 "제발please"이라는 말과 같은 공손한 예polite rituals로 대체하려고 한다면 새로운 문장은 단지 공손함being polite을 표현하는 다른 수단이 될 뿐이라고 주장한다.⁴⁷ 그녀의 주장은 일리가 있지만, 이것은 다양한 정도의 친밀도를 가진 지인이 예절을 (적어도 부분적으로) 제쳐두고 직접적인 대화를 통해 우리의 태도를 전달할 수 있다는 것을 간과하고 있다. 우리는 "오프닝에 늦어서 죄송합니다. 불쾌하지 않으셨으면 좋겠어요. 무례하려고 했던 것은 아니었는데 제가 처리해야 할 일이 있었습니다"라고 말할 수도 있을 것이다. 만약 상대방의 기분이 매우 상한 경우라면(만약 산만함, 건망증, 혹은 무관심 때문에 그런 것이라면), 대화는 오래 걸릴 것이다. 물론 여기에는 예절이 있지만 필요할 경우에는 예 자체를 넘어 더욱 강렬하고 직접적으로 존경과 관련된 문제를 해결할 수 있다. 우리는 또한 새로운 상황이나 특히 어려운 상황에 창의적이고 성공적으로 대응함으로써 예의 한계를 뛰어넘어 이를 재형성하는 데 기여할 수도 있다. 이것은 칼훈이 고려하고 있는 것처럼 우리의 비판적인 윤리적 능력이 기존 사회적 관습이 도덕적으로

---

47 Buss(1999: 802).

문제가 있다는 것을 보여주는 경우일 필요는 없다. 오히려 무엇이 새로운 영역에 대한 관습의 적절한 확장으로 간주되어야 할지가 명확하지 않을 수 있다. 이러한 맥락에서 성공은 우리의 도덕적 감성에 따라 상황의 윤리적 윤곽을 인식하는 데서 얻어진다.

예의를 통한 소통이라는 개념에는 더 근본적인 두 번째 문제가 있다. 종종 우리가 말하는 것이 왜곡될 수도 있다는 것이다. 앞에서 논의한 것처럼 때때로 현재의 관습(여성을 위해 문을 열어주는 것)과 진정한 존중 사이에는 단절이 있을 수 있다. 우리의 공손한 행동은 존중을 전달할 수도 있지만, (가설에 따르면) 우리가 진심으로 존중하는 것이 아니기 때문에 이것은 거짓될 수도 있다. 종종 우리의 공손한 행동은 우리가 의도하지 않았거나 완전히 이해하지 못한 의미를 전달하는 것처럼 보인다. 힘찬 악수는 우리가 동등하다는 느낌을 전달하는가, 아니면 단순히 그렇다고 배운 것에 불과한가? 분명 우리 대부분이 성의 없이, 산만하게, 시늉만 하며 의례적 행동에 참여하는 것은 흔히 있는 일은 아니다. 이러한 경우들이 소통에 대한 논의에 적절한가? 표준적 언어 소통과의 비교는 깨지는 것 같다. 여기서 우리는 셀리그만과 그의 보스턴 동료들의 논문에서 예가 "가정적으로 공유된 장subjunctively shared arena",[48] 즉 특정 가치가 마치 실제인 것처럼 우리가 서로를 대하는 사회적 공간을 만든다는 것을 배울 수 있다 — 그리고 거기서 우리의 의례적 활동의 결과로 이러한 가치는 현실화한다. 창조가 핵심 비유인데, 왜냐하면 예는 우리의 세상을 구성하는 데 여러 가지 유사한 역할을 함으로써 여러 관련된 가치가 등장할 수 있도록 하기 때문이다. 예는 부분적으로 감정의 수양과 소통에 관련되지만, 앞에서 논

---

[48] Seligman et al.(2008: 26).

했듯이 소통하고자 하는 의도 없이도 적절한 방식의 예에 따라 반응할 수 있다는 점에 주목하자. 이러한 반응은 가치와 헌신을 표현하며 ― 다시 말해 우리가 그것들을 전달하려고 의도했다고 말하기에는 너무 강할지라도 ― 우리와 대화 상대가 세계를 바라보는 방식에 영향을 미친다. 저글링과 예의 비유를 살펴보는 것이 우리가 놓칠 수 있는 것을 이해하는 데 도움이 된다. 저글링이 개인의 솜씨를 표현하는 동시에 솜씨를 발전시키는 것과 마찬가지로 예는 존경을 표현하고 존경하는 성향을 발전시킨다.[49] 이는 충분히 사실이지만 [저글링 행위를] 예 행위와 비유를 하려면 저글링 행위도 저글러(그리고 아마도 연예인이나 광대)로서의 정체성을 구성하는 데 (부분적으로) 기여하며, 이로써 놀이를 가치 있게 여기는 세계를 구축하는 데에도 기여한다는 점을 더욱 강조해야 한다.

윤리와 예/윤리 대 예

누군가는 내가 예의 창조적이고 구성적인 역할을 강조하면서 다시 최대주의적 관점에 빠졌다고 우려할 수도 있다. 그러므로 이제 예 혹은 예의가 어떤 점에서 윤리적 가치라는 더 넓은 개념과 구분되는지 혹은 구분되지 않는지 생각해보자. 결국 앞에서 내가 주장했듯이 우리는 우리가 언제 예를 지키지 않아야 하는지 그리고 언제 예가 수정될 필요가 있는지에 대하여 (인과 같은) 고유한 가치의 원천 없이는 적

---

49 Van Norden(2007: 106n58). 반 노든은 P. J. 아이반호가 이러한 예를 사용한다고 한다.

절하게 설명할 수 없다. 따라서 예의와 관련된 사회적 규범은 완전한 윤리적 평가로부터 적어도 부분적으로 독립적이어야 한다. 실제로 이러한 독립성은 주로 서로 잘 모르는 낯선 개인들로 구성된 공동체가 상대적으로 낮은 비용으로 유지될 수 있도록 해준다. 왜냐하면 예의가 각 사람에게 적당한 요구만 부여하면서 소통을 위한 접근 가능한 약칭[간략한 표현]accessible shorthand으로 기능하기 때문이다. 동시에 예는 우리의 정체성과 가치를 구성하는 과정의 일부이며, 또한 관계적인 윤리적 성장relational ethical growth을 위한 토대를 마련하기도 한다.[50]

누군가 — 동료의 어머니, 친구의 삼촌, 자녀가 다니는 학교의 학생 — 가 죽었다고 가정해보자. 어떻게 해야 하는가? 상황에 따라 당신은 복잡한 감정을 느낄 것이며, 생존자와 복잡한 관계를 가질 수도 있다. 감정을 어떻게 표현하고, 어느 정도의 거리를 가져야 하며, 어느 정도의 위로를 보내야 할 것인가? 윤리적 책임에 대한 유학적 설명에 따르면 이것은 우리가 세상에서 조화를 추구함에 따라 모든 관련 가치의 균형을 요구하는 중요한 문제이다.[51] 하지만 우리는 성인sage이 아니므로 어떤 면에서 부족함을 겪을 수밖에 없으며, 상당한 뉘앙스(또는 그 이상)를 놓칠 수 있으며, 우리의 윤리적 인식과 반응성에 성장의 여지가 있음을 발견하게 될 것이다. 예의 큰 가치 중 하나는 우리가 해야 할 올바른 일이 무엇인지 쉽게 알 수 있도록 해준다는 것이다. 무엇을 말할 것인가? "삼가 고인의 명복을 빕니다" 또는 이와 비슷한

---

50 우리는 윤리적 성장을 고독한 과정으로 생각하는 경향이 있으며, 이는 분명히 개인 기반의 차원을 가지고 있다. 그러나 유학의 관계성 강조는 성장이 관계의 맥락에서도 이루어진다는 것을 이해하는 데 도움을 준다. 현대 치료법의 몇몇 요소(예를 들어 부부 치료, 가족 치료, 일부 사람이 다른 사람들의 문제를 촉진한다는 생각)에서도 이를 인정하고 있다.
51 Angle(2009)을 보라.

말을 할 것이다. 무엇을 해야 하는가? 초상집에서 밤샘을 하거나, 가족의 시바shiva[7일간의 복상 기간]에 민얀minyan[예배 정족수]의 구성원이 되거나, 그들의 정체성과 전통을 감안하여 의례적으로 적합한 다른 일을 할 수 있을 것이다. 무엇을 해야 할지 모른다면 충분히 찾아볼 수도 있을 것이다. 심지어 현대 미국에도 일을 간소화하는 데 도움이 되는 의례, 예의, 에티켓에 관한 핸드북이 있다. 물론 "삼가 고인의 명복을 빕니다"라는 말이 우리의 모든 생각과 감정을 전달하는 것은 아니다. 일종의 약칭이기 때문에 표현하는 것에 한계가 있다. 하지만 이러한 한계는 오히려 예에 참여하는 것을 비교적 쉽게 만들기 때문에 예의 가치의 일부를 이룬다. 결국 앞에서 논의한 것처럼 예는 단순히 소통을 목표로 하는 것이 아니다. 예는 표현의 차원을 가지고 있지만, 적어도 공유된 공동체의 일부로서 우리를 구성하는 역할을 한다는 점 또한 중요하다. "삼가 고인의 명복을 빕니다"와 같은 간단한 말도 작지만 결정적인 방식으로 공유된 가치를 가진 공동체에서 구성원으로서의 정체성을 강화한다. 예라고 하는 사회적 관습에 대한 접근성이 이를 가능하게 한다.

   예는 사실 너무 쉽게 접근할 수 있기 때문에 날조될 수도 있다.[52] 우리가 예에 상응하는 감정을 전혀 느끼지 않고, 심지어 우리 미래의 성향이 형성되는 것을 경험하지 않고도 예를 수행할 수 있다는 것은 그럴듯해 보인다. 이것은 나의 견해의 문제인가, 아니면 더 일반적으로 유학의 예에 대한 강조가 가지는 문제인가? 한 가지 가능한 대답은 단순히 전제를 부정하는 것이다. 즉 충분한 시간이 주어진다면, 우

---

52 나는 데이비드 엘스타인이 이 구절에서 제기된 문제에 대해 논의한 것에 감사한다.

리가 적절하게 관찰하기만 한다면 상대방의 행동이 진정으로 어떠한 감정적 반응을 보여주고 있는지 항상 알아차릴 수 있다. 『논어』 「위정」 10에서 공자는 "그가 무엇을 근거 삼고 무엇을 따르고 무엇을 편안하게 여기는지 관찰하면, 그가 어디에 숨을 수 있겠는가?"라고 말했다.[53] 나는 이 답변에 대해 분명히 할 말이 많다고 생각하지만, 그것은 여전히 단기적으로 예를 성공적으로 날조할 수 있다는 것을 허용하며, 장기적으로 날조가 결코 불가능한 결정적인 이유를 제시하지 못했다. 이 도전에 대한 보다 철저한 대답은 예가 "가정적으로 공유된 장"을 만든다는 생각을 다시 끌어오는 것이다. 날조된 예라도 여전히 예이다. 예를 수행하는 사람의 기질을 "형성"하는 효과가 없는 극단적인 경우에도 날조된 예는 우리가 가치 있다고 생각하는 예의 대부분의 효과를 여전히 가질 수 있는 것이다.[54] 우리 대부분에게 날조된 예나 강요된 예는 종종 일어나는 일이지만, 예의 중요성을 크게 훼손하는 것은 아니다.[55]

내가 예가 누구나 접근할 수 있다고 말함으로써 유학에서 억지로 예의 평등주의적 관념egalitarian notion을 읽어내고자 하는 것처럼 보일 수도 있다. 유학 문헌에 묘사된 예들은 종종 위계적으로 구분되며, 그중 다수는 오직 엘리트들만 수행할 수 있는 것이 아닌가? 이에 대

---

[53] Brooks & Brooks(1998: 111)의 번역.
[54] 배우가 연극에서 "삼가 고인의 명복을 빕니다"라고 말하는 경우에도 — 배우가 슬픔을 전혀 느끼지 않더라도 — 우리는 배우가 공동체의 규범을 표현하는 데 도움이 된다고 주장할 수 있다. 당연히 이것은 복잡한 문제이다(다른 문화를 배경으로 낯선 예를 연기하는 연극에 대해 어떻게 말할 수 있을까?).
[55] 다니엘 벨은 정치적 슬로건에 대한 강제적인 암기가 정치적 냉소주의의 태도를 키우는 것처럼 거짓 예가 때때로 의도하지 않고 문제가 있는 "형성" 결과를 초래할 수 있다고 지적했다.

한 나의 대답은 이중적이다. 첫째, 지위와 위계질서 간의 구분은 많은 예에서 중요한 부분이지만, 예는 이러한 지위의 차이를 인정하더라도 (그리고 강화하더라도) 여전히 참가자들을 단일한 공동체로 결합한다. 일부 현대유학의 주석가들이 지적하듯이 사람들을 하나로 묶는 예의 결과는 오히려 신분의 차이가 삶에 미치는 실질적인 영향을 완화할 수 있다. 즉 대략적으로 말해 직원들과 함께 예에 참여하는 사장은 그들과 일종의 유대감을 가지고 있어서 그들의 이익을 단순히 무시할 수 없게 된다는 생각인 것이다.[56] 둘째, 그럼에도 불구하고 현대의 사회 정치적 세계가 고대 중국의 경우보다 훨씬 더 평등하며, 예를 옹호하는 현대유학 연구자들은 이를 인식해야만 한다. 젠더 간의 관계는 중요한 변화의 영역 중 하나이다. 몇몇 현대의 사상가가 보여주듯이 젠더 간 불평등에 대한 강력한 비판은 유학 윤리 자체에서도 제기될 수 있다. 억압적인 예를 거부하는 것이 현대유학 연구자들에게 더욱 절실해졌다.[57]

억압적인 예에 대한 비판과 개정에 대한 요구는 예의civility로서의 예ritual와 본격적인 윤리적 판단 사이의 긴장의 가능성을 논의의 중심에 놓는다. 우리는 다양한 경우를 상상할 수 있을 것이다. 판루이

---

[56] Jian(2003: 322)과 Bell(2008: ch.3)을 보라. 벨은 순자에게서 이러한 개념의 인식을 발견할 수 있다고 주장한다. 칼훈은 관련된 (그러나 조금 더 약한) 논점을 제시하는데, 그것은 바로 예의 규범norms of civility이 불완전한 사회에서도 긍정적인 효과를 가질 수 있다는 것이다. 이는 예의 규범이 때때로 특권층이 멸시받는 사람들에 대한 경멸을 표현하는 것을 제한하는 유일한 제약이기 때문이다(Calhoun, 2000: 274-275).

[57] 예를 들어 Chan(2000)을 보라. 다른 현대유학 이론가들은 이러한 수정주의적 주장에 저항한다. Jiang(2002: 215-229)과 Fan(2010: 170, 32)을 보라. 진보적 유학이 억압을 비판하면서도 억압적이지 않지만 여전히 위계적인 예를 지지해야 하는 이유에 대해서는 7장을 보라.

평이 앞에서 언급한 것처럼 가장 덜 걱정스러운 경우는 명백하게 예에 예외를 둘 수 있는 상황들이다. 중간 정도의 경우는 윤리적 판단이 한 방향으로 밀고 나가고 예가 다른 방향으로 밀고 나가지만 그렇다고 해서 예 자체에 결함이 있다고 결론내리고 싶지 않은 경우이다. 마지막으로 젠더 관계를 둘러 싼 예는 가장 극단적인 상황의 사례일 수 있으며, 거기서 예는 부분적으로 심각하게 문제가 되는 가치를 구성하고 표현한다. 잠시 중간 범위의 경우를 생각해보자. 지금까지 나는 『맹자』에 나오는 형수의 경우에 초점을 맞추어왔는데, 이는 예가 무시되어야 하는 분명한 사례로 보인다. 하지만 다른 많은 경우는 그렇게 간단하지 않다. 『맹자』에는 다음과 같은 말이 기록되어 있다.

> 어떤 사람이 자신을 터무니없이 대한다고 해보자. 군자는 스스로에게 "내가 인하지 못하고 예가 없었나 보다. 이러한 일이 어찌 생길 수 있겠는가?"라고 말한다. 그 스스로 돌이켜 보아 인하고 예가 있는데도 그 어떤 사람의 터무니없음이 계속되면, 군자는 스스로에게 "내가 충실하지[忠] 못한가 보다"라고 말한다. 스스로 돌이켜보아 충실했는데도 그 터무니없음이 계속된다면, 군자는 "그 또한 망녕된 사람일 뿐이다. 이와 같다면 금수禽獸와 어찌 다르겠는가. 금수에게 무엇을 꾸짖을 필요가 있겠는가"라고 말한다.[58]

이 매혹적인 구절에는 여러 차원이 존재하나, 현재 우리의 관심사와 관련된 것은 맹자가 터무니없는 대우에도 처음에는 예의를 갖추어 응대해야 한다고 말하고 있는 부분이다. 즉 자신이 부당하게 대우를

---

58 『맹자』 「이루」 하 28.

받았다는 최초의 판단을 내렸다고 하더라도 상대방을 비판하거나 똑같이 "함부로outrageously" 응대하기보다 공손하게 반응하면서 자신의 행동과 감정을 검토해야 한다는 것이다. 의례적으로 적절한 응대를 유지하면 자신에게 의문을 제기할 수 있는 공간이 주어지고, 이는 또한 공유된 가치의 가능성을 유지하기 위해 노력하는 효과도 있다. 즉 셀리그만과 그의 동료들의 용어에 따르면 우리는 가정된 세계를 살아 있도록 만드는 것이다. 칼훈이 예의에 대한 논문을 비슷한 감각으로 마무리한다는 것은 놀라운 일이다. 그녀는 자신이 "자신의 판단에 대한 커다란 자신감과 관련하여 (또 다른 사람들의 판단에 대한 의심과 관련하여) 이상하고 문제가 되는 무언가를, 즉 다른 사람들에게 더 고차원의 도덕적 소명의 이름으로 불손해지려는 의지를" 발견한다고 쓴다. 그리고 그녀는 "자신이 옳다는 것에 대하여 상당히 자신할 때, 그리고 커다란 오류를 피하는 것이 급박한 상황일 때 예의는 사소한 고려 사항처럼 보일 수 있다. 그러나 자신의 최선의 판단을 위해 예의를 포기하는 전략을 취하는 것은 일종의 오만으로 보인다"고 쓴다.[59] 확실히 윤리와 예 사이의 긴장에 주의를 기울여야 하지만 — 특히 이러한 충돌은 뿌리깊은 문제의 징후일 수 있기 때문이다 — 윤리적 판단이 항상 예의에 우선해야 하는 것은 아니다.

예와 윤리 관계의 또 다른 측면을 직접 살펴볼 필요가 있다. 내가 설명했던 예에 대한 "최소주의적" 접근의 중심적 개념은 예가 오직 가치의 문제와 관련된 것은 아니라는 것이다. 내가 "윤리적인" 것이라고 부르는 가치에 관한 고유한 시각이 존재한다. 칼훈은 이러한 구분의 한 방식을 보여준다. 그녀는 공리주의나 칸트주의와 같은 도덕적 이

---

[59] Calhoun(2000: 275).

론으로부터 나온 "비판적인 도덕적 관점"과 예의가 기반하고 있는 사회적 관습을 대조한다.[60] 아쉽게도 우리가 유학 윤리를 어떻게 이해해야 하는가는 이 책의 범위를 벗어나지만, 나는 칼훈의 생각이 다음의 두 가지 쟁점에서 고전적 유학 및 신유학과 근본적인 차이가 있다고 생각한다. 첫째, 유학자들은 공정한 "도덕적" 가치와 다른 형태의 "비도덕적" 가치를 구분하기보다는 가치를 근본적으로 연속적인 것으로 이해한다. 둘째, 유학자들은 공리주의나 칸트주의와 같은 규칙 중심의 윤리적 이론보다는 다양한 방식의 행위자 중심의 덕 윤리를 발전시킨다.[61] 사실 많은 문헌에 따르면 "예절(禮)"은 중심 덕 중의 하나이다.[62] 칼훈과의 이러한 차이점들로 인해 유학자들이 칼훈처럼 예의와 윤리 사이에 엄격한 선을 긋는 것은 어려울 것으로 보인다.

유학자들이 염두에 두고 있는 예의와 윤리의 구분이 칼훈의 주장만큼 날카롭지 않다는 것은 사실이지만, 이것은 사실 장점이라 볼 수 있다. 예를 들어 예절이 덕이라는 의미를 생각해보자. 칼훈은 또한 예의가 "도덕적 덕"이라고 말하고 싶어하지만 — 덕은 칸트적이고 공리주의적인 설명에 있어서 일차적이 아니라 부차적인 것이다 — 그녀가 이것을 할 수 있는 유일한 방법은 존경을 전달하는 것의 중요성을 통해 간접적으로 하는 것이다. 반면에 유학자들에게는 예절에 대해 잘 형성된 성향을 갖는 것 자체가 인간 선의 일부이다. 사회적 구분을 인식하고 반응하는 능력은 인간 본성의 중요한 부분이다. 그것은 예의 효과를 뒷받침하며, 또한 번성하고 완전한 인간 활동이 이루어지는

60 Calhoun(2000: 263).
61 이러한 요점들에 대한 논의로는 Angle(2009)을 보라.
62 예를 들어 『맹자』 「공손추」상 6.

차원 중의 하나이기도 하다. 최근 몇몇 주석가는 형식style의 중요성을 인식하는 데 있어서 유학의 통찰력을 강조했다. 온갖 종류의 이유로 우리가 무엇을 하는가뿐만 아니라 어떻게 하는가가 매우 중요하다는 것이다.[63] 예에 대한 최소주의의 요점은 형식의 중요성을 최소화하는 것이 아니라 예의에 대한 일반적인 사회적 기대로서 예가 우리 삶에서 하는 역할과 예절에 대한 개인의 수행을 더욱 완벽하게 하기 위한 끝없는 기회를 구분하는 것이다. 예의라는 목표에 있어서 예를 따르고자 하는 우리의 동기는 상대적으로 덜 중요하다. 우리[의 동기]가 엄격한 자기 통제에서 유연한 자발성fluid spontaneity으로 이어지는 스펙트럼에서 어디에 위치하는지는 별로 중요하지 않다. 유연한 자발성이라는 스펙트럼의 끝에 놓이는 것이 윤리적으로 더 우월하기는 하지만, 우리가 다루고 있는 예의의 목표를 성취하는 데에는 전자[엄격한 자기 통제]만으로 충분하다. 더욱이 의식적으로 통제된 (또는 "양심적인") 예의조차도 의식적이든 무의식적이든 더욱 큰 자발성에 이르는 방법을 알려줄 수 있다.[64] 마지막으로 예와 예절의 덕을 이와 같이 해석함으로써 우리는 기존의 예와 윤리의 포괄적 요구 사이의 역동적 관계를 보다 쉽게 이해할 수 있다. 우리가 지켜야 하는 예는 윤리적 판단보다 덜 특수하고 유연해야 한다. 예는 또한 사회경제적 변화에 반응하면서 고유한 생명을 영위한다. 예가 윤리적 감수성의 발달과 표현을 방해하게 된다거나 현재의 예가 과거의 잘못된 윤리적 견해에 기반한다는 것을 알게 된다면, 예를 비판하고 수정해야 할 때이다.[65]

63 예를 들어 Olberding(2009)과 Van Norden(2007: 354)을 보라.
64 Angle(2013).
65 이 내용에 따라 7장은 종종 예에 새겨져 있는 체계적인 억압을 비판해야 할 필요성에 초점을 맞춘다. 고전적 유학에서 권위자에 대한 "무례한" 비판에 관한

법과 예

1903년 익명의 중국 작가가 「권리에 대하여」라는 논문을 출판하였다. 이 논문은 다음과 같이 시작한다. "중국에 300개의 예(禮)와 3,000개의 절차가 있다는 것이 나의 괴로움이다. 모두가 복종에 빠져 있다. 하지만 아무도 무언가가 잘못되었다고 의심하지 않으며, 여전히 '우리의 땅은 예절의 땅이다'라고 자랑한다."[66] 작가는 나아가 중국의 "문약함(文弱)"이 수천 년간 지속되었음을 한탄한다.[67] 해결책은 "권리"와 "권리의식"을 이해하고 수용하여 중국인과 중국이 스스로 일어설 수 있도록 하는 것이다.[68] 중국에는 예와 예의가 덜 필요하며 그 대신에 더 많은 권리와 법을 필요로 한다는 저자의 견해는 20세기 대부분의 기간 동안 중국에서 지배적인 입장이었다(법이나 예의 모두 중요하지 않은 것으로 간주되었던 문화혁명 기간은 제외한다. 그 시기에는 윤리에 대한 공산주의적 이해만이 독주했다). 어떤 식으로든 대부분의 현대 신유학자들은 법치를 선호했으나, 유학과의 정확한 관계는 여전히 논란이다. 하지만 최근 수십 년 동안 중국의 인권에 대한 비판이 거세지자, 많은 유

유용한 논의로는 Kim(2011)을 보라. (김성문이 "미개함"과 구분하고 있는) 무례함은 윤리적 판단에 기반한다. 김성문은 "유교적 무례함을 정의하는 특징은 (주로 가족 관계에서) 공손하게 간언하고 존중하며 교정하는 것으로 요약되지만, (특히 정치적 관계에서) 때로는 타협하지 않고 심지어 다루기 어려운 경우도 있다"고 쓴다.

66 Anonymous(2001: 15).
67 Ibid.: 16.
68 이러한 주제들은 20세기 초반에 일반적이게 되었다. "권리의식"에 대한 가장 잘 알려진 설명은 량치차오가 제시한 것이다(Liang, 2001). 다양한 유학 사상의 갈래가 이 시기 권리 담론에 직조되는 방식을 포함한 광범위한 논의로는 Angle(2002)을 보라.

학 연구자의 목소리는 법과 권리를 덜 중요하게 여기거나 심지어 배제하면서, 예에 다시 한번 최고의 중요성을 부여하는 이론을 제기하기 시작했다. 이 절의 목표는 이러한 경향을 간략히 살펴보고, 우리가 법과 예의를 위한 각자의 자리를 찾아줄 수 있다고 주장하는 것이다.

법 대신에 예를 강조하는 저술가들 대부분이 공유하고 있는 핵심 주장은 서양의 개인주의적인 형이상학적, 인식론적 가정이 법을 필수불가결한 것으로 만들지만, 중국의 관계적relational이고 집단주의적인collectivist 가정은 법을 불필요하거나 심지어 문제적인 것으로 만든다는 것이다. 반대로 예는 중국의 틀에는 잘 어울리고 서양의 틀에는 잘 어울리지 않는다고 한다. 이러한 주장의 특히 정교한 형태는 최근 김성문이 제시했다. 그는 시민적 덕에 대한 담론에도 불구하고 서양의 자유주의는 열정을 자기 스스로 통제하는 문제를 제대로 극복하지 못한다고 주장한다. 즉 "열정은 본질적으로 불확실하기 때문에 … [자유주의는] 분노의 정치에 여전히 취약하며vulnerable" 결국엔 법치에 의존할 수밖에 없다는 것이다.69 김성문은 계속해서 "예에 대한 유학적 실천은 불확실한 열정을 다룰 때 특정한 기준을 제공함으로써 이러한 자유주의의 중요한 허점lacuna을 채운다"고 말한다. 그의 생각은 유학이 자기 지배를 통해 열정을 승화시키는 대신에 "다층적인 삶의 영역에 걸친 의례적인 관계ritualistic relations에서 다른 사람들에게 자기를 열어두어porous [자기애의 유혹을] 해소한다"는 것이다.70

---

69   Kim(2009: 397). 놀랍게도 김성문은 이상적인 자유주의자는 내적 열정과 외적 행동 사이에 양극화가 있을 것이며, 그러므로 공자가 경멸한 "향촌 토호(鄕愿)"와 "매우 유사"할 것이라고 주장한다(Ibid.: 395). 김성문의 주장과 구조적으로 유사한 다른 주장의 예로는 Ames(1988); Hall and Ames(1999); Jiang(2003: 291-295)을 보라.
70   Kim(2009: 397, 399).

"자유주의의 덕liberal virtue"에 대한 김성문의 비판적 발언과 상관없이 나는 우리가 그가 예의 긍정적 기능에 대해 말한 많은 부분을 수용할 수 있다고 생각한다. 예는 그가 설명하는 변화transformation에 중요한 역할을 할 수 있다. 문제는 실제 사회환경에서 이것이 안정적으로 작동하지 않아 사람들을 절망적으로 취약하게 만든다는 것이다. 인권에 대한 고유한 유학적 접근을 시도한 많은 사람은 결국 권리는 "획득해야" 하거나 "사회가 부여하는" 것이라는 견해를 지지하게 되었다.[71] 이것의 문제점은 이러한 권리[인권]가 상실되거나 박탈될 수 있으며 항상 적절한 것은 아니라는 것이다. 예는 엄격하고 억압적일 수 있다. 현대 신유학자인 머우쫑싼의 말에 따르면 법과 권리의 보호를 받지 못하면 예의가 정치적 경쟁의 건전한 실천을 삼켜버릴 수도 있다. [물론] 우리가 상호작용을 할 때 법과 권리 주장에 의존하지 않아도 문제가 없다면 가장 좋을 것이다. 그러나 만약 이러한 메커니즘이 제대로 작동하지 못한다면, 사회는 "복종에 빠지는" 위험에 처한다.[72]

---

[71] 예를 들어 Hall and Ames(1999: 231-233)를 보라. 명시적으로 유학자는 아니지만 자오팅양의 인권에 대한 크레딧 이론도 비슷한 특징을 가지고 있다(Zhao, 2006a). 나는 홀과 에임스가 실용주의자가 권리는 "사회에 의해 부여된다"고 주장할 것이라고 말하는 것은 틀렸다고 생각한다. 권리는 사회적 관행에 내재되어 있다. 권리를 명시적으로 만들고 권리를 보호하기 위해 법률을 통과시켜야 하지만, 사회가 처음부터 권리를 "부여"하는 것은 아니다. 내가 매우 적합하다고 생각하는 관련된 견해로는 Li(2001)를 보라.

[72] 따라서 나는 함재학이 "헌법적 차원"이라고 부르는 예가 정치 지도자들을 규율하는 데 도움이 될 수 있다고 생각하지만(Hahm, 2003: 47), 그것은 여기서 강조한 법의 필요성과 균형을 이루어야 한다. 또한 4장에서 언급했듯이 법의 공간을 허용한다는 것은 변호사와 법적 논쟁을 위한 공간을 허용한다는 것을 의미하며, 이는 규율 없고 저저분한 논쟁에 대한 어느 정도의 압력을 수반할 것이다. 4장에서는 유학 교육과 인격 이상이 이러한 지저분함을 어느 정도 완화할 수 있으며, 예에 대해서도 마찬가지라고 말할 수 있다. 그럼에도 불구하고 이 장의 메시지는 현대유학 연구자들이 세 가지 가치 차원(윤리, 정치/법, 예)을

그러므로 해결책은 예와 법을 모두 수용할 수 있는 방법을 찾는 것이다. 양자는 서로 구분될 뿐만 아니라 모두 필요한 것이다.[73] 이것은 결코 간단한 일이 아니다. 유학 연구자로서 이에 대해 주장하는 것은 법치를 수용할 수 있는 유학적 이유를 찾는 것을 의미할 뿐만 아니라, 자유민주주의적 맥락과는 다른 유학적 맥락에서의 "법치"의 정확한 의미를 탐구하는 것이기도 하기 때문이다.[74] 그러나 지금은 그러한 도전들을 제쳐두고 단순히 내가 주장한 최소주의적인 예, 즉 예의의 개념이 법 및 권리와 양립하기 위해 조정될 필요가 있는지 묻도록 하자. 나의 기본적인 대답은 "아니오"이다. 여기에는 특별히 해결해야 할 어려움이 없다. 그러나 칼훈이 강조했듯이 윤리와 예의 사이에 지속적인 긴장의 가능성이 있는 것처럼 법과 예의 사이에도 잠재적인 긴장이 항상 존재한다. 어떤 맥락에서는 — 예를 들어 가족 관계에서는 — 법이 예를 침해하는 경우가 극단적인 상황을 제외하고는 없기를 바란다.[75] 투표는 법과 예 사이의 균형과 관련된 복잡한 상황을 낳는다. 폴 우드러프가 강조했듯이 투표는 법 기반의 정치적 제도일 뿐만 아니라 하나의 예이기도 하다.[76] 의례적 차원이 지배적인 경우 [의례가] 권력

    모두 조화시키는 방법을 모색해야 하며, 어느 한 방향으로 지나치게 치우치지 말아야 한다는 것이다. 결론 부분을 보라.

73 내 생각에는 피렌붐도 판루이펑도 법치에 대한 유학적 이유의 필요성에 대해 만족스럽게 설명하지 못하지만 그들은 모두 이러한 일반적인 감정에 동의한다. Peerenboom(1998: 251) 및 Fan(2010)과 앞의 4장에서 판루이펑에 대한 논의를 보라.

74 4장을 보라.

75 Tiwald(2011a)는 명시적으로 법과 권리에 의해 지배되는 가족 상호작용에 수반되는 문제들을 환기시킨다.

76 우드러프는 "투표는 의례이다. 그것은 존중의 표현이다 — 우리의 정부나 법률에 대한 존중이 아니라, 인간이 만든 어떤 것에 대한 존중이 아니라, 평범한 사람들이 그들을 지배하는 것처럼 보이는 강력한 존재보다 더 중요하다는 생각

의 불균형을 은폐하는 기능을 할 수 있고 따라서 위험할 수 있다.[77] 선거를 중심으로 하는 예에 힘을 부여하는 것은 사실 우리 모두에게 평등하게 적용되는 법과의 연관성이다.[78] 예와 존중, 공정한 법의 결합이 도전받는다면, "공정"하다고 주장되는 과정을 통해 승자를 배출하는 데 성공할지라도 선거는 그 기능을 잃을 수 있다. 2000년 미국 대선에서 오래도록 인상적인 장면 중 하나는 각 후보가 고용한 변호인 군단과 관련이 있다. 그들은 자신의 의뢰인[후보]에게 불리하게 적용될 수 있는 모순에 도전할 태세를 갖추었다. 이러한 자세는 좋은 것처럼 보일 수 있지만 — 결국 공정은 선거의 근본적인 요건이다 — 법이 한 사람의 이익을 위해 이용될 수 있는 도구라는 이미지를 전면에 내세우게 되었고, 의례로서의 투표의 중요성을 약화시켰다. 우리가 법의 방향으로 너무 기울어져 예가 수행하는 지속적이고 구성적인 역할을 놓칠 때마다 우리는 공동체의 구조에, 따라서 우리의 의미와 가치의 원천에 심각한 손상을 입힐 위험이 있다.

결론: 예와 예의

이 장에서 나의 목표는 여러 가지 요구 사항을 충족하는 예(禮)를 통해 유학적 관심에 대한 해석을 명확히 하고 변호하는 것이다. 첫째,

---

에 대한 존중이다"라고 쓴다(Woodruff, 2001: 21-22).
77 이것과 다음 몇 구절은 Angle(2009: 203-204)에서 왔다.
78 유학 정치에서의 투표 전략이 반드시 1인 1표를 지지해야 한다는 것을 의미하는 것은 아니다. 모두가 목소리를 가져야 하지만, 목소리는 모두 동일하지 않을 수 있다. 추가적인 논의로 이 책의 결론을 보라.

예는 온건한 요구만을 할 뿐이며 높은 수준의 윤리적 수양 없이도 접근 가능하다는 의미에서 최소주의적이다. 예에 대한 최대주의적 견해와 달리 내가 제시하고 있는 견해는 윤리적 가치가 기존의 예를 넘어서고 비판할 수 있다는 생각과도 잘 부합한다. 둘째, 예는 맥락 의존적인 윤리적 판단으로부터 부분적으로 독립적이다. 예는 공유된 가치에 대한 신념들을 표현하는 방법으로서 우리의 공동체를 구성하는 데 중심적인 역할을 하므로 쉽게 변화하지 않고 유지되는 성질을 가진다. 셋째, 우리가 수행하는 예는 예절의 윤리적 덕과 얽혀 있다. 예절은 주어진 상황에 대한 이상적인 윤리적 반응의 중요한 측면이다. 그것은 우리가 단순히 의도, 행동 유형 또는 결과에 초점을 맞추는 것이 아니라 우리가 행동해야 할 적절한 방식에 초점을 맞추도록 한다. 예절의 덕은 기존의 예를 넘어서는 것으로 여겨지지만, 많은 경우에 적절한 행위는 사회적으로 (예로) 간주된다. 마지막으로, 예는 법치와 구분되지만 양립할 수 있다.

나는 이러한 유학적 예가 예의와 관련된 강력한 모델을 제공하고, 따라서 앞에서 살펴본 토머스 메츠거가 제시한 도전에 대한 답이 된다고 주장한다. 예는 서양의 예의 모델이 그러하듯 "정치적이며 공손한political and polite"것이며 모두에게 접근 가능하다는 점에서 메츠거가 생각하는 "행할 수 있는 덕"에 해당한다고 할 수 있다. 이러한 형태의 예의는 "최소주의적"이며, 따라서 비판의 대상이자 더 나아가 개인의 성장의 기초가 된다는 것을 인식함으로써 우리는 기존의 사회적 규범이면 충분하다고 생각하는 "향원"의 함정을 피할 수 있다. 예는 이천 년의 유학적 전통과 최근의 서양의 분석이 드러내고 있는 풍부한 개념이다. 예의를 예ritual로 설명함으로써 우리는 예의의 직접적인 기능 ― 예의가 공동체의 가치를 구성하는 데 도움이 되는 방식 ―

과 예의가 우리의 삶을 지배해야 할 두 가지 다른 중요한 규범, 즉 윤리적인 것과 법적인 것에 기여하는 방식과 이를 구별하는 방식에 대해 많은 것을 배웠다.

7장
덕, 정치, 사회 비판:
억압 없는 존중을 향하여

누군가에게 유학적 사회 비판 개념은 ― 그리고 사실 진보적 유학의 전체 기획은 ― 엉뚱해 보일 수 있다. 무엇보다 유학은 대체로 비판적이라기보다는 보수적으로 여겨져왔다. 『논어』 「술이」 1은 공자가 스스로를 혁신하기보다는 전승하는 사람,* 고대를 사랑하고 고대에 충실했던 사람으로 여겼다는 것을 보여준다.1 『논어』 「태백」 13은 "만약 도가 세상에 실현되고 있다면 스스로를 드러내라. 그렇지 않다면 은둔하라"는 말을 전하고 있다. 그리고 고대에서 현대에 이르기까지 사회의 불의에 맞서기보다 ― 기껏해야 ― 자기 자신과 가족의 예와 도덕적 순수함에만 중점을 두었던 자칭 유학자들이 많았다. 물론 사회경제적 불의에 대하여 비판적인 유학자도 많이 있었다. 맹자는 백성의 안녕을 등한시하는 군주에 대한 가혹한 비판자였고, 왕양명의

---

* 공자는 술이부작述而不作, 즉 기술하되 창작하지 않는다는 표현을 통해 자신이 성인들의 도를 전달하는 사람이라는 자의식을 분명히 서술하였다.

1 이 맥락에서 "전달" 및 "창작"과 같은 용어들이 정확히 무엇을 의미하는지에 대한 광범위한 학적 논쟁이 있다. 최근의 논쟁 중 하나로는 warpweftandway.com/transmitting-%e8%bf%b0-innovating%e4%bd%9c-and-philosophizing-in-confucius를 보라.

추종자 몇몇은 그의 사상을 포퓰리즘적 방향으로 발전시켰다. 황종희의 비판적 선언인 『명이대방록』은 나쁜 정치와 나쁜 교육이 초래하는 경제적 결과에 대해 우려한다.² 또한 『논어』 자체도 결코 사회적 비판과 정치적 비판에 반대하지 않는다. 「미자」 7에서 자로는 — 아마도 공자를 대신하여 — 사회적 참여로부터 물러난 은둔자에 대해 비판한다.

> 벼슬하지 않는 것은 의무감이 없는 것이다. 장유의 구별도 없앨 수 없는데 군신의 의무를 없앨 수 있겠는가? [*벼슬하지 않음은] 자신의 몸을 깨끗이 하고자 하지만 중요한 사회적 인륜 관계의 질서를 어지럽히는 것이다. 군자가 벼슬하는 것은 그 의무를 다하는 것이니 도가 행해지지 않는다는 것을 그는 이미 알고 있다.³

다시 말해서 개인의 순수함에 대한 비타협적 고집이 세계를 혼란스럽게 하는 것에 부분적인 책임이 있다는 것이다. 자로가 더 높은 선을 성취하기 위하여 그릇된 일을 저지른다는 의미에서 "손을 더럽힐" 필요가 있다고 주장하는 것은 아니다. 「태백」 13의 "은둔"에 대한 언급이 일종의 완충 역할을 하기는 하지만, 일반적으로 유학은 사람들이 더러운 세상 속에서도 잘 행동할 수 있는 능력을 갖추기를 기대한다. 자로는 우리가 덕이 부족한 사람들과도 교류할 책임이 있다고 주장한다. 실제로 덕이 있는 사람이 된다는 것은 이러한 교류에 참여할 동기

---

2   맹자에 대해서는 무엇보다 『맹자』 「양혜왕」 상 3과 4를 보라. DeBary(1970)는 왕양명 학파의 포퓰리즘에 대한 고전적 논의 중 하나이다. 그리고 황종회에 대해서는 Huang(1993)을 보라.
3   Brooks & Brooks(1998: 175)의 번역. 조금 수정함.

를 포함한다.

『논어』「미자」7 및 다른 문헌들에 비추어 볼 때 나는 고전 유학 경전이 세상의 많은 불완전함에 직면하여 수동적인 자세를 취하고자 하는 사람들에게 별로 위안을 주지 못한다고 주장하고 싶다.[4] 현대의 진보적 유학은 오늘날의 유학자들이 어째서 그리고 어떻게 사회 비판을 수행해야 할지에 대한 명확한 지침을 제공해야 한다. 이 장의 목표는 바로 이 점을 설명하는 것이다. 이때 나는 일부 서양철학 및 심리학 이론을 끌어올 것이다. 그러나 그럼에도 불구하고 나는 유학과 다른 진보적 원칙 사이의 차이점을 유지하면서, 진보적 사회 비판에 대한 유학적 근거와 목표를 분명히 설명할 것이다. 첫 번째 단계는 유학이 오래전에 현대 심리학의 중요한 발전을 이미 예상했음을 보이는 것이다. 우리의 사회적, 물리적 환경은 우리가 덕을 쌓을 수 있는 방법과 정도에 상당한 영향을 미친다. 그러나 이와 관련하여 유학적 통찰력은 특수주의에 의해 제한되어왔기 때문에* 유학은 때때로 대규모 사회적, 경제적 제도의 체계적 효과에 대해 무지했다. 사실 구체적인 상황을 중시하는 바로 그 논리가 대규모 제도에도 적용되므로 나는 유학이 대규모의 사회경제적 환경에 적극적으로 관심을 가져야 한다고 주장한다. 특히 우려스러운 사회적 환경은 — 집단이 체계적으로 무력화되거나 위축될 때 — 억압이며, 따라서 진보적 유학자들은 과거에는 여러 유형의 억압에 대해 안일한 태도를 보여왔지만 이제는 억압에 맞서야만 한다. 그럼에도 불구하고 억압적이지 않은 형태의 위

---

4   나는 여기서 『논어』에 대한 통일된 독해를 제공하려고 하지 않을 것이다. 진화하는 경전은 하나 이상의 견해를 표현할 수도 있다. 중요한 것은 오늘날의 독자들을 포함한 후대의 유학자들이 경전에서 찾아낼 수 있는 메시지이다.

*   유학 윤리가 가지는 구체적 사태에 대한 민감성에 주목한 표현이다.

계질서와 존중은 모든 유학의 정치철학이 인정해야 하는 것처럼 가능하고 중요하다.

상황과 덕

『논어』「향당」12에 따르면 공자는 자리가 가지런하지 않으면 거기에 앉지 않았다. 어째서 그랬는가? 이것은 강박관념이나 고대의 예에 대한 집착이었는가? 『논어』에는 예에 대한 세밀한 주의가 보이는 다른 많은 사례와 과거에 대한 공자의 태도를 단순한 집착이 아닌 다른 방식으로 설명할 수 있는 몇 가지 제안이 포함되어 있다. 「자한」3에서 공자는 예의 변경을 허용하고 있으며, 「팔일」18에서는 다음과 같은 구절을 읽을 수 있다. "예를 다해 세심하게 군주를 섬기면 사람들이 아첨한다 여긴다."[5] 유학의 가르침과 현대 사회심리학 사이의 강력한 공명을 인식한 학자들은 최근 연구에서 예에 대한 공자의 세심한 주의를 보다 더 잘 설명할 수 있는 방법을 제안한다.[6] 유학자들과 현대 심리학자들은 모두 인간의 행동에는 두 가지 주요 근원이 있다고 본다. 즉 성격적 특성과 같은 내적 요소와 우리가 마주하는 특정한 상

---

5   Brooks & Brooks(1998: 83)의 번역(과 해설). 에드워드 슬링거랜드는 이를 다르게 독해한다. Confucius(2003: 24)를 보라. Olberding(2009: 14, 21)은 이 해석상의 논쟁에 대하여 간접적으로 언급하며, 브룩스와 내가 선호하는 독해를 지지한다. 그녀는 만약 무언가가 너무 완벽하다면, 그것이 냉소를 불러일으킨다는 점에 주목한다.

6   몇몇 예로서 Hutton(2006); Sarkissian(2010); Slingerland(2011)를 보라. 하곱 사키시안은 내가 본문에서 다루고 있는 『논어』「향당」12의 중요성에 처음 주목할 수 있도록 해주었다.

황의 외적 요소가 그것이다. 사실 최근의 연구는 우리가 내적 원천과 외적 원천을 지나치게 엄격히 이분화해서는 안 된다는 것을 보여주고 있다. 즉 도덕적 기능에 대한 "사회 인지적social-cognitive" 접근은 내적인 것과 외적인 것 사이의 상호작용을 강조한다. 예를 들어 우리는 주어진 "상황"을 연구자가 "객관적으로" 보는 것이 아니라, 행위자가 중요하게 여기는 관점에서 분석할 때 행위자의 도덕적 기능을 더 잘 이해할 수 있다.[7] 또한 우리는 내적인 것을 단순히 성격적 특성의 측면에서만 이해해서는 안 된다. 최근의 연구에 따르면 개인의 도덕적 정체성에는 다양한 요소가 영향을 미친다.[8]

현재 우리 논의의 목표에 있어서 성격적 특성과 주어진 상황이 개인의 윤리적 기능을 결정하는 주된 요소라고 말하는 것에 큰 문제가 없을 것이다. 자신의 자리에 대한 공자의 반응을 다시 살펴보자. 주변 환경의 깔끔함과 질서가 내적 평온과 집중에 기여하며 이것이 행동에서 긍정적 효과를 가질 수 있다고 보는 것은 직관적으로 설득력 있다. 최근의 연구는 우리의 직관을 지지한다.[9] 다시 말해 자리가 잘 정돈되어 있는지에 대해 공자가 염려한 것은 우리가 적절한 행동에 대해 관심을 가지고 있는 한 우리가 처한 상황에 주의를 기울일 필요가 있다는 그의 인식을 표현한 것이다. 고전 시대의 또 다른 중요한 유학자인 순자도 분명 동일한 요점을 인식하고 있는데, 그는 예rituals가 시신을 향기 나는 꽃으로 장식하는 이유를 설명한다. 그는 다음과 같이 쓰고 있다. "만약 죽은 자를 치장하지 않으면 죽은 자에게 역겨움을 느끼게

---

[7] Snow(2010)는 주요 연구 몇몇을 요약하고 덕 윤리의 의의에 대해 설명한다.
[8] 관련된 연구에 대한 요약으로는 Angle(2014a)을 보라.
[9] Schnall et al.(2008).

될 것이고, 역겨움을 느끼게 되면 슬픔을 느끼지 못할 것이다. 이것이 죽음이 작동하는 방식이다."¹⁰ 순자는 상황 — 꽃이 있느냐 없느냐 — 이 감정에 강력한 영향을 미치며, 궁극적으로 행위에도 영향을 미친다고 본다. 그러므로 예의 가장 중요한 기능 중 하나는 사람들이 쉽게 적절한 방식으로 반응할 수 있도록 상황을 구조화하는 방법인 것이다.¹¹

초기 유학자들은 행위에 영향을 주기 위해 상황을 구조화할 필요가 있다는 것을 이해하고 있었다. 이때 그들이 상황을 구조화하는 데 의지하고 있던 중요한 원천이 바로 예라고 할 수 있다. 그러나 유학자들은 의례적으로 구조화된 상황에 의존하는 데 만족하지 않았다. 유학자들은 우리를 "대인worthy", "군자gentleman" 심지어 "성인sage"으로 만들어줄 수 있는 각자의 덕이 있는 성격적 특성을 가르치고자 노력했다. 성인의 성격적 특성은 가장 열악한 상황에서도 신뢰할 수 있었다.『맹자』「만장」상 1-4에 나오는 것처럼 순임금이 부모가 자신을 해치려 할 때에도 부모를 변함없이 사랑한 것이 한 예이다. 순자가 말하듯 도덕적 배움의 목표는 "굳건함fixity"에 도달하는 것이다. 나는 이것이 유혹이나 다른 상황적 요소에 의해 휘둘리지 않는 상태를 의미한다고 본다.

> 배움이란 곧 [인과 의의 덕을] 마음을 다해 추구하는 것을 배우는 것이다. 어떤 일에서는 여기서 벗어나고 어떤 일에서는 고수하는 것은 평범한 사람의 방식way이다. … 덕을 이해해야 굳건함을 성취할 수 있다. 굳건함을 성취해야 사태에 잘 대응할 수 있다.¹²

10 『순자』「예론」; Xunzi(1998-1994: vol. 3, 65)를 보라. 나의 번역은 에릭 허튼의 출판되지 않은 번역을 바탕으로 한다.
11 관련된 논의로 예의 수양적 기능에 대해서는 6장을 보라.
12 『순자』「권학」; Xunzi(1988-1994: vol. 1, 142)를 보라. 나의 번역은 에릭 허튼의

즉 도덕교육과 인격 함양의 궁극적 목표는 믿을 수 있는reliable 덕에 있다. 유학자들은 일반적으로 이것을 정도degree를 인정하는 점진적인 성취라고 본다. "소유(小儒)", "선비(士)", "대인", "군자" 등의 범주는 모두 때때로 최소한의 것을 넘어서지만 성인의 경지에는 미치지 못하는 윤리적 성취의 수준을 묘사하기 위해 사용되었다.[13] 그러므로 예와 상황 설계가 도덕교육에 중요한 만큼 상황 독립적 특성의 함양을 촉진하는 상황을 장려하고 유지해야 한다. 유학의 도덕교육에 대한 보다 자세한 논의는 분명 이 장의 범위를 넘어서지만, 많은 유학자가 어떻게 강력하고 상황 독립적인 덕을 함양시킬 수 있는지에 대한 통찰력 있는 가르침을 가지고 있다. [그들에 따르면] 단순히 성인을 흉내 내거나 예에 따른 행동에 임하는 것으로 그쳐서는 안 되며, 세계를 인식하는 방법과 감정을 느끼는 방법을 변화시켜 성인의 마음을 자신의 것으로 만들어야 한다.[14] 물론 단순한 실천도 도움이 될 수 있다. 만약 — 예를 들어 잘 정돈된 자리의 도움으로 — 자신의 사유를 잘 정돈하고 중심을 잡는다면, 이후에 어떤 상황이 발생하더라도 사태에 적절하게 반응할 가능성이 더 높아진다. 예가 장려하는 집중의 습관은 다른 방식으로도 도움이 될 수 있으며, 틀림없이 (주희 등의 학자들이 그토록 강조하는 "경敬" 같은) 더욱 깊고 광범위한 기질을 변화시킬 수 있을 것이다.[15] 요컨대 유학자들은 상황의 중요성을 인식하는 현대의 많은 심리학적 주장과 상응하면서, 동시에 상황에 대한 의존을 넘어서 완전한 덕을 추구하는 이론을 발전시켜온 것으로 보인다.

출판되지 않은 번역을 바탕으로 한다.
13 중요한 논의와 추가적인 참고 문헌에 대해서는 Angle(2013)을 보라.
14 Angle(2009: ch. 8)과 Angle(2014a)을 보라.
15 Angle(2009: ch. 8).

우리의 도덕적 기능에서 상황이 수행하는 역할에 대해 유학자들이 보여준 모든 통찰에 대해 이 장의 중심 주제는 상황과 덕에 대한 전통적인 유학적 이해에 중대한 간극이 있다는 것이다. 그들이 거의 또는 전혀 주목하지 않았으나 여전히 핵심적인 상황의 유형이 있다. 내가 염두에 두고 있는 상황은 한두 가지 이유에서 우리가 지금까지 논의해온 것들과 다르다. 첫째, 상황의 한 유형은 정치적 활동과 관련이 있다. 유학자들은 정치적 활동을 너무 좁게 이해하여, 이 때문에 정치적 활동이 대다수의 사람과 관련을 맺는다는 점을 쉽게 무시하곤 한다. 이 맹점은 "백성(民)"에 대한 일반적 이해와 관련이 있으며, 이에 대해서는 3장을 보라. 그리고 이 맹점은 법률 및 다른 종류의 제도에 대한 유학의 불편함과 관련이 있으며, 이에 대해서는 4장을 보라. 우리는 이미 3장과 4장의 주장들을 통하여 진보적 유학이 지지하는 정치적 제도들이 전통적 중국 유학의 정치에 대한 이해와 매우 다르다는 것을 확인하였다. 여기서 나의 요점은 공적인 목표와 노력을 형성하는 데 적극적으로 참여할 수 있는 상황이 도덕적 발달에 매우 중요하다는 논지로 이러한 주장을 보완하는 것이다. 소훈 탄은 존 듀이가 이러한 문제를 다루고 있음을 지적한다. 즉 "인간의 본성은 그 요소들이 공통적인 것, 즉 남자와 여자가 집단을 형성하기 위한 것 — 가족, 산업체, 정부, 교회, 과학 협회 등 — 을 지향하는 데 참여할 때만 발달한다." 소훈 탄은 또한 "오로지 자신의 필요와 바람에만 집중하는 사람은 인간의 사회성을 인식하는 데 실패하고 있으므로 윤리적으로 마비된 것"이라 덧붙인다.[16] 소훈 탄은 듀이에 기대고 있으나, 나는 현대 유학 연구자들이 정확히 같은 것을 주장해야 한다고 믿는다. 무엇보

---

16   Tan(2004: 121).

다 국가가 개인의 문제만 제외하고 시민들과 관련된 모든 주요한 결정을 내린다면, 이는 시민들을 유아 취급하는 것에 불과하다. 즉 이것은 시민들이 도덕적 성숙을 발달시키기 위한 매우 중요한 상황에 접근하는 것을 거부하는 것이다. 진정한 윤리적 발전에 있어 매우 복잡한 문제에 직접 참여하는 것은 필수적이다. 우리는 오직 주어진 각 상황의 다양한 측면을 인식함으로써 조화로운 해결을 지향하는 방법을 볼 수 있기 때문이다. 즉 윤리적 성숙은 지적 엘리트주의에 사로잡히기보다 전문가의 조언을 주의깊게(그리고 비판적으로) 경청하는 것을 포함해야 한다.[17]

이처럼 상황의 중요성에 대한 유학적 인식과 관련된 간극의 첫 번째 유형은 정치적인 것이다. 두 번째 유형은 종종 정치적, 경제적 영향도 미치지만 사회적 측면에서 가장 잘 이해된다. 다음 절에서 나는 특정 집단에 대한 체계적인 무력화immobilization와 위축diminishment에 해당하는 억압이 개인의 도덕적 발달에 심대한 어려움을 야기하며, 따라서 모든 사람의 도덕적 발달을 주장하는 유학자들은 이에 반대해야 한다는 생각을 전개할 것이다. 억압은 구조적이고 집단적인 성격 때문에 포착하기 어렵다. 게다가 현대의 덕 윤리학자인 크리스틴 스완튼이 주장하듯 (관계성에 대한 유학의 강조에도 불구하고 유학이 하는 것처럼) 개인의 덕을 전면에 내세우는 도덕 개념은 대규모 문제보다 소규모 문제를 다루는 데 더 적합해 보인다. 국소적인local 관심은 개인에게 진보를 위한 더 많은 가능성을 허락한다. 왜냐하면 이러한 관심은 더 다루기 쉬운 경향이 있으며, 이는 냉소cynicism나 절망despair을 미연에 방지하면서 긍정적인 피드백 효과를 기대할 수 있기

---

17 추가적인 논의로는 Angle(2009: ch. 11)을 보라.

때문이다.[18] 스완튼은 국소적인 성공이 또한 더 큰 문제를 다루는 능력을 향상시키는 데 도움이 될 수 있다고 덧붙인다. 그러나 그녀의 요점은 덕 윤리가 정치철학의 방향으로 스스로를 확장시키는 데 어려움을 겪고 있다는 것이다. 이것은 유학의 경우에도 마찬가지이다. 이 때문에 우리는 앞에서 언급했던 간극에 관심을 가져야 한다. 유학이 이러한 도전에 어떻게 온전히 맞설 수 있는지 탐구하기 전에 유학적 사회정의에 있어 주요한 장애물에 해당하는 "억압"에 대하여 더욱 철저하게 살필 필요가 있다.

억압

유학의 억압

유학자들은 윤리와 윤리적 발달에 대한 상황적 요소의 중요성을 적절하게 인식하고 있기 때문에 사회적 상황이 덕을 함양하는 개인의 역량을 체계적으로 훼손하거나 제한하는 방식을 인식하면 사회를 비판하고 개혁하려는 강력한 동기를 가져야 한다. 그러나 우리는 전통적인 유학이 이러한 행로를 따르지 않았음을 인정해야 한다. 그 대신에 우리는 앞으로 내가 주장할 억압적일 수 있는 종류의 사회적 차별social distinction이 자주 지지되었다는 충분한 증거를 발견한다. 성별 간의 명백한 구분이 하나의 예이다. 『맹자』「등문공」상 4는 이에 대한 전형적인 구절로서, 사람들에게 가르쳐야 할 인간관계의 오륜五倫의 관념이 포함되어 있다. 여기서 "유별(別)"이라는 개념이 나온다. 또한 남

---

[18] Swanton(2003).

성이 "외(外)"와 연관되는 것과는 대조적으로 여성은 "내(內)"와 연관된다는 생각이 중국 사회에 상당히 만연하게 되었다.[19] 물론 나는 성별 및 성별과 관련된 규범들이 매우 복잡하며 중국 역사 내내 변화하고 있으며, 유학이 시간이 지남에 따라 — 때때로 승인하고 때때로 정당화하고 때때로 비판하면서 — 이러한 규범들과 다양하게 상호작용해오고 있다는 것을 즉시 인정하고 싶다. 많은 연구가 여성의 이미지를 단순히 희생자로서 제시하는데, 이는 상당히 잘못되었다. 한 가지 반론은 초기의 자료들에서 발견되는 성별 간 상보성이 지난 천 년 동안 보다 이분법적이고 억압적인 "조신함prudery"으로 점진적으로 이행되어왔음을 강조한다.[20] 다른 학자들은 후기 제국 시대에서조차도 중요한 복잡성을 무시했다고 지적하면서, 이 후자의 설명에 이의를 제기한다. 그러나 후기 제국 시대의 내외 구분과 관련된 미묘한 규범들과 현실에 대한 상세한 이해조차도 유학이 체계적인 억압에 얼마나 무지할 수 있었는지를 보여주는 훌륭한 예를 제공한다.

도로시 코의 중요한 저서인 『규방의 스승들: 17세기 중국의 여성과 문화』에서 설명하듯이 내외 구분은 엘리트 사회에 만연하였다. 여성이 과거 시험을 보는 것을 금지하는 것과 여성으로 하여금 집안에 머

---

[19] 폴린 리는 고전 유학의 자료에 따르면 내외內外 구분은 "대립적이라기보다는 단계적"이며 "투과성permeability"을 특징으로 한다고 주장한다(Lee, 2000: 118). 나는 두 요점을 모두 받아들인다. 이것들은 내가 뒤에서 자세히 설명할 증거들과 잘 들어맞는다. 하지만 외부에 대한 접근 권한의 정도와 관련된 성별 기반의 차이, 즉 좀더 공적인 "외"적 측면은 내가 나중에 설명할 우려를 강조하기에 충분하다. 이것은 명나라 유학자 이지에 대한 폴린 리의 저작에서 꽤 명료히 보인다(예를 들어 이지의 여성 교육에 대한 비판을 보라(Ibid.: 126-127)).

[20] Wawrytko(2000)는 이러한 내러티브의 예이다. Wang(2003: xi)은 수집된 여성의 저술들이 "여성에 대한 억압이 완전히 시행되기 전인" 13세기에 끝난다는 것에 주목한다.

물도록 하는 규범은 성별 기반의 분업을 더욱 강화하였다. 주택의 건축마저도 [여성의 생활 공간인] 안뜰이 내측을 향하도록 하되 거리로 연결되는 부분을 최소화하고 통제하는 방식을 통하여 이러한 차별을 확실하게 지원하였다. 동시에 도로시 코는 내외가 단단하지도 않고 뚫을 수 없는 것도 아니었다는 여러 가지 측면을 탐구한다. 우선 "여성은 집에 머물라고 훈계하는 도덕적 계율에도 불구하고 사대부 여성들gentrywomen은 남편의 공식적인 임명에 동행하는 장거리 여행에서부터 다른 여성들과 함께 즐기는 여행에 이르기까지 많은 여행을 했다."²¹ 나의 목적에 더 중요한 것은 코가 중국인의 삶의 "사유화privatization"와 "공적인 사생활private as public"이라고 설명하는 두 가지 경향이다. 첫 번째로 코는 다방면의 목적과 활동을 포함하는 가정생활이 중국 (남성의) 상상 속에서 점차 더 많은 중요성을 차지하게 되었다는 것, 그리고 지식과 배움을 포함하는 사회적, 문화적 활동에서 가족 환경의 중요성이 점차 증대되어왔다는 것을 모두 언급한다.²² 즉 여성과 남성의 삶 그리고 이해관계가 교차하는 기회가 [생각보다] 더 많이 있었다는 것이다. 코는 "공적인 사생활"이라는 그녀의 표현을 통해서 여성의 활동이 규방inner chambers의 경계를 넘어서는 방식에 주의를 환기한다. 예를 들어 "근면 성실하고, 검소하고, 지조 있는 여성은 가족의 도덕적 올바름의 상징으로서 공적으로 인정되었으며",²³ 여성의 시 또한 집 밖으로 널리 유통되었던 것이다. 코의 연구의 일반적 주제는 여성들이 그들의 세계를 창조하고 형성하는 데 적극적으로 참여하는

---

21 Ko(1994: 12).
22 Ibid.: 151-154.
23 Ibid.: 157.

것이다. 따라서 여성 억압의 가장 악명 높은 상징인 전족조차 아마도 모호하게 다가올 것이다. 도로시 코의 연구에서 여성은 엄청난 제약에 의해 규정된 영역에서 활동할 수밖에 없었음에도 불구하고 단순히 희생자가 아니라 주체로서의 삶을 가졌던 것으로 그려진다.

억압의 대상임을 분명히 하기 위하여 스스로가 반드시 수동적인 희생자가 되거나 그렇게 이해되어야 하는 것은 아니다. 핵심은 제약이다. 아래에서 자세히 설명하겠지만 억압은 집단이 번성하거나 발전할 수 있는 방식에 대한 구조적 제한에 관한 것이다. 여성의 도덕적 발달을 옹호하는 가장 잘 알려진 문헌들에서 우리는 억압이 어떻게 작동하는지 볼 수 있다. 『여논어女論語』와 『여효경女孝經』 등의 이름에서 볼 수 있듯이 이러한 문헌들은 여성들에게만 적용되는 것으로 표시되는 경향이 있다.[24] 『여효경』은 아내가 비행을 저지르는 남편에 대해 항의해야 할 책임을 가지며, 이것은 아들이 아버지에게 그리고 신하가 군주에게 가지는 의무와 동일하다고 강조한다. 여성의 덕이 있는 반응에서 흘러나오는 문제 상황에 대한 항의는 여성이 성품을 함양할 수 있는 도덕적 존재임을 보여준다. 그러나 결정적으로 『여효경』에 나오는 예들은 모두 "집안inner"의 사건만을 다룬다. 왕비는 남편인 왕이 늦게 일어난다고 (그래서 궁정의 일을 소홀히 한다고) 비판하고, 후궁은 예절을 어기고 공공장소에서 황제와 함께 가마를 타는 것을 거부한다.[25] 이와 마찬가지로 『여논어』는 여성들에게 "[진정한] 인간이 되기 위하여 적절한 자아self를 만들 것"을 가르칠 때 — 이는 원래의 『논어』의 사상과 일치한다 — 이것이 "여성의 순결과 정조를 확립하

---

24 이 두 문헌은 모두 당나라 시기(618-907)에 쓰였다.
25 Cheng(1999: 827).

기 위해 힘씀"으로써 가능하다고 명시한다.26 반소班昭의 유명한 (그리고 초기작인)『여계女誡』에서 그녀는 여성을 위한 네 가지 덕의 범위를 명시적으로 제한함으로써 비슷한 메시지를 표현하고 있다. 코는 "남성의 확장적인 영역과 달리 여성의 소명calling은 난로와 물레와 베틀에 놓여 있었다. 여성의 지향은 집안을 향해야 했고, 성격, 외모, 행동, 움직임은 겸손하기를 요구받았다"고 요약한다.27 우리는 이 모든 예에서 여성들이 활동할 수 있는 영역에 제한이 있었으며, 따라서 그들이 추구할 수 있는 덕에도 제한이 있었다는 것을 발견할 수 있다.

예를 들어 특정 여성 시인들의 목소리에서 여성들에게 부과된 제한에 대한 좌절이나 저항을 때때로 감지할 수 있다.28 명나라 문황후[서씨]가 쓴『내훈內訓』에서 또한 주목할 만한 예외를 발견할 수 있다. 문황후는 시어머니인 고황후[마씨](명나라 태조의 부인)가 유학자인 송렴宋濂을 대신하여 중재에 나섰던 유명한 사례에서 깊은 감명을 받았다. 문황후의『내훈』의 물리적 배경은 여전히 규방에 머물지만 도덕적, 심리적 배경은 같은 장르의 다른 문헌들보다 덜 제한적이다. 특히 그녀는 전통적 유학의 덕인 인의예지신과 예가 남성에게 적용되는 만큼 여성에게도 적용되며, 여성도 성인이 될 수 있다고 명시적으로 주장한다.29 [그러나] 후기 제국[명나라]의 맥락에서 문황후는 규칙을 증

---

26   Song(1999: 827).
27   Ko(1994: 145).
28   한 예로 원매袁枚의 제자인 락기란駱綺蘭은 그녀가 꿈에서 군인이 되고 깨어나 보니 발이 묶여 있는 것을 발견하는 꿈에 대한 시를 썼다(Idema & Grant, 2004: 612-617). 또한 오조吳藻가 쓴 희곡도 보라. 그 희곡에서 그녀는 남자로 변하는 꿈을 꾼다(Mann & Cheng 2001: 239-252). 이 문제들에 대해 논의하고 자료를 찾는 데 도움을 준 엘렌 위드머Ellen Widmer에게 감사한다.
29   Xu(1999).

명하는 예외라고 말해야 한다. 개인들이 그녀가 한 것처럼 사물을 개념화하고, 드물게는 그녀와 고황후가 한 것처럼 행동할 수 있었지만 이는 그녀의 사회에서 여성에 대한 억압이 있었다는 구조적인 사실을 바꾸는 것은 아니다. 유학자들은 성별 억압을 비판할 수도 있었다. 그러나 요점은 유학자 대부분이 결코 그러지 않았다는 것이다.[30] 유학자들이 여성이 도덕적 성장의 잠재력이 있다고 주장했을지라도 성별이 개념화되는 특정한 방식은 여성의 도덕적 성장의 여지를 제한적으로만 허락했을 뿐이다. 리사 로젠리가 주장하듯이 전통적인 유학적 관점에서 보면 여성은 단순히 "남성에게 명백히 억압당한" 피해자로 인식되어서는 안 된다. 그 대신에

> … 여성들은 단지 자연적 존재로 인식된 것이 아니라 그들에게 가해진 구조적 제한에도 불구하고, 비록 그것이 남성들이 활용 가능했던 것에 비하면 매우 제한된 것이라고 할지라도, 문화적 자원을 통하여 문화적 이상을 성취하고자 노력했던 문화적 존재cultural beings로 인식되어야 한다.[31]

유학적 덕 윤리의 가치와 이러한 윤리가 성차별에 의해 제대로 발

---

30 이지李贄[李卓吾](1527-1602)는 여성 억압을 비판했던 우상 파괴적인 유학자이다. 폴린 리가 설명하듯이 "이지는 여성이 자기 수양 방법에서 사회적으로 규정된 성별 차이 때문에 지적으로, 도덕적으로, 정신적으로 고통받는다고 주장한다."(Lee, 2000: 126) 리는 그녀의 최근의 책에서 이 주제를 확장하여 이지가 여성의 "삶의 가능성은 사회 세계가 구성된 방식에 의해 전적으로 그리고 심각하게 구속되었다"고 믿었다는 것을 보여준다. 그럼에도 불구하고 리는 이지가 이 상황에 긍정적인 영향을 미칠 수 있는 중국 사회의 구조적 변화 가능성에 대한 고려를 시작도 하지 않았다는 점을 인정한다(Lee, 2011: 32).

31 Rosenlee(2006: 4).

휘되지 못하는 결정적 방식들을 인식하면서, 로젠리는 그녀의 책의 마지막 장에서 수정주의적인 현대유학의 페미니즘을 설명한다.³²

내 주장은 유학의 핵심 문헌들이 여성에 대한 억압을 명백하게 요구하는 것은 아니라는 점이다. 고전들은 이러한 문제에 대해 상당한 개방성과 모호성을 포함하고 있으며, 이는 이 장의 뒤에서 설명하겠지만 위계질서 및 사회적 관계에서 명시적으로 억압적이지 않은 비전을 개발하는 데 이용될 수 있다. 그럼에도 불구하고 (남편과 아내 사이의 "구별" 요구와 같은) 유학적 견해의 여러 측면은 억압적인 사회적 체제를 지지하였으며, 유학자들은 수 세기에 걸쳐 이러한 체제가 다양하게 구체화된 것을 충분히 비판하지 않았다. "백성masses(民)"이라는 사회적 계급에 대한 억압에 관해서도 똑같이 말할 수 있다. 3장에서 이와 유사한 것과 관련된 긴장 — 한편으로 민은 온도계처럼 수동적으로 반응한다는 생각과 다른 한편으로 "모든 사람"이 성인이 될 수 있다는 문헌의 흐름 — 을 이미 탐구했기 때문에 여기서는 아주 간략하게 설명할 수 있다. 『맹자』「등문공」상 4에 나오는 분업에 대한 유명한 말을 살펴보자.

대인大人의 일이 있고 소인(小人)의 일이 있다. 한 사람에게 백공百工이 하는 일이 갖추어져 있으니 만약 모든 사람이 자기가 쓰는 모든 것을 각자 만들어야 한다면, 국가는 끊임없이 혼란스러운 길을 걷게 될 것이다. 그러므로 옛말에 이르기를 "마음을 쓰는 사

---

32 로젠리는 이러한 목표를 혼자 추구한 것이 아니다. 저명한 유학자인 뚜웨이밍은 여러 해 동안 "전통에 대한 페미니즘 비판"에 관한 진지한 유학적 성찰을 요청했다(Tu, 1996: 18). 현대 학자인 첸신이는 유학의 내적 비판에 기여했다. Chan(2000b)을 보라.

람이 있고 몸을 쓰는 사람이 있다. 마음을 쓰는 자는 몸을 쓰는 자를 다스리고 몸을 쓰는 자는 마음을 쓰는 자에게 다스려진다"라고 했다. 다스려지는 자는 남을 먹여주고, 다스리는 자는 남에게 얻어먹는 것이 천하의 공통된 이치이다.

나는 뒤에서 [대인과 소인 관계의] 변동 가능성을 탐구할 테지만, 여기서 함축하는 것은 이러한 구분이 엄격하고 변하지 않는다는 것이다. 맹자를 대변하자면 그는 여기서 도덕적으로 구별 짓고 있는 것은 아니다. "대인"과 "소인", 지배자와 피지배자는 모두 도덕적 존재이고, 사실 그는 이 구절에 이어서 백성들(民)이 "짐승의 수준으로 떨어지지 않도록" 하기 위한 기초적인 도덕교육의 중요성에 대해 논의한다. 나는 맹자가 사람들 내에 특정한 도덕적 잠재력이 있다고 생각했으며, "소인"이라는 표현이 항상 도덕적 비판을 의미하지는 않았을 것이라고 확신한다. 그럼에도 불구하고 이 구절의 일반적 의미는 도덕적으로 말해서 "소인"이 성취할 수 있는 것에는 뚜렷한 한계가 있다는 것이고, 나는 이것이 『맹자』의 여러 측면과 일치한다고 믿는다.

수 세기 동안 여러 유학자가 구조적 억압이 대중에게 부과한 문제들에 민감했다는 것을 부정할 수 없다. 어떤 사람들은 "교육에는 차별이 없어야 한다"는 『논어』의 설득력 있는 구절을 활용하여 대중 교육을 주장한다.[33] 5장에서 언급했던 것처럼 머우쭝싼은 전통적 중국이 계급 구분을 특징으로 한다는 것을 실제로 부인했다. 원칙상 모든 남성이 과거를 통과하여 엘리트 지배계층의 일부가 될 수 있었으며, 실제로 사회적 이동성(이용 가능한 데이터로 측정하기 쉬운 하향 이동성)이

---

[33] 『논어』「위령공」39.

봉건 유럽보다 중국에서 더 중요했기 때문이다.[34] 그러나 이것은 문제를 치워버리는 것이지 직접 다루고자 하는 것은 아닌 것처럼 보인다. 나는 명나라의 위대한 유학자인 왕양명이 취하는 보다 직접적인 방법을 선호한다. 그는 "거리 위의 모든 사람이 성인이다"라고 말함으로써 그의 제자들에게 충격을 주고 그들이 억압적 사회에 안주하며 수용하는 것을 멈추도록 노력했다. 태주泰州학파에 속하는 그의 제자들은 이런 가르침을 명심하면서 대중에 대한 교육활동을 이어갔다.[35] 그래서 우리는 유학자들이 성별 기반 억압보다 계급 기반 억압을 좀더 인식하고 있었고, 그것에 대해 더 많은 것을 하려고 노력했다고 말할 수 있다. 그러나 현대유학 연구자들은 더 많은 일을 해야 할 것이다. 왜냐하면 부분적으로 우리는 오늘날 이전의 세대들보다 억압의 본질과 해로움에 대해 훨씬 더 잘 이해하고 있기 때문이다.

도덕적 운

요컨대 전통적 유학은 계급 및 성별과 관련된 비판에 취약한 것처럼 보인다. 억압이 초래하는 구체적인 문제를 더 자세히 살펴보기 전에 "도덕적 운moral luck"이라는 일반적인 주제를 살펴보는 것이 도움이 될 것이다. 유학자들은 개인의 통제에서 벗어난 — 순전히 운에 달려 있는 — 요소들이 도덕적 능력을 함양하는 것에 영향을 준다는 점을 인정했는가? 만약 그렇다면 어떤 사람들은 도덕적 실패에 있어서 다른 사람들에 비해 책임이 덜하다고 할 수 있는가? 만약 유학자들이 도덕적 불운의 의미를 부정한다면 — 예를 들어 우리 모두는 어떤 환

---

34 고전적 연구는 Ho(1962)이다.
35 DeBary(1970).

경에 있던 도덕적 능력을 개발할 수 있는 동일한 기회를 가지고 있다고 말한다면 — 유학자들이 억압에 관심을 가져야 한다는 주장을 하기가 훨씬 더 어려워질 것이기 때문에 이러한 질문은 중요하다.

사실 도덕적 운이 역사적으로 유학자들이 관심을 가졌던 범주였는지 의심할 만한 근거가 몇 가지 있다. 자신의 애제자 안회에 대한 공자의 유명한 말을 살펴보자.

> 공자께서 말씀하셨다. "어질다, 안회여! 한 그릇의 밥과 한 표주박의 음료로 누추한 시골에 사는 근심을 다른 사람들은 견디지 못하는데, 안회는 [*한 그릇 밥과 한 표주박의 음료로 살아도] 그 즐거움이 변치 않는구나."36

공자는 자신에 대해서도 같은 말을 한다. "거친 밥을 먹고 물을 마시며, 팔베개를 베고 누워도 즐거움이 그 가운데 있다."37 이러한 구절을 읽는 자연스러운 방법은 비참한 상황이 적절하고 심지어 즐거운 도덕적 기능에 중요하지 않다고 주장하는 것처럼 보인다. 『맹자』의 구절들은 이러한 생각을 강화하는 것 같다. 「진심」상 3을 보자.

> 맹자께서 말씀하였다. "구하면 얻을 것이고 놓아두면 잃을 것이다. 이 경우의 구함은 얻는 것이 쓸모가 있고 찾는 것은 자신 안에 있다. 그러나 구함에 적절한 도가 있고 얻는 것이 명(命)에 달려 있다면 이 경우의 구함은 얻는 것이 쓸모가 없고 찾는 것은 자

36 『논어』「옹야」11; cf. Brooks & Brooks(1998: 33).
37 『논어』「술이」15; cf. Brooks & Brooks(1998: 41).

신 밖에 있다."³⁸

다시 말해 도덕적 개선betterment은 자신 안에서 추구할 수 있으며, 다른 사람이 베푸는 것에 의존하지 않는다는 것이다. 반면에 세속적인 성공은 자신의 통제 범위 내에 있지 않다는 것이다. 할 수 있는 일은 올바른 방법으로 이를 추구하는 것뿐이다 — 물론 그것은 도덕적인 방법, 즉 자신의 도덕적 개선으로 이어지는 것과 같은 방법이다.

초기 유학 자료들이 직위, 부, 명성이 우리의 통제 밖에 놓여 있으며 더 나은 사람이 되는 중심적 과업에서 중요하지 않다고 주장한 것은 의심의 여지가 없다. 하지만 이 구절들이 도덕적 운의 역할을 부정하고 있다고 결론을 내리는 것은 너무 과한 해석일 것이다. 숀 월시는 안회의 재산이 적기는 했지만 먹을 것과 살 곳이 있었다는 점을 지적한다. 나아가 월시는 『논어』에서 운이 역할을 한다는 인식을 볼 수 있는 여러 방법이 있다고 주장한다. 즉 전적으로 필수적인 것은 아니지만 좋은 군주가 다스리는 나라에 살고, 좋은 스승을 두며, 무엇보다 예를 준수하는 공동체에 둘러싸여 있을 만큼 충분한 운을 가지는 것은 중요하다는 것이다.³⁹ 『맹자』 「고자」 상 7에서 우리는 농사와 관련된 비유를 볼 수 있는데, 이는 도덕적 성숙이 우리 외부의 것에 부분적으로 의존한다는 것을 분명히 보여준다.

보리를 예로 들어보자. 보리를 파종하고 흙으로 이를 덮는다. 심는 장소가 똑같고 시기가 똑같다. 이 풀들은 자라나고 여름이 되

---

38 Mencius(1970: 164)의 번역.
39 Walsh(unpublished).

면 모두 익는다. 만약 고르지 않은 부분이 있다면 토양의 비옥함이 다르고 비와 이슬의 혜택과 이를 가꾸는 인간의 노력의 양이 균일하지 않기 때문이다. 같은 종류의 것은 무릇 모두 서로 비슷하니 어찌 사람의 경우만 그렇지 않다고 의심하겠는가?**40**

이 비유를 어떻게 풀든 간에**41** 맹자는 사람이 성숙해지는 맥락, 즉 사람이 거의 또는 전혀 통제할 수 없는 맥락이 사람이 어떻게 될지[사람의 모습]에 차이를 만든다고 주장함에 틀림없다. 맹자의 요점은 인간은 일단 성장 과정이 진행되면 서로 매우 달라질 수 있지만 (보리 씨앗처럼) 한 "종류(類)"이고 따라서 서로 비슷하다는 것이다. 『맹자』의 바로 다음 구절에서 볼 수 있듯이 "환경"의 영향은 상당히 파괴적일 수 있다. 예를 들어 인간 활동에 의해 민둥산에 하나의 초목도 남지 않게 되었다는 것이다.**42**

운이 윤리적 발달에 — 따라서 윤리적 기능에도 — 영향을 미칠 수 있다고 가정할 때, 이것은 우리가 하는 일에 대한 책임이 제한적이라는 것을 의미하는가? 책임에 대한 『맹자』 내의 단서들은 흥미롭게도 뒤섞여 있다. 한편으로 이 문헌은 "백성(民)"이 절박한 상황에 처해 있을 때 나쁜 짓을 저지른다면 적어도 책임을 일부 면제해줘야 한다고 주장하는 것처럼 보인다. 「양혜왕」상 7의 끝 구절을 살펴보자.

40　Mencius(1970: 164)의 번역.
41　능동적인 수양과 자연적 성장 사이의 『맹자』의 독해와 관련한 논쟁에 대해서는 Im(1999)을 보라.
42　『맹자』 「고자」상 8을 보라. 여기서 나의 초점은 개인의 윤리적 혹은 도덕적(이 용어들을 동의어로 사용한다) 발전에서 운이 수행할 수 있는 역할에 관한 것이다. 또 다른 종류의 운은 전반적으로 자신의 삶이 얼마나 잘 풀리는지에 관한 것으로, 이는 많은 그리스 사상가에게도 중요한 윤리적 의미를 지녔다.

일정한 생업[恒産]이 없으면서도 일정한 마음[恒心]을 간직하는 것은 군자뿐이다. 일반 백성들은 일정한 생업이 없으면 일정한 마음을 가지지 못한다. 일정한 마음을 잃으면 방탕과 사치에 빠질 수밖에 없다. 백성이 죄에 빠지기를 기다린 뒤에 벌주는 것은 백성을 함정에 빠지게 하는 것이니 어찌 인한 사람[仁人]이 백성을 함정에 빠지게 할 수 있겠는가?**43**

여기서 군주는 백성들 자체가 아니라 백성들이 했을 수도 있는 일 때문에 비판받고 있다. 이는 내가 3장에서 설명했던 지표로서의 백성이라는 비유와 상당히 잘 어울린다. 우리는 무더울 때 높은 온도를 나타내는 온도계를 비난하지 않는다.**44** 한편 많은 구절이 무언가를 잘못한 사람들만이 아니라 더욱 긴밀하게 자신의 도덕적 성품을 적절히 함양하지 못한 사람들을 비판하고 그들에게 책임을 묻는 것처럼 보인다. 도덕적 성품의 함양에 대해 말하고 있는 『맹자』「진심」상 3을 떠올려보자. "구하면 얻을 것이고 놓아두면 잃을 것이다." 이는 "구하면 얻는" 것이기 때문에 우리가 노력만 하면 진척할 수 있다는 것을 의미한다. 맹자가 "스스로를 파괴하는(自暴)" 사람들이나 "스스로를 버리는(自棄)" 사람들을 비판하는 것을 살펴볼 필요가 있다. 맹자는 전자와는

---

43 Mencius(1970: 58)의 번역.
44 물론 『맹자』에서 책임과 민民의 문제는 그리 간단하지 않다. 「양혜왕」하 4는 만약 백성이 나라의 재화를 적절하게 분배하지 못한다는 이유로 "권세 있는 사람들을 나쁘게 말한다면" 이것은 "잘못된 것(非)"이라고 말한 것으로 읽을 수 있다. 3장에서 논의한 민과 인仁의 구별에 비추어 볼 때 바로 앞 문장은 "사람(人)"이 나쁘게 말하는 것을 언급하는 것이지 백성들이 집단적으로 나쁘게 말하는 것을 언급하는 것이 아니라는 점이 중요할 수 있기 때문에 나는 이것을 잠정적으로 말한다. 그럼에도 불구하고 이 구절의 주요 강조점은 통치자의 책임에 있다.

유의미한 논의를 할 수 없으며, 후자와는 성공적으로 무언가를 할 수 없다고 이어 말하는데 "스스로를 파괴하는" 및 "스스로를 버리는"이라는 말 자체가 개인의 책임을 내포한다. 그렇다면 우리는 도덕적 운의 명백한 중요성과 책임이라는 개념이 어떻게 양립할 수 있도록 할 수 있을까?

이 맥락에서 조엘 쿠퍼만의 성격과 책임에 대한 연구가 도움이 될 것이다. 그는 우리의 행동이 종종 성격과 상황 사이의 상호작용의 결과로서 비자발적이며 (즉 의식적으로 선택된 것이 아니며) 우리의 성격 자체도 대체로 비자발적이라고 주장한다. 성격 자체가 대체로 비자발적이라는 것은 우리가 우리의 성격을 임의로 바꿀 수 없다는 것과, 상당한 기간에 걸친 커다란 노력조차도 때때로 실패할 수 있다는 것을 의미한다.[45] 그럼에도 불구하고 그는 우리가 상황을 지속적으로 통제함으로써 성격을 점차 변화시킬 수 있고, 결과적으로 성격이 극적으로 변할 수 있다고 주장한다. 우리는 충분한 통제력, 즉 "사람들에게 성격과 성격이 야기하는 행동들에 대한 책임을 묻기에 충분한" 통제력을 가지고 있다.[46] 이런 쿠퍼만의 입장은 매력적이다. 이 입장은 운이 성격과 행동의 결정에 상당한 역할을 한다는 통찰력(그리고 뒤에서 볼 경험적 증거)과, 우리가 스스로와 우리의 사회를 형성하는 것을 어느 정도 통제할 수 있어야 한다는 강력한 필요(이 또한 증거들에 의해 지지된다)에 모두 호의적이다. 우리는 『맹자』에서 이 두 가지 사상 모두를 찾을 수 있다. 그뿐만 아니라 이러한 입장이 후대의 신유학자들이

---

[45]   이 문제에 대해서는 일부 페미니스트가 자발적인 개인적 변화에 지나치게 낙관적이라고 비판하는 Tessman(2005: 25)도 보라.
[46]   Kupperman(1991: 63).

찾고자 했던 균형인 것으로 보인다. 여기 정이의 말을 살펴보자.

> 숙향叔向의 어머니는 양식아楊食我가 태어났다는 소식을 들었을 때, 그가 분명 자신의 일족을 파멸시키리라는 것을 알았다. 여기에는 놀랄 일이 없다. 그는 태어날 때부터 나쁜 정신-신체적 물질(氣)을 가지고 있었다. 그러므로 그는 자신의 일족을 파멸시킬 가능성(理)을 일관되게 가지고 있었다. 이것이 그녀가 그의 목소리를[*그가 태어났다는 소식을] 들었을 때 그것을 알았던 이유이다. 만약 그가 자신의 기를 정복하고 본성을 회복하는 것을 배울 수 있었다면, 이러한 불행은 일어나지 않았을 것이다.⁴⁷

앵거스 그레이엄이 논평하듯이 "갈림길에서는 우리가 걸어온 길이 우리가 어떤 길로 갈지를 결정하지 않는다."⁴⁸ 우리의 현재의 "정신-신체적 물질[氣]" — 우리의 성격과 기타 신체적, 심리적 특성 — 은 문제 있는 방향을 선택하도록 우리를 이끌 수도 있지만, 길(道)은 여전히 우리에게 개방되어 있다.

억압과 체계적인 도덕적 운

나는 그러므로 유학자들이 전통에서 도덕적 운이라는 개념을 위한 여지를 발견할 수 있다고 결론짓는다. 동시에 나는 — 서양의 거의 모든 덕 지향 이론가들과 마찬가지로 — 유학자들이 도덕적 운을 충분히 진지하게 다루지 않았다는 증거가 있다고 본다. 내가 유학과 쿠퍼

---

47 Graham(1992: 28)의 번역. 조금 수정함.
48 Graham(1992: 22).

만에게서 발견한 입장은 운이 도덕적 발달에 있어서 개인의 준비성과 발전의 용이함에 일정한 역할을 하지만 개인이 자신의 성격이나 행동에 대한 책임을 적절히 포기할 수 있을 만큼의 역할을 하는 것은 아니라는 것을 인정한다. 더욱이 최고의 찬사는 확고하고 성숙한 성격을 바탕으로 성인과 같은 편안함을 가지고 잘 행동하는 사람들에게 주어진다. 따라서 운의 역할은 인정되지만 궁극적으로 그다지 중요하지 않거나 우리가 운에 대해 할 수 있는 일이 없기 때문에 부차적인 것으로 간주된다.[49]

특정한 의미에서 우리가 운에 대하여 쉽게 할 수 있는 무언가가 있다. 만약 잘 통치하거나 가르친다면 백성들이나 학생들이 성장하기에 좋은 환경 ― 즉 운이 좋은 환경 ― 을 가질 가능성이 올라간다. 당연히 유학자들은 월시의 논문에서 설명하는 이러한 종류의 운이 그들이 말하고자 했던 것이라는 점을 인정할 것이다.[50] 그럼에도 그들이 운을 충분히 진지하게 다루지 않는다고 볼 수 있는 이유는 (그들이 보기에) 잘 통치되는 사회조차도 일부 사람의 도덕적 발전 가능성을 체계적으로 훼손하는 구조적 특징이 있다는 사실을 그들이 놓치고 있기 때문이다. 일부 현대 페미니즘 철학자의 저작에 영향을 받아서 나는 전통 유학 내에서 억압의 문제적 성격이 충분히 이해되지 못했으며, 억압의 핵심적 악badness의 측면은 사람들의 성격을 제한하거나 저해하는

[49] 쿠퍼만은 자아에 대한 그의 설명(Kupperman, 1991: ch. 2를 보라)이 "급격히 다른 성격을 발전시켰을 당신에 대해 우리가 문제없이 말할 수 없다는 것을 시사한다. 당신이 현재의 성격을 가지고 있어서 운이 좋다고 말하는 것은 당신이 다른 누군가가 아니라 당신 자신이어서 운이 좋다고 말하는 것과 비슷하다"고 말하면서 "우리가 할 수 있는 것은 아무것도 없다"는 점에 대한 흥미로운 주장을 한다(Ibid.: 141).

[50] Walsh(unpublished).

예상 가능하고 체계적인 방식을 의미한다고 말한다.⁵¹ 이것은 유학자들이 더 심각하게 받아들여야 하는 체계적인 도덕적 불운에 해당한다.

억압의 결과를 덕-윤리 관점에서 가장 자세히 설명한 사람은 리사 테스만인데, 나는 잠시 후 그녀의 저서에 대해 살펴볼 것이다. 하지만 먼저 일반적인 견지에서 억압에 대해 생각해보자. 아이리스 매리언 영의 억압에 대한 유명한 분석이 우리의 목적에 잘 부합할 것이다.⁵² 우리가 살펴보려고 하는 억압에는 세 가지 특징이 있다. (1) 이것은 폭군의 정책의 결과라기보다는 사회적 관습에 깊이 배어든 일상의 구조적 특징이다. (2) 이는 대상을 무력화하거나 위축시킨다. (3) 억압의 대상은 항상 집단이다. 영의 주장에 의하면 — 나는 이 점이 관계성에 대한 근본적인 유학적 강조와 잘 상응한다고 생각한다 — 개인은 부분적으로 집단에 의해 구성된다. 영은 개인적으로 혹은 개별적으로 모든 집단의 억압을 설명하기에 충분한 다섯 가지 유형 혹은 "국면"의 억압, 즉 착취, 주변화, 무력powerlessness, 문화 제국주의, 폭력을 자세히 언급한다. 각각의 사례에서 그녀는 그러한 사회적 관행 패턴의 대상이 되는 것이 어떻게 집단의 구성원들을 무력화하고 위축시키는지 설명한다. 예를 들어 "주변화는 사회적으로 규정되고 인정되는 방식으로 능력을 발휘할 기회를 막는다는 점에서 부당하다."⁵³ 개인의 역량을 개발하고 발휘할 수 있도록 하는 데 중점을 둔 영의 사회정의 개념은 유학적 개념과 가깝기 때문에 현대유학 연구자들도 영의 억압

---

51 이러한 용어들로 문제를 제기한다고 해서 억압에 반대하는 다른 좋은 이유가 있을 가능성을 배제하려는 것은 아니다 — 실제로 그럴 가능성이 더 크다. 이 점을 강조해준 에밀리 맥레이에게 감사한다.
52 Young(1990: ch.2).
53 Ibid.: 54.

에 대한 이해를 바탕으로 한 분석을 쉽게 적용할 수 있을 것이다.

억압은 완전한 도덕적 발달을 위협할 뿐만 아니라,[54] 유학자들이 특별히 관심을 기울여야 하는 특정한 도덕적 능력까지 위축시킨다. 억압은 덕과 성품의 함양에 세 가지 주요한 부정적 결과를 초래한다. 첫째, 이것은 개인이 널리 덕이 있는 것으로 인정되는 성격적 특성을 함양하는 것을 더욱 어렵게 만든다. 둘째, 이것은 리사 테스만이 "부과된 덕burdened virtues"이라 부르는 것을 형성하도록 조장한다.* 이것은 억압적인 상황에서 더 나은 삶에 기여하거나 억압에 대한 저항의 가능성을 제공하지만 문제적인 성격적 특성이다. 셋째, 억압이 있는 세계에서 특권을 가진 사람들은 테스만이 "지배의 원죄"라 부르는 것을 겪을 수 있다. 억압에서 비롯되는 도덕적 피해의 종류를 강조할 때 우리는 피해자를 단순하게 비난하지 않도록 조심해야 한다.[55] 하지만 유학이 모든 사람의 도덕적 성장을 가능하게 하는 것을 사회 행동주의의 강력한 동기로 여긴다는 점을 감안할 때, 억압이 피해자에게 피해를 주는 방식을 신중하게 검토하는 것이 중요하다.

피해자를 비난하는 것과 관련된 문제에 대한 테스만의 논의는 도덕적 피해에 대해 논하는 것이 어떻게 잘못될 수 있는지와 관련한 한 방식을 보여준다. 즉 이러한 분석은 문제의 집단을 억압하는 또 다른 도구가 될 소지가 있는 것이다.[56] 두 번째 잠재적 문제는 나와 같은 연구

---

54 Tessman(2005: 26).
* 집단 정체성에 따라 억압적 방식으로 더 부과된 짐과 같은 것이므로 부과된 덕으로 번역하였다.
55 Ibid.: ch.2.
56 예를 들어 테스만은 아프리카계 미국인의 성격에서 보이는 "범죄성"을 강조하는 분석을 인용하며, 이를 "흑인 문화"의 결함이나 불평등을 종식시키기 위한 정책의 의도하지 않은 결과로 돌리고, "흑인 집단에 대해 시정해야 할 부당함

에서 특히 두드러지며, 영의 "문화 제국주의" 범주의 측면에서 접근할 수 있다. 영은 "문화 제국주의는 지배적 집단의 경험, 문화의 보편화와 이것의 규범화를 포함한다"고 설명한다.57 우리의 목적을 위해 이런 종류의 억압을 피하고자 한다는 것은 특권적인 현대 미국인의 경험과 다른 모든 경험을 열등하고, 바람직하지 않고, 억압의 결과일 가능성이 높다고 가정하지 않도록 특히 주의해야 한다는 의미로 해석할 수 있다. 즉 우리는 전통 중국 여성들의 경험과 가치가 현대의 미국 백인 중산층 여성들의 그것과 다르다는 것에서 중국의 여성들이 억압을 받았다는 (그리고 이 시기의 유학이 억압을 무시하거나 참여했다는) 결론을 성급히 내려서는 안 되는 것이다. 억압이 어디에서 발생하고 있는지 그리고 무엇이 유학의 입장에서 받아들여야 할 억압으로 여겨질 만한지에 대한 설명 없이 이러한 도약을 감행하는 것은 문화 제국주의에 참여하는 것이다.58

이 두 가지 위험에도 불구하고 우리가 여전히 억압으로 인한 도덕적 피해의 문제를 직면해야 하는 이유는 피해의 증거가 강력할 뿐만 아니라 이러한 피해야말로 유학자들이 억압적 구조를 인식하고, 직면하고, 시정하도록 하는 동기가 되어야 하기 때문이다. 먼저 억압이 어떻게 덕을 함양하는 것을 더 어렵게 만들 수 있는지 생각해보라. 앞에서 논의했듯이 [남녀의] 내외 구분은 후기 제국 시대의 엘리트 여성들이 덕을 구상하고 실천할 수 있는 범위를 제한한다. 유학자들은 "내성

은 없다"고 결론짓는다(Tessman, 2005: 45).
57 Young(1990: 59).
58 Warp, Weft, and Way 블로그 토론에 기여한 사람들에게 이 위험의 본질을 명확히 하는 데 도움을 준 것에 감사한다. warpweftandway.com/is-confucian-feminism-so-easy를 보라.

적인 것(內聖)" — 즉 덕이 있는 성품을 함양하는 것 — 이 모든 종류의 외적, 공적, 정치적 세계를 지칭하는 "외왕적인 것(外王)"과 긴밀하게 연관되어 있다고 본다.[59] 공적 세계에 참여하는 것은 두 가지 이유에서 중요하다. 첫째, 개인적 관심사와 비개인적 관심사 사이에서 적절한 균형을 더 잘 발전시킬 수 있다. 둘째, 더 많은 종류의 가치와 그것의 여러 측면에 관여함으로써 명백한 갈등과 관련된 복잡한 상황에서 조화롭게 반응할 수 있는 방법을 더 잘 배울 수 있다.[60] 이것은 물론 남성이 외부 세계에 접근하는 것이 자동적으로 덕으로 이어진다는 말은 아니며, 여성의 매우 제한적인 접근이 여성이 현명한 덕을 지닐 가능성을 자동적으로 부정하는 것도 아니다. 요점은 억압적인 제약 사항 때문에 유학자들이 이해하는 완전하고 인격적인 덕을 함양하는 데 있어 여성이 더 많은 어려움을 겪는다는 것이다.[61]

두 번째 피해의 근원은 더 미묘하다. 즉 억압적 환경은 "부과된 덕"의 형성을 조장할 수 있는 것이다. 리사 테스만은 조장될 가능성이 있는 (심지어 의식적으로 발전될 수 있는) 특성들의 연속체를 설명한다. 이것은 억압적이지 않은 환경에서는 문제없이 좋은 것에서부터 개선된 세계 내에서는 선택되지 않을 만한 것까지 걸쳐 있다. 그녀는 후자에 해당하는 예로 끊임없는 분노, 희생의 용기, 동지에 대한 신의를 제시

---

59 내성과 외왕의 관계에 대한 논의로 Angle(2009: ch. 10)을 보라.
60 유학 윤리의 이러한 측면들은 Angle(2009)에서 탐구된다. 각각 5장과 6장을 보라.
61 사회적 환경이 도덕적 발달에 미치는 영향에 대한 최근의 심리학적 연구는 여기서 매우 관련이 있다. 그러한 연구 중 하나는 "청소년들에게 도덕적 정체성을 구축하는 데 활용 가능한 자원들은 주변 환경에 따라 체계적으로 달라진다. 미국에서 가장 가난한 지역에 사는 청소년들은 도덕적 정체성 형성을 더 어렵게 만드는 수준의 스트레스, 아동 포화, 제도적 부족을 경험한다"고 결론 내린다(Hart & Matsuba, 2009: 228).

한다. 각각의 경우에 그녀는 억압받는 사람들이 그러한 특성을 지지하는 이유를 자세히 논의하며, 그러한 특성을 가진 사람들이 받는 피해에 대해서도 자세히 설명한다.[62] 분노, 용기, 충성은 모두 억압에 대한 저항과 연결되어 있다. 억압에 의해 조장될 수 있는 또 다른 종류의 부과된 덕은 주어진 상황 속에서 가능한 최선의 삶을 살 수 있도록 도와주는 것까지 포함한다. 이때 테스만은 부정denial과 무감각numbness을 가능한 사례로 제시한다.[63] 후기 제국 중국의 맥락에서 여성의 정조가 이러한 종류의 부과된 덕의 예로 보인다. 그것은 분명 찬사를 받았고, 앞에서 언급한 것처럼 정조 있는 과부의 예는 때때로 공적 세계에 투사되어 다소 제한적이기는 하지만 여성에게 실질적인 공적 영향력을 주었다. 하지만 억누를 필요가 있는 인간 감정의 관점에서든 유학 윤리의 틀 안에서든 이러한 덕이 가지는 부담은 분명해 보인다. 코는 과부들에게 정조를 강요하는 것이 "아내, 친족, 딸로서의 다중적인 책임"과 관련해 발생하는 충실성들 간의 갈등과 긴장으로 이어질 수 있다는 점을 지적한다.[64]

억압이 초래하는 마지막 종류의 도덕적 피해는 테스만이 "지배의 원죄"라고 부르는 것이다. 이름이 암시하듯이 이것은 억압당하는 사람들보다는 억압적인 사회의 특권층에 피해를 준다. 테스만에 따르면 억압적 관습에 적극적으로 참여하지 않는 사람들조차도 이러한 악덕의 하나 또는 다른 형태에 의해 피해를 입을 수 있다. 테스만은 냉담, 탐욕, 부정직을 이러한 스펙트럼의 극단으로 제시한다. 덜 극적인 형

---

[62] Tessman(2005: 165, *passim*).
[63] Ibid.: 166.
[64] Ko(1994: 163).

태에 해당하는 "평범한 악덕"에는 이기심, 무관심, 게으름이 있다. 테스만의 주장은 대부분의 특권층이 이러한 악덕을 하나 이상 겪는다는 것이다.[65] 유학자들은 이러한 악덕을 — 특히 신유학의 담론에서 중심적으로 조명되고 있는 이기심을 — 분명히 인식할 것이다. 하지만 그럼에도 불구하고 그들은 사회적 구조가 타인의 역경plight에 주의를 기울이지 못하도록 할 수 있다는 것을 놓치고 있다. 물론 유학이 중국이나 서양의 다른 사조에 비해 억압을 알아차리거나 비판하는 데 더 나빴다거나, 비중국 혹은 비유학적 사회에 문제가 없다는 것을 의미하는 것은 결코 아니다. 테스만의 비판은 현대 서양에 맞춰져 있다. 현대 서양 사회와 전근대 중국 사회 사이의 수많은 차이점에도 불구하고 이 절에서의 주장은 구조적 억압은 양자 모두에게 문제이며, 따라서 진보적 유학의 정치철학이 이러한 억압의 문제에 대응할 수 있는 방법을 찾아야만 한다는 것이다.

해결책

이 장의 일반적 결론은 유학자들이 반드시 정치적이고 사회적 활동가가 되어야 한다는 방향으로 나아간다. 특히 체계적인 억압의 기반을 명백히 밝히고 제거하고자 노력해야 한다는 것이다. 그러나 이것이 무엇을 의미하는지에 대하여 여전히 더 많은 것을 언급해야 한다. 나는 유학자들이 억압에 반대해야 하는 이유로 그것이 사람들에게 부담을 가하기 때문이라고 주장하였다. 그러나 나는 아직 이러한 이유

---

[65] Tessman(2005: ch. 3).

를 개인의 동기에 대한 유학적 이해에 어떻게 반영할 수 있을지에 대해서는 설명하지 않았다. 현대유학 연구자들은 사회 비판의 필요성에 관심을 가지면서, 그들이 "우환 의식concern consciousness(憂患意識)"이라 부르는 강한 동기를 강조한다. 존 버스롱이 말하듯 머우쭝싼이나 쉬푸관과 같은 현대 신유학자들은 우환 의식을 "성왕들이 사회에 쏟아부은 끊임없는 수고와 노력"의 동기일 뿐만 아니라, 시대를 초월하여 유학 연구자들이 "세계에 봉사하기 위하여" 그들의 마음을 수양하도록 하는 자극제로 여겼다.66 근본적으로 우환 의식은 유학의 핵심 덕인 인(仁)을 설명하는 한 가지 방법이다. 우환 의식은 많은 사람의 생명과 필요를 포괄하도록 그 범위를 넓히기 때문이다 — 심지어 후기 유학에 이르러서는 이러한 관심의 범위가 온 우주를 포함하게 된다. 하지만 이러한 종류의 관심은 체계적이라기보다 여전히 개별적인 것으로 머무는 경향이 있었다. 『맹자』 「양혜왕」하 3에서 "천하에 약자를 괴롭히는 사람이 한 명만 있어도 무왕은 이를 개인적인 모욕으로 여겼다"67라고 말한 것처럼 교묘하고 체계적인 억압의 징후를 알아차리지 못할지라도 성인이 가지는 관심의 범위는 엄청난 수의 개인들에게 다다를 수 있다. 억압을 인식하는 것 — 그것을 올바르게 보는 것, 즉 그것을 잘못된 것으로 보는 것 — 은 인을 올바른 방향으로 이끄는 감정적/인지적 역량이다. 이것이 우리가 체계적인 도덕적 운과 억압의 범주에서 인과 우환 의식에 대한 논의를 보충할 필요가 있는 까닭이다. 이때 내가 구체화한 하나의 해결책은 다음과 같다. 인의 동기적 역량과 우환 의식이 억압을 알아차리는 역량과 연결될 때, 유학의

---

66   Berthrong(1998: 188).
67   Mencius(1970: 63).

행위자들은 사회 비판에 훨씬 더 신뢰할 만하게 참여할 동기를 가지게 될 것이다. 유학 윤리는 억압이라는 범주를 위한 추가적인 공간을 찾아야만 한다. 유학의 도덕교육 프로그램은 억압의 징후와 해로움을 반드시 강조해야 한다. 정치에 참여하는 유학자들은 정치적, 법적 체계가 억압을 지원하고 있는 것은 아닌지 주의 깊게 살펴야만 한다. 이러한 생각에 기반하여 우리는 진보적 유학이 주장하는 이러한 사회가 유학이 추구하는 윤리적 이상에 더욱 잘 접근할 수 있으리라 기대해야 할 것이다.

세 가지 이유에서 나는 현대유학 연구자들이 억압을 확인하고 비판하더라도 그들은 모든 형태의 위계질서와 존중 — 이 둘은 때때로 억압과 잘못 동일시되기도 한다 — 을 거부해서는 안 된다고 생각한다. 나는 "위계질서"라는 용어가 단순히 지위의 체계적인 차이를 분명히 함으로써 누군가를 다른 사람들보다 "더 높다"고 여기는 모든 사회적 구조를 의미한다고 본다. 지위의 차이가 종종 기능적 차이와 연결될지라도 기능적 구분(특히 서로 구분되는 경제적이거나 정치적인 기능)이 이런 의미에서 위계적일 필요는 없다. 권력의 차이는 원칙적으로 지위 및 기능 모두와 독립적인 제3의 차원을 형성하지만, 물론 이 둘 중 하나 또는 둘 모두와 결합되는 경우가 많다. 자주 위계질서와 연관되는 존중은 어떤 지위를 가진 사람이 다른 지위를 가진 사람을 존중하는 것을 의미한다. 어떤 형태의 위계질서와 존중을 고수하는 첫 번째 이유는 그것들이 인간 사회에서 불가피한 것이기 때문이라고 나는 감히 주장한다. 나는 이러한 점을 나의 입장을 논증하기 위한 주요한 이유로 제시하기보다는 사유의 촉발 계기로 제시한다. 왜냐하면 모든 현대사회에는 다양한 종류의 위계질서가 있으며, 위계질서의 다양한 형태, 기능 및 잠정적 가치로부터 우리는 무언가를 배울 수 있을 것이기 때문이다. 둘째, 위계질서와 존중의 측면에서 인간의 관계성을 이해하는 것이 유학적 저술에 아주 만연하기 때문에 위계질서를 거부하는 입장이 유학적인 것으로 여겨지기는 어려워 보인다.68 지위의 구분은 예에 대한 유학적 이해에 있어 핵심적이며, 유학자들 역시 여러 방식으로 위계적 구분을 세우고 그러한 구분을 존중하여 대응하는 것은 인간에게 자연스럽고 규범적인 것이라 주장해왔다.69

가장 중요한 세 번째 이유는 존중과 위계질서가 매우 높은 가치를 지니며 이것들이 억압적이지 않은 방식으로 실현될 수 있다는 점이다. 이러한 두 주장을 자세히 설명하고 변호할 때 존중과 위계질서가 종종 함께하는 개념일지라도 위계질서가 항상 존중을 위한 토대가 되는 것은 아님을 주지시키는 것이 도움이 될 것이다. 많은 상황 속에서 가이드, 스승, 다른 종류의 리더는 연관된 영역에서 더 높은 지위를 가진 리더라는 표지를 달지 않은 채 등장한다. 예를 들어 공적인 투어 가이드 ― 그는 깃발을 들고 있을 것이다 ― 를 따르는 것과, 위급 상황 속에서 단지 "뭔가를 아는 것처럼 보이기 때문에" 누군가를 따르는 것 사이의 차이를 생각해보자. 위계질서와 존중이 분리되는 또 다른 경우는 특정한 종류의 상황에서 같은 지위의 사람이 다른 사람을

---

68 이것을 말할 때 우리는 유학에 적용되는 개념 안에 영어 단어인 "hierarchy"의 외적인 함축을 포함하지 않도록 조심해야 한다. 『옥스포드 영어 사전』은 "hierarchy"의 초기 용례가 신학적 의미를 가졌음을 분명히 한다. 여기에는 "천사들의 세 계급"과 16세기까지 사제 또는 교회 통치가 포함된다. 하지만 적어도 17세기부터 이 용어는 보통 단순히 "등급, 순서 또는 계급에 따라 서로 순위가 매겨진 사람이나 사물의 집단"을 가리키는 데 사용되어왔다. Warp, Weft, and Way의 블로그에서 이러한 문제에 대해 토론한 참가자들에게 감사한다.
69 순자는 지위의 구분을 만드는 것이 인간 정체성의 핵심이라고 주장한다. 『순자』 「왕제」를 보라. 『맹자』 「공손추」상 6에서는 "사양지심을 느끼지 못하면 인간이 아니다"라고 말한다.

존중하는 것이 적절하거나, 심지어 더 높은 지위의 사람이 더 낮은 지위의 사람을 존중하는 것이 적절할 때이다. 누구든 문에 먼저 이른 사람이 다른 사람을 위하여 문을 잡아주는 것은 온건한 형태의 존중의 표시이다. 대화에서 우리는 발언권을 가진 사람에게 양보하는 경향이 있지만, 훌륭한 위원장이라면 수줍음이 많거나 말수가 적은 위원이 발언권을 갖도록 — 심지어 더 고위 위원이 더 하위 위원에게 양보하도록 하는 것도 포함하여 — 노력할 수 있다. 누군가는 이러한 경우들 각각에서 우리가 실제로 마주하는 것은 일시적이고 유동적인 지위의 변동이기 때문에 존중과 위계질서는 항상 완벽하게 서로 연관된다고 주장하고 싶을 것이다. 위계질서를 융통성 있게 생각하는 것은 중요하지만, 그럼에도 우리는 단순히 적절한 존중과 위계질서의 존재를 혼동하는 것을 지양해야 한다. 지위의 구분에 의해 위계질서가 표현되므로 양자 사이에는 어느 정도의 상관성이 있다. 위계질서의 가치의 핵심적 측면은 예상되는 존중의 형태에 주의를 기울이는 능력과 관련된다. 만약 우리가 누군가가 앞서 나가 "나를 따르라!"고 외치기를 계속 기다리기만 한다면 우리의 삶은 순탄할 수 없을 것이다. 이러한 의미에서 위계질서의 표지들을 예의 특수한 형태로 볼 수 있다. 즉 이것은 (우리가 6장에서 보았듯이) 소통을 위한 약칭으로서 유용하다.

존중 자체는 인간이 삶을 잘 살아간다는 것과 관련된 여러 측면에서 핵심적이다. 첫째, 그것은 배움과 성장에 대한 개방성을 전달하고 가능하게 한다. [예를 들어] 스승을 존중함으로써 우리는 현재의 우리보다 더 나은 사람이 될 수 있는 공간을 만든다. 이것은 배움과 성장의 과정이 반성, 검토, 질문을 포함하리라는 것을 인정하는 것과도 일맥상통한다. 이러한 점은 『논어』「술이」 22에서의 "세 사람이 길을 가면 그 가운데 반드시 나의 스승이 있으니 선한 것은 가려서 따르고,

선하지 못한 것은 거울로 삼아 고쳐야 한다"라는 공자의 말을 어떻게 독해해야 하는가에 대한 주희의 생각과 특히 연관성이 있다.[70] 존중은 결코 철저한 복종을 요구하지 않는다. 존중의 두 번째이자 관련된 가치는 리사 로젠리가 지적하듯 우리가 "과거의 지식이 연장자로부터 젊은이에게 전달되는 복잡한 인간관계"라 부르는 것에 참여할 수 있도록 해준다는 것이다.[71] 문화적 유산(들)을 형성하는 전통에 대한 존중은 스승에 대한 존중과 밀접하게 연결되어 있다. 셋째, 존중은 개인의 유한한 본성과 오류 가능성에 대한 인식을 표현한다. 유학은 완벽주의적이고 성인의 경지라는 이상은 원칙적으로 실제 사람들이 접근 가능하다고 여겨지지만 성인의 경지에 접근 가능하다는 것은 사실 우리 중 누구도 성인이 아니라는 생각과 함께한다. 공자조차도 자신은 성인이 아니라고 반복적으로 부정했다.[72] 넷째, 존중은 자기 자신과 자신의 정체성 및 행복에서 중심적 역할을 하는 관계성에 있어서 [내가] 타인과 소통하도록 한다. 존중하고 존중받음으로써 우리는 관계와 집단 내에서 우리의 역할을 규정할 수 있다. 존중의 다섯 번째 측면은 이것이 비강제적 권위와 연결되어 있다는 것이다. 나는 3장에서 한나 아렌트가 제시한 강제, 권위, 설득의 삼중 구분에 대해 논의했다. 그녀의 설명대로 권위는 위계적 우월에 기반하여 복종을 요구하는 것으로, 강제를 뒷받침하는 폭력의 "외부적" 위협과 구분되며 설득이 작동하는 평등주의적 질서와도 구분된다.[73] 3장에서 논의했듯이 나는

---

70 Brooks & Brooks(1998: 42)의 번역. 주희의 독해에 대해서는 Angle(2009: ch. 8)을 보라.
71 Rosenlee(2006: 157-158).
72 『논어』「옹야」 30, 「술이」 26, 34를 보라. 성인들마저도 고전에서 다른 사람들에게 질문을 하는 것과 같은 존중의 실천에 참여한 것으로 묘사되고 있다. 이와 관련된 논의로는 Angle(2009: ch. 9)을 보라.

현대유학의 정치가 권위를 정당화하는 데 있어 설득을 핵심적인 것으로 삼아야 한다고 생각한다. 그렇다고 위계질서와 존중의 모든 형태가 사라져야 한다는 것은 아니다. 미국과 같은 국가에서도 정당한 권위에 대해 정식으로 그리고 적절하게 존중을 표하는 것은 일반적인 것이라 할 수 있다. 지금까지 내가 설명한 몇 가지 특징은 존중의 여섯 번째 가치라 할 수 있는 것, 즉 유동적인 ― 심지어 고귀하고 아름다운 ― 사회적 기능에 기여한다. 넓은 관점에서 살펴볼 때 이 유동적인 사회적 기능은 유학자들이 조화라 부르는 역동적인 사회적 안정을 만들어낸다. 마지막으로 일곱 번째 존중은 존경을 표현하는 하나의 방법이다. 유학적 이해에 따르면 이러한 존경은 두 가지 종류로 나눌 수 있다. 그가 수행하고 있는 역할 때문에 존경을 표현할 수도 있고, 도덕적 행위로서의 기초적 실천 역량 때문에 존경을 표현할 수도 있다(나는 3장에서 리에 대한 민감성과 관련하여 이를 다루었다).

나는 위계질서의 의미는 예상되는 존중의 형식에 관심을 기울일 수 있게 하는 능력에 있다고 생각한다. 설득력 있는 현대유학의 입장이라면 존중의 7가지 측면이 각각 가치를 가진다는 것에 이견이 없어야 할 것이다. 유학자들은 사실 조금 전 살펴본 각각의 가치의 실현에 존중 개념이 고유한 방식으로 기여한다는 사실이 존중 개념을 충분히 다루지 않고 있는 모든 윤리나 이데올로기에 문제가 있음을 보여준다는 더욱 강력한 주장을 내세우고 싶을 것이다. 나는 이러한 주장에 동감하지만, 존중과 위계질서가 억압적일 필요가 없다는 것을 보여주는 나의 주요 목표로부터 멀어지지 않기 위하여 이러한 주장을 자세히 다루지는 않을 것이다. 이와 관련하여 우리가 인식해야 할 가장 중

---

73   Arendt(1977: 92-93).

요한 요점은 내가 지금까지 말한 것에 의하면 위계질서와 존중의 관계는 집단들 사이가 아니라 개인들 사이에서 발생한다고 이해해야 알맞다는 것이다. 어떤 사람은 다른 사람의 역할, 경험, 학습, 기술과 두 사람이 처한 특정 상황 사이의 적합성에 근거하여 그를 적절하게 존중한다. 나는 엘레인Elaine이 판사이기 때문에 법정에서는 그녀를 존중하지만, 식료품점에서는 — 적어도 그런 이유 때문에 — 그녀를 존중하지는 않을 것이다. [하지만] 만약 엘레인이 나보다 나이가 많다면, 나는 식료품점에서도 그녀를 존중할 것이다. 젠더, 민족, 종교 등에 의해 구분된 하나의 사회적 집단의 사람들이 다른 유형의 사람들을 존중할 때 이것은 억압의 징후를 띤다. 나는 이처럼 구체적인 상황을 벗어나는 종류의 개념이 존중의 가치를 성취하는 데 필요하지 않다고 생각하며, 존중을 표현하도록 규정된 집단에 부과된 체계적인 열등감이 영이 논의한 "억압의 국면들" 중 하나를 드러낼 가능성이 매우 높다고 본다. "나이 어림"과 "나이 많음"도 예외가 될 수 없다. 왜냐하면 차이를 만드는 것은 두 개인 간의 상대적인 관계이지, "어린" 집단에 속한다는 이유가 차이의 원인은 아니기 때문이다.

어떤 의미에서 나는 나의 문제를 해결하였다. 다시 말해 (내가 사용해온 용어의 의미에서) 억압은 반드시 집단에 적용되어야 하는 것인데, 위계질서와 존중은 집단에 적용되는 개념이 아니므로 억압적일 수 없다. 그러므로 억압적인 위계질서는 없다. 그러나 이것은 너무나 단순한 대답일 뿐이다. 먼저 대부분의 경우 지위상의 위계질서는 부와 권력의 차이와 뒤얽혀 있다. 나는 이 장의 결론 부분에서 이러한 뒤얽힘의 장단점을 살펴볼 것이다. 둘째, 개인에 기반한 존중의 관계조차도 깊은 문제를 일으킬 수 있는 좀더 느슨한 의미에서의 억압이 있다. 다음과 같은 여섯 가지의 예외 사항defeater에 따라 관계가 특징지어진다면 존중의 가치는 훼손될 수 있다. 첫째는 경직성rigidity이다. 이것은 관계의 참여자가 상황, 지위, 역량의 변화를 인정하기를 거부할 때 발생한다. 특정한 집단에 속한다는 이유로 우월한 지위를 상정하는 것은 이러한 경직성의 극단적인 예에 해당할 것이다. 강제[강압]coercion는 두 번째 예외 사항이다. 적어도 이것이 명시적으로 발생할 때 강제는 존중 및 권위와의 연결을 거부하며, 존중의 다른 가치의 측면들로부터 사람을 괴리시키는 경향이 있기 때문이다.[74] 세 번째는 희생sacrifice이다. 여기서 희생은 자신이 지지하는 다른 중요한 목표를 실현하지 않고 중요한 가치를 포기하는 것을 의미한다. 가치 있는 존중에 기반하는 관계는 이런 의미에서의 희생을 요구하지 않는다.[75] 네 번째 예외 사항은 전능성omnivalenc이다. 어떤 개인이 모든 상황에서 동일한 다른 사람들보다 열등(또는 우월)하지 않더라도 모든 맥락에 걸쳐 위계적으로 열등(또는 우월)한 상황을 말한다. 존중은 존중을 표하는 것과 존중을 받는 것 사이의 균형을 맞출 수 있어야 건강하다고 할 수 있다. 논파 불가능 무오류성indefeasibility은 명백한 문제로서 우월한 자의 판단에 대한 도전이 어렵거나 불가능할 때 생겨난다. 마지막이자 여

---

[74] Hall & Ames(1987: 181)를 보라. 에밀리 맥레이가 이해하는 데 도움을 준 것처럼 적절한 존중이 가능하다고 말하고 싶은 많은 맥락에서 강압의 배경이 존재한다. 법정, 가족, 군부대는 모두 강압의 장소일 수 있다. 때로는 정말로 권위를 존중하는 것인지 아니면 단순히 처벌을 피하기 위해 복종하는 것인지 불분명할 수 있지만, 『논어』「위정」3에서 인정하는 것처럼 존중과 처벌을 피하는 것의 구분은 그럼에도 불구하고 강력하고 중요하다.

[75] 상사의 명령에 복종하는 병사가 극도로 위험한 임무를 수행한다고 생각해보라. 그는 결국 목숨을 잃을 수도 있지만 만약 그가 그의 행위를 그의 중요한 가치를 유지하고 실현하는 행위로 본다면, 그것은 내가 여기서 사용하는 의미에서의 "희생"이 아닐 것이다. 이것을 군인의 명령이 상사의 부패한 행동을 가리는 것을 목표로 하는 경우와 대조해보라. 여기서는 희생이 요구되고 존중이 훼손된 것이다.

섯 번째 예외 사항은 결여emptiness로서, 어떤 지위를 가진 사람이 그 지위에 해당하는 덕과 책임을 구현하는 데 실패할 때 발생한다. 스승, 부모, 지도자라는 [지위의] 빈 껍데기를 존중하는 것에는 거의 아무런 가치가 없다. 이러한 모든 예외 사항은 일반적으로 정도의 문제이기 때문에 혼합된 경우 ― 일부는 가치가 없지만 일부는 가치가 있는 경우, 아마도 계속 존중할 가치가 있는지에 대한 판단이 어려운 경우 ― 가 분명히 존재할 수 있다.

만약 억압적이지 않은 위계질서와 존중이 위와 같은 예외 사항들이 부재한 정도만큼 가능한 것이라면, 우리의 마지막 단계는 유학자들이 주어진 관계 속에서 위와 같은 예외 사항들을 최소화하기 위하여 장려해야 할 가치와 제도가 무엇인지 구체화하는 것이 될 것이다. 적어도 다섯 가지의 지지 가치가 있다. 여전히 우리 모두 아직은 그것에 이르지 못한 공유된 이상에 대한 경외reverence가 핵심이다.[76] 여러 예외 사항을 예방함에 있어서 공유된 이상에 대한 헌신이 도움을 준다. 둘째, 다른 관점이나 문제를 포착하는 방식에 대한 상상력과 개방성은 매우 건전하다고 할 수 있다. 왜냐하면 이러한 개방성은 (경직성에 빠지는 것이 아니라) 성장과 변화가 가능할 때를 발견할 수 있도록 해주기 때문이다. 대화를 가치 있게 여기는 것 ― 이는 질문하고 이에 대답하는 것 모두를 의미한다 ― 은 상상력, 개방성과 유사한 효과를 가져온다. 이러한 세 가지 지지 가치 모두 자신의 한계와 오류 가능성에 대한 생각을 강화한다는 점도 주목할 필요가 있다. 이 점을 마주함으로써 리에 대한 추가적인 관점에 개방적인 태도를 갖는 것이 합리

---

[76] Woodruff(2001)를 보라. 특히 유학적 맥락에서 이러한 사상의 발전은 Angle (2009)을 보라.

적이다. 그러므로 우리는 오류 가능성을 그 자체로 하나의 가치라고 말할 수 있다. 다섯째, 나는 앞에서 존중이 지지하는 가치 중 하나가 특정 역할을 하는 사람들과 도덕적 행위자에 대한 존경이라고 언급했다. 다른 사람에게 존경을 표하는 한 이것은 예외 사항들을 이겨내는 데 도움이 된다. 그러므로 존경은 건강한 존중의 원인과 결과가 될 수 있다. 이러한 가치들은 유학 윤리 커리큘럼의 중요한 부분을 구성해야 한다. 이것들이 고유한 유학적인 사회제도의 성공에 핵심이 될 것이기 때문이다. 마지막으로 진보적 유학은 국내 법적 권리와 국제적 인권을 모두 요구하지만 — 억압에 저항하기 위해 둘 중 하나 또는 둘 다에 호소할 수 있지만 — 권리 주장을 통해 자신을 보호하는 것은 필연적으로 존중을 통해 추구하는 가치를 훼손할 수 있으므로 억압적이지 않으면서도 강력한 윤리 문화가 조성될 수 있어야 사회와 개인이 더 나아질 것이다.

결론: 복잡한 관계

이 시점에서 내가 이 장 전체에서 주장해온 주요 결론을 나열하는 것이 도움이 될 것이다.

1. 유학자들은 상황이 덕에 미치는 영향력에 대해 오래전부터 이해해왔다.
2. 상황과 도덕적 운의 역할을 인정한다면, 유학자들은 (역사적으로 그러지 않았더라도) 체계적인 도덕적 운의 중요성을 인정해야 한다.

3. 억압은 특히 문제가 되는 종류의 체계적인 도덕적 불운이다. 이것은 억압받는 사람들의 윤리적 성장 가능성을 다양한 방식으로 약화시킨다.

4. 그러므로 유학자들은 억압을 폭로하고 제거하는 데 헌신해야 한다.

5. 유학자들은 종종 억압과 관련되어 언급되는 위계질서와 존중을 집단 관계라기보다는 개인적 관계로, 중요한 가치를 지닌 것으로 이해해야 한다.

6. 위계적 관계가 여섯 가지의 예외 사항에 의해 특징지어진다면 위계질서와 억압의 가치는 상실될 수 있다. 그러므로 유학자들은 직접적인 비판을 통해 그리고 이 장의 마지막 부분에서 구체화된 지지 가치의 배양을 통해 예외 사항들과 싸워야 한다.

이 장의 결론 부분에서 유학자의 사회 비판을 더욱 복잡하게 만드는 두 가지 복잡한 관계를 인정하고자 한다. 여기서 간략하게만 다룰 첫 번째는 특정한 도덕적 인식, 의례, 조화를 강조하는 유학 윤리 교육이 자신이 얽혀 있을 수 있는 억압적 구조를 인식하는 데 도움이 될 수 있는지에 대한 문제이다. 두 번째 문제는 한 편으로는 지위의 구분 사이, 또 다른 한편으로는 부와 권력 사이의 복잡한 관계와 관련된다. 이 문제에 직면하는 것은 분배정의에 대한 진보적 유학의 관점을 성찰할 기회도 제공할 것이다.

억압은 포착하기 어려울 수 있다. 한 가지 이유는 앞에서 논의했던 억압의 구조적 성격 때문이다. 올바른 경험과 관점이 있어야만 대규모의 패턴을 감지할 수 있다. 또한 억압이 폭군의 극적인 악행에 의한 것이 아니라 우리의 삶의 일상적인 태도와 구조에 의한 것이라는 것을 기억하는 것도 중요하다. 억압은 "평범해"지면 거의 감지할 수 없게 되어버린다. 유학에서 문화적 교육을 강조하는 것은 사실이지만, 이러한 교육이 문화적으로 인정되지 않은 형태의 억압에 어떻게 대처할 수 있겠는가? 페미니즘 철학자인 다이애나 메이어스에 따르면 유학과 같은 도덕교육 프로그램은 누군가를 희생양으로 삼고 있다는 사실을 인정하지 않으려는 경향을 강화하며, 그 결과 [이른바] 좋은 유학자는 "고용주, 스승, 직장이나 학교 동료들이 자신을 억압하고 있음을 인지하지 못하게 된다."[77] 『성인의 경지』의 6장에서 나는 메이어스의 비판과 해결책에 대해 자세히 논의한다. 거기서 나는 조화에 대한 유학의 입장이 "풍파를 일으키는 것rock the boat"을 피하고자 하는 것과 똑같다고 생각해서는 안 된다고 주장한다. 메이어스는 우리의 도덕적 환경을 형성하는 데 있어 성인이 아닌 사람들non-sages이 중요한 기여를 한다고 주장하는데, "원한의 감정"이 성인의 감정보다 더욱 쉽게 인지된다는 그녀의 주장이 다소 설득력이 떨어짐에도 불구하고 이 점은 타당하다.[78] 결론적으로 억압을 식별하는 것이 때때로 어려울 수 있지만, 특히 "억압"이 우리가 관심을 가져야 하는 범주라는 명시적인 인식과 내가 이미 언급한 다소 덜 전통적인 "지지 가치"에 의해 강화될 때, 유학 교육은 그 과업을 완수할 것이라는 것이다.

그렇다면 지위, 부, 권력 사이의 복잡한 관계는 어떤가? 먼저 말해야 할 것은 유학자들이 전형적으로 이러한 세 가지 측면 사이의 깊은 관련성을 요구했다는 것이다. 높은 사회적, 도덕적 지위는 함께 가야 하고, 적어도 어느 정도의 물질적 부와 정치적 권력이 적절하게 수반

---

[77] Meyers(1997: 203).
[78] Angle(2009: ch.6).

되어야 한다. 권력에 대해서는 (특히 "권위"를 중심으로) 이 장과 3장에서 상당히 다루었으므로 여기서 이 주제를 다루지는 않을 것이다. 그 대신 부의 분배와 그 결과에 초점을 맞추어보자. 이것은 다양한 유학자가 다소 상이한 견해를 가지는 복잡한 주제이기는 하지만, 우리는 대략 지위와 부가 연결되어야 한다고 주장하는 이유를 다음과 같이 요약할 수 있다. 첫째, 신체의 장식품은 지위의 구분을 나타내는 데 도움을 주면서 역할을 표현하는 데 기여할 수 있다. 둘째, 그것은 제한된 재화를 분배하기 위한 분배 체계를 제공한다. 낮은 지위의 사람들은 높은 지위의 사람들보다 덜 가져가지만, (만약 이 체계가 작동한다면) 높은 지위의 사람들의 몫도 제한된다.[79] 부가 존중이나 장기적인 [지위] 향상에 대한 동기부여를 실제로 도울 수 있다고 (그리고 그럼으로써 지위를 향상한다고) 생각될 수 있지만 개인적 이익을 동기로 삼는 것에 대한 유학자들의 끊임없는 비판이 이 문제를 어려운 문제로 만든다. 적어도 물질적 안정은 권위를 가지는 부담스러운 위치에 행위자가 남아 있을 수 있도록 적절하게 지원할 수 있다. 또한 도덕적 운과의 관계와 관련해서 앞에서 언급했듯이 상당 수준의 물질적 박탈은 분명히 존중과 덕이 있는 다른 행동을 훨씬 어렵게 만든다.

분배정의에 대한 과거와 현대의 유학의 태도에 대한 연구들은 유학자들이 급진적인 평등주의자는 아니지만 불균형적인 분배에 대한 제한을 지지하는 경향이 있다는 것을 분명히 보여준다. 우리는 고전적인 유학 저술에서 "충분"의 원칙과 "최소 수혜자 우선"의 원칙과 관련된 자료들을 찾을 수 있다.[80] 소훈 탄은 다양한 초기 유학 자료에서 덕

---

[79] 이 두 가지 이유는 순자가 그의 「예론」,[『순자』「예론」]의 서두에서 한 예의 구분에 대한 유명한 논의에 분명하게 표현되어 있다.
[80] Chan(2012).

과 공로의 불평등이 직접적으로 동등한 분배의 불평등으로 해석되어서는 안 된다는 증거를 발견했다.[81] 『논어』는 "부가 불평등하게 분배되는 것은 문제(不均)"라는 구절을 포함하고 있다. 최근의 연구들은 이러한 "평등" 개념이 아리스토텔레스의 "비례적 평등"의 개념에 따라 이해되는 것이 가장 적절하다는 것을 강력히 보여준다.[82] 예를 들어 한나라 유학자인 동중서董仲舒에 따르면 "부자들이 자신들의 부를 보여줄 만큼은 부자가 되도록 하되 잘난 척하지 않도록 하라. 가난한 사람들이 자신들의 삶을 걱정 없이 돌볼 수 있도록 하라. 이것이 균등함(均)의 기준이다."[83] 결국 현대의 수많은 유학 연구자는 사회주의가 상당히 매력적이라고 생각하게 되었다.[84]

가치 있는 위계질서와 존중을 위협하는 잠재적인 예외 사항에 대한 나의 논의는 분배정의의 유학적 견해에 대한 몇몇 지점을 추가로 조명한다. 극단적인 부의 차이만큼이나 적은 부의 차이도 앞에서 나열한 예외 사항을 악화할 수 있지만, 극단적인 부의 차이가 훨씬 더 문제를 발생시킬 가능성이 높다. 부의 차이가 클 경우 위계질서는 더욱 경직되고 더욱 광범위한 영향력을 가지는 경향을 보인다 — 예를 들어 교사들이 가난한 학생보다 부자 학생을 존중하는 경우를 생각해볼 수 있다. 또 다른 우려스러운 예는 현대 미국에서 찾아볼 수 있다. 즉 정치적 지도자들이 (거대 기업을 포함한) 엄청나게 부유한 사람들의 경제적 지원에 의존하는 것이다. 모두가 달러의 엄청난 힘에 굴복하기 때문에 예상되는 적절한 존중이 역전된다. 엄격하고 광범위한 지위의

---

81 Tan(unpublished).
82 『논어』「계씨」 1과 Li(2012).
83 Li(2012)에서 인용.
84 Angle(2012).

차이는 개인의 역할 기반의 위계질서가 아니라 집단 기반의 위계질서를 수반한다. 이는 ― 앞에서 논의했듯이 ― 억압을 훨씬 쉽게 만들어 낸다. 지위와 부 사이의 어느 정도의 얽힘은 불가피하고 어쩌면 유익할 수도 있으나, 현대유학 연구자들은 경제적 불평등이 억압으로 이어지지 않도록 억제하기 위하여 그들의 선배들을 따라야 할 것이다.

8장
결론: 유학의 덕-예-정치의 형태

머우쭝싼과 같은 20세기 현대 신유학자들은 "마음과 본성의 학문(心性之學)"을 지지했다. 그들은 유학 전통의 윤리적, 형이상학적, 심리적 측면을 강조했다. 내가 앞에서 논의했듯이 머우쭝싼은 이 윤리 중심의 마음과 본성의 학문이 새로운 정치 또한 요청한다는 것과 자기규제가 윤리와 정치 사이의 관계를 설명하기 위한 것이라는 것을 계속하여 주장하였다. 불행히도 현대 신유학의 많은 비판가는 이 "새로운 정치"를 단지 서양의 자유민주주의를 유학에 접목한 것으로 보았다. 이때 자기규제라는 겉보기에 미스터리한 개념은 이 둘의 조합을 그럴싸하게 보이도록 만드는 눈속임 정도로 여겨졌다. 더욱이 머우쭝싼이나 그의 동시대인 혹은 보다 최근의 칸트적 현대 신유학자들마저도 현대 신유학의 정치가 어떻게 고유한 의미에서 유학적인지 충분히 설명하지 않았다. 그 결과 유학의 사회 및 정치 제도의 창조적 발전에 대한 강조가 현대유학의 정치적 사유에 더욱 견고한 기반을 제공한다고 주장하는 제도적 유학자들에게 정치철학의 많은 분야를 양보하게 되었다. 이 책의 서론에서 다루었듯이 다양한 신고전적, 종합적 입장 또한 다른 방식으로 유학의 윤리적 측면과 정치/제도적 측면 사이를 조정하기 위해 노력하기 시작하였다.

　진보적 유학은 윤리적, 정치적, 의례적 가치 사이의 상호 의존에 대한 우리의 이해에 있어서 자기규제 개념이 가지는 실제적 중요성을 포착하기 위해 노력한다. 이 결론의 주요 목표는 이 세 가지 차원 사이의 균형을 맞추고자 하는 진보적 유학의 고유한 방법을 강조하기 위하여 책의 전반에 걸쳐 주장해왔던 요점을 기반으로 하는 것이다. 윤리적 규범은 매우 구체적이며, 특정 상황과 관련된 모든 가치에 대한 균형 잡힌 덕이 있는 인식에서 비롯된다. 정치적 규범들은 법과 국내적 권리, 인권을 포함한다. 그것들은 공적으로 성문화되고 조정되며, 그것들의 시행은 국가권력에 의해 뒷받침된다. 의례적 규범들은 윤리적 규범들보다 성문화되기 쉽다. 6장에서 강조했듯 예[의례]의 주요한 측면 중 하나는 그것이 상호 간의 소통을 위한 쉬운 "약칭"을 제공한다는 것이다. 그러나 예는 국가보다는 사회에 기반을 두고 시행되며, 보통 정치적 규범이 최후의 수단으로만 개입될 수 있는 친밀성이 강조되는 다양한 맥락에서 적용된다. 진보적 유학에 따르면 건강한 인간 사회(와 번영하는 개인)는 상호 간에 대체로 독립적이기 위하여 이 세 가지 차원을 모두 필요로 한다. 만약 권리가 윤리의 하위 개념으로 여겨진다면, 윤리적 주관성이 권리를 "삼켜버릴" 위험성이 생긴다. 또 만약 권리와 예가 융합되어버린다면, 예가 지지하는 상호 간의 중대한 유대감을 상실할 위험이 있다. 왜냐하면 이러한 융합은 우리를 법과 권리를 통해 관계를 맺는 "독립된atomistic" 개인으로 만들기 때문이다. 진보적 유학의 정치철학적 목표를 표현하는 한 가지 일반적인 방법은 그것이 가치의 세 가지 차원의 조화를 대상으로 한다는 것이다. 세 가지 유형의 규범은 굳건하고 진보적인 개인이나 사회에 필수적이기 때문에 다리가 세 개인 의자에 비유하고 싶은 유혹이 있다. 그러나 이 세 가지 차원 중 어느 것도 서로 완전히 독립적이지 않기 때문에 이 비유는 적절하지 않다. 그들은 서로에게 의지하며 때로 비판을 통해 상호 간 피드백을 제공한다. 이 세 가지 차원은 역동적 긴장 안에 존재한다. 즉 각 차원은 다른 차원을 지지하고 저항할 수 있는 잠재력을 가지고 있다.

문화주의, 다원주의, 정치철학

이 책 전반에 걸쳐 우리는 세 가지 종류의 가치를 마주했다. 물론 주된 초점은 정치적 가치와 제도에 맞춰져 있었지만, 윤리적 또는 의례적 문제와의 상호작용도 반복적으로 살펴보았다. 하지만 대체로 이러한 관계의 성격은 상당히 추상적으로 남아 있었다. 이 결론의 두 번째 목표는 유학적 덕-예-정치virtue-ritual-politics가 취할 수 있는 실제적인 형태에 대해 무엇을 말할 수 있는가를 확인하는 것이다. 이 질문을 발전시키기 위하여 먼저 이러한 질문이 제기되는 맥락에 대해 생각해볼 필요가 있다. 우리는 철저하게 유학적인 국가와 사회를 상상하고 있는 것인가? 아니면 현대의 현실과 덜 동떨어진 상태에서 유학자들이 정치적 진보와 사회적 제도에 있어 지배적이지는 않지만 어떠한 역할을 하는 것을 상상하고 있는 것인가? 많은 유학적 가치가 적어도 부분적으로 비유학자들과 공유되리라는 것을 인정할지라도 — 그리고 유학자들 간에 목표나 가치에 대한 이해가 상당히 다를 수 있다는 가능성을 제쳐두고라도 — 다원주의라는 가능성은 오늘날의 유학의 정치철학자들에게 흥미로운 도전을 제기한다. 현대 중국철학자인 간춘송은 20세기 현대 신유학자들과 그들의 동시대 계승자들은 한편으로는 다원주의나 심지어 문화상대주의, 다른 한편으로는 "중심주의(中心主義)"나 보편주의 철학 사이에 긴장이 있다는 것을 알고 있다고 주장한다. 세계에는 정당한 가치체계의 다양성이 있는 것인가, 아니면 (점차적으로 합치해나가는) 단 하나의 정당한 가치체계가 있는 것인가? 중국 문화의 대표로서의 유학은 중국이나 중국인들만 보존해야 할 것인가, 아니면 그것은 중국인들만큼이나 미국인들에게도 이 세계에서 결정적으로 중요한 무엇인가? 간춘송에 따르면 — 현대 신유학자인 뚜웨이밍의 저작에서 볼 수 있듯이 — 유학을 세계의 여러 "정신적 자원"의 하나에 불과하다고 보는 것은 머우쭝싼과 같은 초기의 현대 신유학자들의 더욱 야심 찬 기획보다 한 걸음 물러선 것이라 할 수 있다.[1] "문화주의"라고 부를 수 있는 강력한 형태의 다원주의는 내가 제도적 유학자로 규정한 사상가들 중 몇몇에게서 분명히 발견된다. 사실 일부는 이러한 제안이 중국의 문화를 구하거나 되살린다는 주장에 기반하여 자신의 입장을 명시적으로 정당화한다.[2] 물론 이런 종류의 사유는 중국 문화를 따르는 국가의 경계 내에서는 다원주의에 우호적이지 않지만, 다른 국가와 문화에 대해서는 다원주의를 수용한

---

[1] Gan(2006)을 보라. 간춘송은 또 다른 현대 신유학의 유산을 물려 받은 류수셴劉述先Liu Shuxian의 저작에서 "이일분수(理一分殊)"라는 슬로건을 강조하는 것과 관련하여 비슷한 주장을 한다. 뚜웨이밍과 류수셴 모두 유학이 중요하고 보편적으로 적용 가능한 진리를 파악했다는 생각을 버리지 않았으나, 이러한 진리의 범위와 적용 가능성에 대한 그들의 믿음은 이전 시대의 현대 신유학자들에 비해 덜 야심적이었다는 점에서 간춘송이 옳다는 것에 주목할 필요가 있다.

[2] Jiang(2003; 2010)과 Kang(2005)을 보라. 판루이펑은 자신의 책에 『전쟁 이후 도덕성을 재사유하다 Rethinking Morality After the War』라는 제목을 붙이지만, 그는 서양인들이 유학을 채택해야 한다고 주장하기보다는 동아시아 국가들이 문제가 있는 서양의 이데올로기를 제거한 후에 수용해야 할 사상에 더 초점을 맞추고 있다.

다는 점을 인정한다.³

 그럼 진보적 유학은 어떤가? 문화주의가 아닌 정치철학으로서 진보적 유학은 사람들이 어떻게 그들의 사회를 구성하는 것이 최선인지에 대한 참을 진술하고자 하며, 이러한 참된 진술들은 모든 곳에 적용되어야 한다고 본다.⁴ 하지만 진보적 유학의 여러 측면은 국내의 다원주의적 맥락에서 진보적 유학의 지지자들이 정치적, 사회적 기획과 관련하여 충분히 마음이 맞는 비유학자들과 연정 파트너로서 기꺼이 협력할 수 있음을 시사한다. 뿌리깊은 글로벌 철학의 한 참여자로서 진보적 유학은 다른 철학과의 조우로부터 무언가를 배우고자 노력한다. 우리는 이러한 점을 머우쭝싼이 헤겔 및 칸트와 조우했을 때 어떻게 반응했는지에서 알 수 있으며, 나의 책이 장스자오(4장)와 자오팅양(5장)과 7장의 페미니즘 사상가들 같은 비유학 전통의 철학자들을 다룬 것도 그러한 예라 할 수 있을 것이다. 3장에서 제시된 권위에 대한 설명은 리에 대한 모든 관점을 진지하게 다룰 것을 강조하며, 이때 비유학자들이 이러한 틀에서 배제되어야 할 어떠한 이유도 없다. 7장은 대화와 오류 가능성을 포함한 다양한 "지지 가치"의 중요성을 강조했는데, 이 또한 다원주의적 정치를 존중하고 열린 자세로 참여할 것을 지지하는 경향을 가진다. 비슷한 맥락에서 4장에서 법치와 관련하

---

3 물론 중국 문화 자체가 다원적이다. 만약 우리가 지난 100년간의 중국 문화의 많은 발전을 인위적으로 배제한다고 하더라도 중국 문화 내에 비유학적 혹은 반유학적 요소가 상당히 널리 존재한다는 것을 부정할 수 없다. 공정하게 말하면 제도적 유학자인 장칭은 이 현실에 대해 어느 정도의 양보를 한다. 그는 유학 입법부의 세 의회 중 하나를 대안적 종교와 문화를 대표하는 것으로 하자고 제안한다. 3장에서 논의된 Jiang(2010)을 보라.
4 여기서 관련이 있는 것은 1장에서 언급한 바이퉁동의 정치적 철학의 보편적 개방성과 장칭의 유학을 종교의 렌즈를 통해 봄으로써 장려한 특수주의적 초점 사이의 구분이다. Bai(2010)를 보라.

여 내가 이끌어낸 시사점을 생각해보자. 즉 정치와 법을 수용하는 것은 정치인들과 법률가들이 대립하는 세계 또한 수용하는 것을 의미한다. 물론 다원주의적 정치 환경과 마주했을 때 진보적 유학이 단지 자신들의 입장을 포기할 것이라고 주장하는 것은 아니다. 진보적 유학자들은 다른 정부나 사회의 관점에서는 충분히 두드러지지 않는 (아마 예의 중요성과 같은) 인간의 경험이 공유되는 측면들을 강조하면서 [다른 사람들을] 교육하고 설득하고자 할 것이다. 공자 자신은 매우 어려운 환경에서도 진보를 이루기 위해 결연히 노력한 사람의 기억할 만한 예를 제시한다. 오늘날 유학자들은 그의 모델에서 영감을 얻을 수 있다.

예, 교육, 국가

이러한 다원주의에 대한 생각을 염두에 두고, 이제 윤리, 정치, 예의 관계에 대하여 더 자세히 생각해보자. 우선 예에 대한 나의 이해는 "최소주의적"이지만, 예는 유동적이고 훌륭하게 작동하고 있는 집단과 사회에 핵심적이며 개인의 교육에도 중요한 역할을 한다. 7장에서 논의했던 것처럼 우리는 예를 하나의 중요한 방법으로 삼아 적절한 행동과 개인적, 윤리적 성장의 가능성을 증대시키도록 상황을 구조화할 수 있다. 예는 또한 위계질서 개념과 연결된다. 7장에서 우리는 예가 존중을 표현해야 할 때가 언제인지 알려준다는 점을 살펴보았다. 물론 6장과 7장의 중요한 주제는 기존의 예와 위계질서가 다양한 방식으로 잘못될 수 있다는 것을 지적하는 것이었고, 그러므로 우리는 문제를 가진 예를 비판할 수 있는 윤리적, 정치적 자원을 활용할 수 있어야만 한다는 점을 살펴보았다. 그러나 우리가 이와 정반대의 문제를 마주하게 된다면 어떻게 해야 하는가? 즉 사회에서 예의 실천이 너무 약하여 건강한 사회적 상호작용이 충분히 증진되지 못한다면 어떻게 할 것인가? 마오쩌둥 이후의 현대 중국과 미국은 모두 다소 다른 방식이지만 이러한 문제들을 겪고 있는 사례라고 할 수 있는 듯하다. 만약 이런 진단이 정확하다면, 유학의 정치철학자들은 의례적 실천을 지원하기 위하여 정치적 자원 ― 예를 들어 어떤 종류의 법적 개입 ― 을 사용하는 것을 옹호할 것인가?[5]

장칭과 캉샤오광 같은 제도적 유학자들은 국가의 지원을 받아 유학적 예를 가르치고 지지하는 유학적 교회에 대한 그들의 지지를 꽤 분명히 하고 있다.[6] 3장에서 논의하고 비판했듯이 이른바 "중국 문화"를 수호하는 역할을 한다는 주장이 이러한 입장의 주요 정당화 중 하나이다. 나는 다음과 같이 주장한다. 나는 만약 우리가 영감을 얻기 위해 중국 국가와 유학적 예 사이의 역사적 관계를 살펴본다면, 우리는 제도적 유학의 교회 기반 접근 방식보다 더욱 유망한 출발점을 찾을 수 있을 것이라고 제안한다 ― 그 이유는 부분적으로 그것이 국내 다원주의와 더 일치하기 때문이다. 역사적으로 중국 정부가 유학적 예를 지원하는 데에는 두 가지 주요 방법이 있었다. 직접적으로는 대규모의 국가 의례state rituals의 형태와 유교 서원Confucian temples에 대한 지원이 있었다. 그리고 간접적으로는 예의 중요성을 추앙하는 유학 문헌들을 국가가 후원하는 교육 커리큘럼에 포함시키는 방식이 있었다.[7] 두 방법 모두 현대에 진보적 유학이 차용할 수 있다. 예를 들어

---

[5] 이러한 질문을 제기한 카이 마샬에게 감사한다.
[6] Jiang(2010); Kang(2005).

다원주의 정치의 참여자이든 철저하게 유학적인 사회의 일원이든 상관없이 진보적 유학자들은 정치적 캠페인과 선거에 있어 의례적 성격을 강조할 것이다. "예"는 형식적이거나 공허한 것을 의미하는 것이 아니다. 6장에서 강조했듯이 예는 심지어 낯선 사람들까지 포함하여 우리가 정체성을 확립하고 우리의 가치를 설명할 수 있도록 하는 데 유용하다. 진보적 유학은 중요한 측면에서 새로운 것이기 때문에 억압적이지 않고 포괄적인 덕을 가장 잘 표현하고 추구하기 위한 목적을 가진 새로운 공적 예의 발명을 주도할 것이다.

국가가 후원하는 현대화된 방식의 유학 교육에서 예의 역할은 국가가 후원하는 윤리 교육에 대한 질문과 함께 다루어져야 하는 문제이다. 서양 정치철학에서도 특정한 가치를 국가가 후원하는 교육 커리큘럼에 포함시킴으로써 지원하는 것이 적절한지에 대해 비슷한 논쟁이 있다. 많은 자유주의자는 좋은 삶이란 무엇인가에 대한 다양한 견해 사이에서 국가는 "중립적"이어야 한다고 주장한다. 공동체주의자들은 자유주의적 중립성에 대한 하나의 반대 견해를 제시하는데, 이들은 특정한 전통에서 공유되는 기반과 그 가치가 공동체적 번영에 있어 필수적이라고 생각한다. 자유주의적 가치에 공감하지만 중립성이 필요하거나 적절한 것보다 국가에 훨씬 더 강력한 제약이 된다고

---

7 토머스 윌슨의 유교 서원에 대한 저작은 특히 교육적이다. 그는 황실 유교 서원의 의례와 취푸시에 있는 공자 가문의 조상 사당의 의례 사이의 차이와 모호성에 주목했다. 그는 15세기까지 나라와 가족의 의식은 부분적으로 융합되었으나 완전히 조화되지는 않았다고 말한다. 윌슨은 "국가 기관 소속의 학생과 과거에 합격한 사람들만이 지역 의례에 참석할 수 있었기 때문에 공자 사당의 의식은 다른 모든 사당의 의식과 의례적으로 구별되었고, 이는 성현들의 고전적 언어에 정통함으로써 문화적 특징을 획득한 유교 선비들의 지위를 군건히 하였다"고 덧붙였다(Wilson 1996: 564). 그럼에도 불구하고 어떤 의미에서도 우리는 성직자나 신도가 있는 유교적 "교회"에 대해 말할 수는 없다.

믿는 철학자들은 자유주의적 중립성과는 다르고 그보다 덜 급진적인 대응책을 개발했다. 이러한 철학자들은 제한된 국가 "완벽주의"에 호의적이다. 즉 특정한 방식으로 구체적인 가치들을 증진함으로써 국가는 시민들을 "완벽하게" 할 수 있다는 것이다. 조셉 첸을 따라 내가 "온건한 완벽주의"라고 부르는 이러한 접근에 따르면 어느 정도의 국가 완벽주의는 잘 작동하는 국가와 사회를 위하여 필수적일 뿐만 아니라, 받아들이기 어려운 비용을 지불해야 하는 정도도 아니다. 특히 개인의 자율성과 같은 가치가 희생되어야만 하는 것은 아니다. 왜냐하면 온건한 자유주의는 오직 널리 공유되는 가치들을 억압적이지 않은 방식으로 또 자율성에 대한 독립적 보호를 포함한 채로 지지할 뿐이기 때문이다.[8]

온건한 완벽주의가 자유주의의 핵심 입장을 완전히 수용할 수 있는지는 여전히 열린 질문이지만 우리의 관심은 자유주의에 관련된 것이 아니다.[9] 나는 온건한 완벽주의라는 개념이 머우쭝싼이나 탕쥔이와 같은 현대 신유학자들이 선호하는 도덕교육에 대한 접근을 잘 포착하는 것처럼 보이기 때문에 그리고 진보적 유학의 경계 내에 잘 들어맞는 것처럼 보이기 때문에 소개하고 있다. 머우쭝싼은 유학의 일부 신조와 경전을 공립학교에서 가르쳐야 한다고 주장했지만, 우리가 공적으로 옹호해야 할 가치는 "최소한의 보편적인 인간성의 길"에 해당하는 것에 국한해야 한다고 강조했다. 이는 인의예지신과 같은 덕을 의미하는 것으로 보인다.[10] 또한 윤리는 법과 권리에 따라 "스스로를 제

---

8 완벽주의에 대한 저작으로 나는 Chan(2000)과 Sher(1997)가 유용하다고 생각한다. 추가적인 논의로 Angle(2009: section 11.3)을 보라.
9 예를 들어 첸의 온건한 완벽주의가 칸트의 인간에 대한 존경을 위반한다는 주장으로는 Metz(2001)를 보라.

한"해야 한다는 머우쫑싼의 일관된 입장은 조지 셰어의 주장과 부합한다. 법과 권리의 체제가 억압적인 온정주의를 충분히 방지하고 있기 때문에 [과도한] 중립주의에 의해서 완벽주의적 도덕교육에 수반되는 선을 잃게 된다면, 셰어가 말하는 "예방적 중립성"을 요구하는 것은 무의미하다.[11] 우리는 머우쫑싼의 동시대인인 탕쥔이에게서도 비슷한 태도를 대략적으로 찾을 수 있다. 탕쥔이 자신은 스스로 진정한 "지혜"에 접근할 수 있다는 상당한 자신감을 가지고 있었으나 이러한 진리들을 강제적으로 강요하는 것에는 반대하였다.[12] 탕쥔이는 (사상가로서의 자신의 "미천한 능력"을 포함하여) 인간의 오류 가능성의 많은 원인을 검토하며 도덕적 진리에 접근하는 것의 복잡성과 어려움을 반복적으로 강조한다. 그러므로 그의 종합도 "철학의 끝"으로 여겨질 수는 없었다. 도덕적 실재에 대한 완전한 철학적 이해는 "끝없는 발전의 연속"을 요구할 것이다. 나아가 탕쥔이는 자기비판의 중심성과 타인에 대한 자애롭고 개방적인 태도를 수용하는 것에 관한 풍부한 유학적 입장을 가지고 있었는데, 이 두 가지 모두 우리의 오류 가능성을 통해 겸손함을 강화한다. 탕쥔이는 그러므로 완벽주의적 열망을 관용과 다원주의적 입장과 연결 짓는다. 토머스 메츠거가 말했듯 "자신의 철학을 최종적 진실이라고 여기는 것을 거부함으로써 탕쥔이는 그가 사용한 범주들이 인간 삶의 여러 측면을 범주화하는 다른 방법들보다 반드시 우선한다는 주장을 피했던 것이다."

요컨대 머우쫑싼과 탕쥔이 모두 온건한 완벽주의로 우리를 이끈다.

10   Mou(1991: 179, 126).
11   Sher(1997: ch. 5).
12   Metzger(2005: 255-261).

그러나 나는 머우쭝싼의 자기규제의 접근 방식이 탕쥔이가 강조하는 관용보다 두 가지 이유에서 더 선호할 만하다고 본다. 첫째, 머우쭝싼이 법에 부여한 역할은 제도화에 더 쉽게 도움을 준다. 탕쥔이의 접근 방식은 개인의 오류 가능성과 관용에 관한 입장에 좀더 좌우되는 것으로 보인다. 둘째, 탕쥔이의 견해는 어느 정도의 안타까움을 암시하는데, 왜냐하면 불행한 인간의 한계로 인해 진정으로 덕을 실현하는 데 이바지하는 사회를 구축하는 것이 어렵다고 보기 때문이다. 잠시 후 나는 머우쭝싼에게 영감을 받은, 우리의 윤리적 발전에서 권리의 "수동적 영향"에 관한 설명을 살펴볼 것이다. 그리고 이러한 설명을 통해 우리는 위와 같은 안타까움을 피할 수 있다는 것을 보게 될 것이다. 그 전에 진보적 유학의 온건한 완벽주의적 교육이 어떤 식으로 시행될 수 있는지에 대해 조금 더 말해보도록 하겠다. 이 내용에 나는 네 가지 영역이 포함되어야 한다고 생각한다. 첫째, 모범적 유학자들의 일대기와 몇몇 선별된 저술이 포함되어야 한다. 둘째, (앞에서 언급한) 기초적인 덕들이 포함되어야 한다. 셋째, 7장에서 구체화된 지지 가치들이 포함되어야 한다. 넷째, 선별된 시민적 의례civic rituals의 세부 사항과 실천이 포함되어야 한다. 정확히 어떤 모범들과 의례들, 이 모든 것이 수학, 과학, 역사 등과 같은 표준 과목에 추가되거나 통합되어야 할지의 여부는 더 많은 지역적[부분적] 맥락이 채워져야만 답할 수 있는 질문들이다. 다원주의 사회에서 유학적 모범, 문헌 그리고 의례는 다른 것들과 그 중요성을 공유할 것이며, 교육학 중 일부는 이러한 것들 사이의 유사성과 차이에 대한 어느 정도의 관심을 포함해야 할 것이다. 마지막으로, 이 주제들을 어떻게 가르쳐야 하는지에 대한 질문은 매우 복잡하다. 구체적 맥락이 또 중요하겠지만 더욱 중요한 것은 여전히 전통적 유학의 교육학적 통찰과 현대의 연구의 창조적 통합일 것이다(예를 들어 우리가 『도덕교육 저널Journal of Moral Education』에서 볼 수 있듯이 말이다).

권리, 윤리, 자기규제의 심리학

진보적 유학 내의 윤리, 정치적 가치 그리고 예의 관계의 또 다른 측면은 우리가 서로에 대한 권리를 가지고 있다는 인식이 중요한 관계를 약화시키고 윤리적 존재를 방해하게 될 수도 있다는 우려이다. 5장에서 언급했듯이 저스틴 티왈드는 이러한 우려를 강력하게 제기한다. 그는 우리의 고유한 권리에 대한 인식이 우리의 이익을 상호 간에 경쟁적인 것으로 생각하도록 추동할 수 있다고 주장한다. 이것은 건강한 유학적 사회에서 기대될 수 있는 것과 근본적으로 상충하는 왜곡된 감정과 동기이다. 이에 대한 응답으로 나는 자기규제 개념이 윤리적이고 정치적인 양심과 어떻게 건전하게 상호 연관될 수 있는지 이해하기 위한 출발점을 제공한다고 본다. 우리는 두 가지 경우를 구분할 필요가 있다. 즉 실질적 권리 침해가 발생하여 법적 구제가 필요한 경우와, 법적 위반이 거의 또는 전혀 발생하지 않았으나 여전히 상호 간 법적으로 연관되어 있는 경우를 구분해야 하는 것이다. 첫 번째 경우에 — 예를 들어 당신의 성인 형제가 폭력적으로 행동해서 논쟁 중에 어머니를 다치게 했거나 아니면 공동사업체에서 무엇인가 상당한 것을 훔친 경우에 — 당신과 당신 형제의 관계를 악화시키는 것은 그 자신의 성격과 행동이지, 어머니나 당신의 권리를 보호하고자 하는 태도 때문이 아닐 것이다. 그리고 체포영장이나 소송을 제기한다고 해서 당신과 형제 사이에 가능한 유일한 관계가 내내 적대적이라는 것을 나타낼 필요는 없다는 점에 유의하라. 때때로 필요한 것은 정확히 상황이 심하게 잘못되어 바로잡아야 한다는 공개적인 신호이며, 그후에 아마도 관계는 점차 재건될 수 있을 것이다.[13] 어쨌든 진보적 유학은 이런 경우에 권리를 해롭다고 생각하지 않으며, 오히려 많은 가치를 지닌 것이라고 본다. 물론 누군가는 권리의 행사에 의해 기분이 나쁠 수도 있지만, 이런 경우 권리를 행사했다는 것 때문에 나쁨이 더 악화되는 것은 아니다.

심각한 권리 침해 사례가 발생한 사례는 이 정도이다. 사소한 권리 침해가 발생할 때마다 법적 구제에 의존한다면 어떨까? 이는 실제로 문제가 될 수 있으며, 자신의 인격에 대한 실패를 반영하고 아마도 관계를 해롭게 훼손하는 결과를 초래할 수도 있다. 내가 당신에게 빌린 도구를 돌려주는 것을 너무 자주 잊어버렸기 때문에 당신이 날 절도죄로 기소한다고 생각해보라. 나의 경솔함이 부분적으로 우리의 우정을 훼손할 수는 있지만, 비록 내 행동이 이러한 조치에 빌미를 제공했을지라도 당신은 분명히 과잉 반응한 것이다. 만약 법률 체계의 특정한 설계 혹은 심지어 법률 체계의 존재 자체가 사람들이 서로를 단순히 법적 조치의 잠재적 대상으로 생각하도록 한다면, 관계 있는 윤리적 이상이 공공의 "정치적" 가치에 대한 원칙적인 헌신과 결합할 수 있기를 바라는 사람은 심각한 도전에 직면하게 된다.[14]

---

[13] 『맹자』에는 고대 성인 순임금이 비록 그의 비열한 아버지가 그를 해치려는 시도를 반복했음에도 불구하고 아버지에 대한 변치 않는 사랑을 보여주는 여러 이야기가 있다. 진보적 유학에 따르면 순임금은 자기규제와 법치라는 제도가 존재하고 기능하는 것이 그의 아버지에 대한 사랑 및 효과 충돌하지 않았을 테지만 그가 그런 제도가 인정된 시대에 살았더라면 더 나은 삶을 살았을 것이다.

[14] 물론 유학이 이러한 가치들을 통합하려는 유일한 것은 아니지만 나는 진보적 유학이 이 도전에 대응할 수 있는 것에 초점을 맞춘다.

하나의 대응은 제도적 기획에 초점을 맞추고 있다. 『성인의 경지』에서 나는 현대적 유학이 시민으로 하여금 법을 "보조 수단 체계system of second resort"로 생각하도록 장려해야 한다고 주장했다. 법과 법적 절차가 도덕성과 도덕적 성장도 장려하는 방식으로 구성되어야 하지만 "최후의 수단"이라는 회피의 함정에 빠지지 않아야 한다는 생각이다.¹⁵ 나는 여전히 이 입장이 옳다고 생각하며, 관심이 있는 독자들이 법률 체계에서 인센티브를 구축하는, 특히 논쟁의 해결에 관한 대안적 형식을 장려하는 나의 논의를 살펴볼 것을 추천한다. 하지만 내가 여기서 제기하는 도전은 좀더 깊은 측면을 가지고 있다. 법 체계와 권리의 존재 자체가, 그 구조화 방식과는 상관없이, 경쟁적이고 개인적인 이익에 지나치게 집중하게 만드는 문제를 초래한다면 어떻게 할 것인가?

좀더 깊은 이 도전에 대한 대답은 성인sage의 심리에서 찾을 수 있다. 성인은 자기규제를 결함 있는 현실과의 타협으로 여기지 않으며 오히려 자신과 모두를 위한 덕의 획득을 목적으로 삼는 필수적인 수단으로서 이를 수용한다. 성인은 지나친 낙천주의자가 아니다. 그들은 화합과 덕을 향한 길이 언제나 장애물로 가득 찬 힘든 길이라는 것 — 앞으로도 그럴 것이라는 것 — 을 알고 있다. 그러나 성인들은 "민주주의는 시도된 다른 모든 형태를 제외하고는 최악의 정치 형태"라는 윈스턴 처칠의 정서에 동의하지 않을 것이다. 성인들은 법치와 민주주의 — 진보적 유학이 지지하는 광범위한 참여 정치를 의미하는 용어 — 가 더 나은 덕이 있는 삶을 위해 끊임없이 노력하는 우리처럼 불완전한 존재에게 적합한 정치제도라고 본다. 법, 권리, 민주적 의

---

15   Angle(2009: 216-221).

사결정의 필요성을 아쉬워하는 것은 우리 인간이 천사나 자동 기계가 아니라는 것을 후회하는 것만큼이나 이치에 맞지 않는다. 진보적 유학자들은 인간이라면 누구나 오류에 빠질 수 있으나 완벽해지기 위해 노력할 수 있으며 헌법, 법, 권리, 민주적 과정을 통한 자기규제가 우리의 이상에서 중심이라고 생각한다.[16]

독자들은 마지막 문단[바로 앞 문단]에 나오는 성인들의 이야기에 당황스러울 수도 있다. [그러면] 우리와 같은 성인이 아닌 사람들은 어떻게 해야 한다는 말인가? 나는 "성인의 심리학"에 관련된 주장을 두 가지 이유로 제시한다. 첫째, 나는 성인의 경우에도 자기규제가 여전히 바로 그의 이상적인 상태를 구성한다는 점을 강조하고자 한다. 진보적 유학에 따르면 성인은 왕이 되기를 열망하지 않는다. 둘째, 『성인의 경지』에서 반복해서 강조했듯이 유학자들은 성인과 비성인의 구분을 종류의 차이라기보다는 정도의 차이라고 이해한다. 성인에 해당하는 것은 나머지 우리에게도 해당하는 것이다. 그것이 완전하거나 일관적이거나 강력하지 않을 뿐이다. 우리가 개별적으로 성인의 기준에 도달할 수 있는 정도가 무엇이든 간에 우리도 자기규제를 받아들일 것이다.[17]

자기규제를 받아들이는 것이 세계를 윤리적, 의례적 측면에서 바라

---

16 앞에서 언급했듯이 탕쥔이가 관용을 통해 자신의 완벽주의를 억제하는 방식에는 약간의 비애가 있다. 내가 이해하는 자기규제는 타협과 같은 분위기를 가지고 있지 않다는 것이 이제 분명해질 것이다. 법치에 대한 마사 누스바움Martha Nussbaum의 아리스토텔레스적 접근 방식과 비슷한 비교를 할 수 있다. 누스바움에게 법으로 구조화된 공적 영역은 여전히 일종의 필요악으로 남아 있다. Angle(2009: 208-209)에서 나의 논의를 보라.

17 이 점을 "개인적인" 윤리적 수양의 측면에서 제기하는 것은 사실 조금 오해를 불러일으킨다. 왜냐하면 내가 3장에서 논의했듯이 윤리적 성취는 항상 관계적이기 때문이다.

보는 것을 포기하는 것을 의미하지는 않는다. 이 결론에서 내가 줄곧 논의했듯이 우리는 세 가지 관점 모두를 계속해서 조화시키려 하고 있다. 진보적 유학에 따르면 정치적 규범과 법적 장치가 어느 지점에서 적절히 사용되는지를 배우는 것은 윤리적 성장의 한 가지 중요한 측면이다. 앞에서 말했듯이 법에 지나치게 의존하는 사람에게도 결점이 있지만, 법에 지나치게 의존하지 않는 사람 또한 결점을 지닌다. 법적 보호와 (법을 어느 정도 바꾸는 것을 목표로 하는) 정치적 참여는 모두 억압을 피하고 덕을 함양하고자 하는 정치에 필수적이다. 전통적인 유학자들은 자기규제의 가치에 대한 머우쭝싼의 통찰을 무시한 채로 법의 세계를 당연히 자기중심적이라고 보고 조롱하는 경향이 있었다. 이것은 실수이다. 지나치게 순종적이고 자기 배척적인 성격은 지나치게 자기중심적인 성격만큼이나 균형과 동떨어져 있다. 이전의 연구에서 나는 합법적인 자기 관심의 중요성에 대한 17-18세기 유학자들의 명시적인 인식이 19세기와 20세기에 중국 인권 담론의 길을 닦는 데 도움이 되었다고 주장했다(Angle, 2002). "권리 의식"을 지지하는 20세기 초 중국의 가장 유명한 주장이 권리와 유학 사이의 반대를 주장하기보다는 유학적 가치에 기초한 방식으로 제기된다는 점이 눈에 띈다.[18] 나는 윤리적, 법적, 의례적 관심사에 대한 의식의 균형을 맞추는 것을 배우는 것이 쉬울 것이라고 주장하는 것이 아니다. 나는 이미 4장과 6장에서 몇 가지 어려운 사례에 대해 논의했다. 하지만 우리 중

---

18 Liang(2001)과 Angle(2002: ch. 6)에서의 나의 논의를 보라. 그러나 량치차오는 자기규제라는 개념을 가지고 있지 않기 때문에 권리 의식을 윤리적 의식과 결합시키는 경향이 있다. 또한 량치차오가 중국 전통문화의 많은 측면과 유학의 특정한 중요 주제에 대해 확실히 비판적이라는 점을 주목할 필요가 있다. "권리 의식"에 대하여 또한 6장을 보라.

건망증이 심한 친구에게 절도 혐의를 씌우고 싶은 유혹을 느끼는 사람은 거의 없다. 대개 우리는 대부분의 상황을 상당히 유연하게 처리할 수 있다.

배회하는 영혼?

유학의 덕-예-정치의 형태에 관한 마지막 한 가지 문제는 역사적으로 정치권력에 대한 유학의 독립적인 제도적 기반이 부족했다는 것이다. 테오도르 드베리는 『유학과의 갈등』에서 이에 대해 웅변적으로 쓰고 있다. 그는 한나라 시대의 유학자들에 대하여 "유학자들의 실제적 약점은 … 지지의 실패에 있는 것이 아니라 자신의 권력 기반을 구축하지 못하는 성향이나 무능력에 있는 것으로 보인다"고 말한다. 또 당나라 시대의 유학자들을 언급하면서 "유학 지식인 관료들로서 그들은 그들의 훈련된 재능을 이용하면서도 그들을 극도로 의존적이고 심각한 불안정 위치에 두는 체제의 변덕에 계속 노출되어 있었다"고 평한다.[19] 앞에서 언급했듯이 유교 서원은 이러한 독립적 기반을 제공하기 위해 만들어진 것이 아니었고, 오히려 특히 후기 제국 시대에는 주로 국가 의례를 위한 공간이었다. 의례 자체는 어느 정도 제국의 권력을 견제하는 역할을 했으나, 적어도 "헌법"이 머우쭝싼과 내가 사용해 온 의미와 비슷한 것을 의미한다면, 의례에 "헌법적" 지위를 부여하는 것은 과장이라고 할 수 있다.[20] 드베리는 17세기의 신유학자인 황종

---

[19] DeBary(1991: 49).
[20] Chu(1998); Hahm(2003)를 보라. 그리고 6장과 Angle(2009: 185-186)에서의 내 논

희가 유교 서원이 정치권력의 행사를 견제할 수 있는 독립적인 제도적 공간으로서 기능할 수 있는 잠재력을 어느 정도 인식했다고 주장했으며, 명나라 말기 동안 서원이 실제로 "공공 문제에 대한 적극적인 논의"를 촉진했다고 덧붙이고 있다. 하지만 드베리는 "16세기 말 이러한 정치적 비판에 대한 국가의 억압 이후에 [서원들은] 공적 토론의 장forum으로서의 역할을 상당히 상실하게 되었다"고 덧붙인다.[21]*

역사학자인 위잉스는 20세기의 여명기의 유학을 제도적 기반 없이 "배회하는 영혼"이라고 특징지었다.[22] 어느 의미에서는 이것도 일종의 자유이지만, 전통적인 제도적 구조들이 종종 유학 사상을 흡수해 버렸을지라도 그것들은 동시에 유학 사상이 표현되고 발전하며 영향을 미칠 수 있는 여지도 주었다. [그렇다면] 현대 세계에는 어떤 선택지가 있을까? 장칭과 캉샤오광에 따르면 기독교 제도를 모방한 그리고 실제로 서양의 "종교"라는 범주에 맞춰 스스로 변용해온 유학적 종교(儒敎) 개념에 기반하는 유학적 교회가 하나의 답이 될 수 있다.[23] 다른 사람들은 다른 목표를 가지고 있거나 오늘날의 중국에 부과된 정치적 한계 때문에 내가 1장에서 언급한 다양한 부흥 운동 단체와 웹사

의를 보라.
- [21] DeBary(1991: 54). 황종희에 관해서는 Huang(1993: 104-110)을 보라. 그리고 Ibid.: 65-67에서의 논평을 보라. 드베리는 황종희가 "다른 집중된 권력을 상쇄하는 기능을 할 수 있는" 일종의 "학자 의회"를 목표로 하고 있었다고 주장하기까지 한다(Ibid.: 83).
- * 조선에서는 서원이 정치적 여론, 공론을 형성하고 정치적 권위와 세력을 제도적인 방식으로 구축하는 역할을 했다. 따라서 당시 중국 사회에서 서원의 역할과 비교할 만하다.
- [22] 참고 문헌과 논의에 대하여 Makeham(2008: 2)을 보라.
- [23] 간춘송은 현대의 제도적 유학자들이 20세기 초에 공자교를 설립하고자 한 캉유웨이와 다른 사람들의 실패에서 교훈을 얻기를 바란다(Gan, 2006).

이트에 희망을 건다. 대만 내에는 칸트적인 현대 신유학과 비판적 변용을 시도하는 현대 신유학이 주로 학술 단체에 존재하지만, 그 영향력은 상당히 작다. 만약 유학적 교회가 진보적 유학의 예 최소주의와 잘 맞지 않는다면, 유학의 제도적 독립성을 다른 곳, 아마도 시민사회, 풀뿌리, 학술 단체의 조합에서 찾아야 할 것이다. 서양에서는 자유주의와 맑스주의처럼 강력한 사회-정치-철학 운동이 종교가 되지 않고도 번성하였다. 이러한 사례들은 유학 정치 정당을 생각하는 것이 합리적일 수 있다는 점을 시사한다. 진실은 미래의 유학이나 유학의 영향을 받은 정치가 어떤 형태를 띠게 될지 예언하는 것은 불가능하다는 것이다. 그리고 어쨌든 내가 책 전반에 걸쳐 강조하듯이 유학적 국가만이 현대유학의 정치철학이 중요성을 가질 수 있는 유일한 방법은 아니다. 나는 비유럽적 전통에 뿌리를 둔 정치철학이 점점 더 활기차고 논쟁적이며 영향력 있는 시대로 접어들고 있다고 믿는다. 이것은 뿌리 깊으면서도 글로벌한 입장에서 정치철학에 접근하고자 하는 모든 사람에게 흥미진진한 현상일 것이다.

참고 문헌

Alitto, Guy S., 1979, *The Last Confucian: Liang Shu-ming and the Chinese Dilemma of Modernity*, Berkeley: University of California Press.

Allan, Sarah, 1984, "Drought, Human Sacrifice and the Mandate of Heaven in a Lost Text from the 'Shang shu'", *Bulletin of the School of Oriental and African Studies* 47(3): 523-539.

Ames, Roger T., 1988, "Rites as Rights: The Confucian Alternative", In Leroy S. Rouner(ed.), *Human Rights and the World's Religions*, Notre Dame: University of Notre Dame Press, 199-216.

Ames, Roger T., 2011, *Confucian Role Ethics: A Vocabulary*, Honolulu: University of Hawaii Press.

Angle, Stephen C. and Yutang Jin(金鈺棠)(eds.), 2024, *Progressive Confucianism and Its Critics: Dialogues from the Confucian Heartland*, New York: Routledge.

Angle, Stephen C., 2002, *Human Rights and Chinese Thought: A Cross-Cultural Inquiry*, New York: Cambridge University Press.

Angle, Stephen C., 2007, 「中國哲學家與全求哲學(Chinese Philosophers and Global Philosophy)」, 『中國哲學與文化(Chinese Philosophy and Culture)』 1: 1.

Angle, Stephen C., 2009, *Sagehood: The Contemporary Significance of Neo-Confucian Philosophy*, New York: Oxford University Press.

Angle, Stephen C., 2010a, "Rethinking Confucian Authority and Rejecting Confucian Authoritarianism", 『中國哲學與文化(Chinese Philosophy and Culture)』

8: 27-56.

Angle, Stephen C., 2010b, "Review of *Reconstructionist Confucianism: Rethinking Morality After the West* by Fan Ruiping", *Dao: A Journal of Comparative Philosophy* 9(3): 353-357.

Angle, Stephen C., 2010c, "A Reply to Fan Ruiping", *Dao: A Journal of Comparative Philosophy* 9(4): 463-464.

Angle, Stephen C., 2011, "Reply to Justin Tiwald", *Dao: A Journal of Comparative Philosophy* 10(2): 237-239.

Angle, Stephen C., 2012, "Contemporary Confucian Perspectives on Social Justice", In Michael Palmer(ed.), *Companion to Religion and Social Justice*, New York: Blackwell.

Angle, Stephen C., 2013, "Is Conscientiousness a Virtue? Confucian Answers", In Stephen C. Angle & Michael Slote(eds.), *Virtue Ethics and Confucianism*, New York: Routledge.

Angle, Stephen C., 2014a, "Seeing Confucian 'Active Moral Perception' in Light of Contemporary Psychology", In Nancy Snow and Franco Trivigno(eds.), *The Philosophy and Psychology of Virtue: An Empirical Approach to Character and Happiness*, New York: Routledge.

Angle, Stephen C., 2014b, "Mou Zongsan and his Nineteen Lectures On Chinese Philosophy", Self-Published Online at http://sangle.faculty.wesleyan.edu.

Angle, Stephen C., ed., 2018, "The Adolescence of Mainland New Confucianism", *Contemporary Chinese Thought* 49(2): special issue 83-99.

Anonymous, 2001, "On Rights", In Stephen C. Angle and Marina Svensson (eds.), *The Chinese Human Rights Reader: Documents and Commentary, 1900-2000*, Armonk, New York: M.E. Sharpe.

Arendt, Hannah, 1977, "What is Authority?", In *Between Past and Future*, New York: Penguin, 91-141.

Bai, Tongdong(白彤东), 2009, 『旧邦新命: 古今中西参照下的古典儒家政治哲学 (New Mission of an Old State: Classical Confucian Political Philosophy in a Contemporary and Comparative Relevance Context)』, Beijing: Beijing daxue chubanshe.

Bai, Tongdong(白彤东), 2010,「心性儒学还是政治儒学?新邦旧命还是旧邦新命?—关于儒学复兴的几点思考(Moral Confucianism or Political Confucianism? old Mission for a New State or New Mission for an old State? Some Reflections on the Revival of Confucianism)」,『开放时代』11: 5-25.

Bell, Daniel A., 2000, *East Meet West: Human Rights and Democracy in East Asia*, Princeton, NJ: Princeton University Press.

Bell, Daniel A., 2006, *Beyond Liberal Democracy: Political Thinking for an East Asian Context*, Princeton: Princeton University Press.

Bell, Daniel A., 2008, *China's New Confucianism: Politics and Everyday Life in a Changing Society*, Princeton: Princeton University Press.

Bell, Daniel A., 2010, "Reconciling Socialism with Confucianism? Reviving Tradition in China", *Dissent* Winter 2010: 91-102.

Berthrong, John, 1998, *Transformations of the Confucian Way*, Boulder, Co: Westview.

Billioud, Sébastien & Joël Thoraval, 2008, *Anshen liming* or the Religious Dimension of Confucianism, *China Perspectives* 3: 88-106.

Billioud, Sébastien, 2012, *Thinking Through Confucian Modernity: A Study of Mou Zongsan's Moral Metaphysics*, Leiden: Brill.

Bloom, Irene, 1998, "Fundamental Intuitions and Consensus Statements: Mencian Confucianism and Human Rights", In *Confucianism and Human Rights*, New York: Columbia University Press, 94-116.

Bol, Peter K., 2008, *Neo-Confucianism in History*, Cambridge: Harvard University Asia Center.

Bresciani, Umberto, 2001, *Reinventing Confucianism: The New Confucian Movement*, Taipei: Ricci Institute for Chinese Studies.

Brooks, E. Bruce & A. Taeko Brooks, 1998, *The Original Analects: Sayings of Confucius and His Successors*, New York: Columbia University Press.

Bunnin, Nicholas, 2008, "God's Knowledge and ours: Kant and Mou Zongsan on Intellectual Intuition", *Journal of Chinese Philosophy* 35(4): 613-624.

Buss, Sarah, 1999, "Appearing Respectful: The Moral Significance of Manners", *Ethics* 109: 795-826.

Calhoun, Cheshire, 2000, "The Virtue of Civility", *Philosophy and Public Affairs* 29(3): 251-275.

Callahan, William A., 2008, "Chinese Visions of World order: Post-hegemonic or a New Hegemony?", *International Studies Review* 10: 749-761.

Ch'en, Jerome, 1972, *Yuan Shih-k'ai*, Stanford, CA: Stanford University Press.

Chan, Joseph, 1999, "A Confucian Perspective on Human Rights for Contemporary China", In Joanne R. Bauer & Daniel A. Bell(eds.), *The East Asian Challenge for Human Rights*, Cambridge: Cambridge University Press, 212-240.

Chan, Joseph, 2000, "Legitimacy, Unanimity, and Perfectionism", *Philosophy and Public Affairs* 29(1): 5-42.

Chan, Joseph, 2007, "Democracy and Meritocracy: Toward a Confucian Perspective", *Journal of Chinese Philosophy* 34(2): 179-193.

Chan, Joseph, 2008, "Territorial Boundaries and Confucianism", In Daniel A. Bell(ed.), *Confucian Political Ethics*, Princeton: Princeton University Press, 61-84.

Chan, Joseph, 2012, "Early Confucian Perspectives on Social Justice", In Michael Palmer(ed.), *Companion to Religion and Social Justice*, New York: Blackwell.

Chan, N. S., 2009, *The Thought of Mou Zongsan*, Leiden: Brill Academic Pub.

Chan, Sin Yee(陳倩儀), 2000b, "Gender Relationship Roles in the *Analects* and the Mencius", *Asian Philosophy* 2(1): 115-132.

Chang, Carsun, 1962, "A Manifesto for a Re-appraisal of Sinology and Reconstruction of Chinese Culture", In *The Development of Neo-Confucian Thought*, New York: Bookman Associates, 455-483.

Chang, P. C., 2001, "Chinese Statements During Deliberations on the UDHR(1948)", In *The Chinese Human Rights Reader: Documents and Commen-*

tary, 1900-2000, Armonk, New York: M.E. Sharpe, 206-213.

Chen, Lai, 2009, (Edmund Ryden, trans.) *Tradition and Modernity: A Humanist View*, Leiden: Brill.

Chen, Ming, 2018, "Mainland New Confucianism's Problematique, Discourse Paradigm, and Intellectual Pedigree Have Already Taken Shape", *Contemporary Chinese Thought* 49(2): 119-128.

Cheng, Chung-ying & Nicholas Bunnin, 2002, *Contemporary Chinese Philosophy*, Malden, MA: Blackwell.

Cheng, Chung-ying(成中英), 1991, 「現代新儒學建立的基礎: '仁學'與'人學'合一之道(The Foundation for the Establishment of Contemporary New Confucianism: The Way of Uniting 'Humane Learning'and 'Human Learning')」, In 『當代新儒學論文集: 內聖篇(Collected Essays on Contemporary New Confucianism: Inner Sagehood Volume)』, Taibei: Wenlu chubanshe.

Cheng, Madame, 1999, "Classic of Filial Piety for Women", In William Theodore deBary & Irene Bloom(eds.), *Sources of Chinese Tradition, vol. 1*, New York: Columbia University Press, 824-827.

Chow, Kai-wing, 1994, *The Rise of Confucial Ritualism in Late Imperial China: Ethics, Classics, and Lineage Discourse*, Stanford: Stanford University Press.

Christiano, Tom, 2008, "Authority", *The Stanford Encyclopedia of Philosophy*, Fall 2008 Edition.

Chu, Ron Guey, 1998, "Rites and Rights in Ming China", In Wm. Theodore DeBary & Tu Wei-ming(eds.), *Confucianism and Human Rights*, New York: Columbia University Press, 169-178.

Ci, Jiwei, 1999, "The Confucian Relational Concept of the Person and its Modern Predicament", *Kennedy Institute of Ethics Journal* 9(4): 325-346.

Clower, Jason, 2010, *The Unlikely Buddhologist: Tiantai Buddhism in Mou Zongsan's New Confucianism*, Leiden: Brill.

Confucius, 2003, (Edward Slingerland, trans.) *Analects, With Selections from Traditional Commentaries*, Indianapolis: Hackett.

DeBary, William Theodore, 1970, "Individualism and Humanitarianism in Late

Ming Thought", In William Theodore DeBary(ed.), *Self and Society in Ming Thought*, New York: Columbia University Press, 145-247.

DeBary, William Theodore, 1989, *The Message of the Mind in Neo-Confucianism*, New York: Columbia University Press.

DeBary, William Theodore, 1991, *The Trouble with Confucianism*, Cambridge: Harvard University Press.

Defoort, Carine & Zhaoguang Ge, 2005, "Editors'Introduction: The Legitimacy of Chinese Philosophy", *Contemporary Chinese Thought* 37: 1.

Donnelley, Jack, 2003, *Universal Human Rights in Theory and Practice, 2nd ed.*, Ithaca: Cornell University Press.

Ebrey, Patricia Buckley, 1984, *Family and Property in Sung China: Yuan Tsai's Precepts for Social Life*, Princeton: Princeton University Press.

Ebrey, Patricia Buckley, 1991, *Confucianism and Family Rituals in Imperial China: A Social History of Writing about Rites*, Princeton: Princeton University Press.

El-Amine, Loubna, 2012, "The Confucian Conception of the Political", Ph. D. Dissertation(Princeton University).

Elstein, David, 2009, "The Authority of the Master in the *Analects*", *Philosophy East & West* 59(2): 142-172.

Elstein, David, 2011, Mou Zongsan's Political Thought, *Contemporary Political Theory* 11(2): 192-210.

Elstein, David, 2015, *Democracy in contemporary Confucian philosophy*, New York: Routledge.

Eno, Robert, 1990, *The Confucian Creation of Heaven: Philosophy and the Defense of Ritual Mastery*, Albany: State University of New York Press.

Evans, Gareth, 2008, *Responsibility to Protect: Ending Mass Atrocity Crimes Once and for All*, Washington, DC: Brookings Institution Press.

Eylon, Yuval, 2009, "Virtue and Continence", *Ethical Theory and Moral Practice* 12: 137-151.

Fan, Ruiping, 2010, *Reconstructionist Confucianism: Rethinking Morality after the West*, Dordrecht: Springer.

Feinberg, Joel, 1970, "The Nature and Value of Rights", *The Journal of Value Inquiry* 4.

Fingarette, Herbert, 1972, *Confucius—The Secular as Sacred*, New York: Harper & Row.

Fuller, Lon L., 1969, *The Morality of Law*, New Haven: Yale University Press.

Fung, Yu-lan, 1953, *A History of Chinese Philosophy*, Princeton: Princeton University Press.

Gan, Chunsong(干春松), 2006, 『制度儒学(Institutional Confucianism)』, Shanghai: Shiji chuban jituan.

Gassmann, Robert H., 2000, "Understanding Ancient Chinese Society: Approaches to *Ren* and *Min*", *The Journal of the American Oriental Society* 120(3): 348-359.

Glanville, Luke, 2010, "Retaining the Mandate of Heaven: Sovereign Accountability in Ancient China", *Millennium: Journal of International Studies* 39(2): 323-343.

Graham, A. C., 1992, *Two Chinese Philosophers*, La Salle: Open Court.

Guo, Baogang, 2003, "Political Legitimacy and China's Transition", *Journal of Chinese Political Science* 8(1&2): 1-25.

Guo, Qiyong, 2007, "Is Confucian Ethics a 'Consanguinism'?", *Dao: A Journal of Comparative Philosophy* 6(1): 21-37.

Habermas, Jurgen, 1998, "Kant's Idea of Perpetual Peace", In *The Inclusion of the Other*, Cambridge, MA: MIT Press.

Hadot, Pierre, 1995, *Philosophy as a Way of Life: Spiritual Exercises from Socrates to Foucault*, Cambridge, USA: Blackwell.

Hahm, Chaihark, 2003, "Constitutionalism, Confucian Civic Virtue, and Ritual Propreity", In Daniel A. Bell & Hahm Chaibong(eds.), *Confucianism for the Modern World*, Cambridge: Cambridge University Press, 31-53.

Hall, David L. & Roger T. Ames, 1987, *Thinking Through Confucius*, Albany: State University of New York Press.

Hall, David L. & Roger T. Ames, 1999, *The Democracy of the Dead: Dewey, Confu-*

cius, and the Hope for Democracy in China, Chicago: Open Court.

Hao, Yufan, 1999, "From Rule of Man to Rule of Law: an unintended consequence of corruption in China in the 1990s", *Journal of Contemporary China* 8(22): 405-423.

Hart, Daniel & M. Kyle Matsuba, 2009, "Urban Neighborhoods as Contexts for Moral Identity Development", In Darcia Narvaez & Daniel K. Lapsley(eds.), *The Development of the Moral Personality*, New York: Cambridge University Press, 214-231.

Ho, Ping-ti, 1962, *The Ladder of Success in Imperial China: Aspects of Social Mobility, 1368-1911*, New York: Columbia University Press.

Huang, Yushun(黄玉顺), 2005,「从"西方哲学"到"生活儒学"(From 'Western Philosophy' to 'Life Confucianism')」,『北京青年政治学院学报(Journal of Beijing Youth Politics College)』14(1): 42-47.

Huang, Yushun(黄玉顺), 2009a,「儒学复兴的两条路线及其超越 — 儒家当代主义的若干思考(The Two Directions of the Confucian Revival and their Transcendence: Reflections on Contemporary Confucianism)」,『西南民族大学学报(Journal of Southwest Nationalities University)』(人文社科版(Social Science Edition)) 209: 192-201.

Huang, Yushun(黄玉顺), 2009b,「中国正义论纲要(An outline of a Chinese Theory of Justice)」,『四川大学学报(Journal of Sichuan University)』(哲学社会科学版(Social Science Edition)) 164: 32-42.

Huang, Yushun, 2008, "on 'Viewing Things' and 'Viewing Nothing': A Dialogue between Confucianism and Phenomenology", *Frontiers of Philosophy in China* 3(2): 177-193.

Huang, Zongxi(黄宗羲), 1985,『明夷待访录(Waiting for the Dawn)』, In ≪黄宗羲全集(Complete Works of Huang Zongxi)≫, Hangzhou: Zhejiang Ancient Text Press.

Huang, Zongxi, 1993, (William Theodore DeBary, trans.) *Waiting for the Dawn*, New York: Columbia University Press.

Hui, Victoria Tin-bor, 2005, *War and State Formation in Ancient China and Early*

Modern Europe, Cambridge: Cambridge University Press.

Hutton, Eric L., 2006, "Character, Situationism, and Early Confucian Thought", *Philosophical Studies* 127: 37-58.

ICISS, International Commission on Intervention and State Sovereignty, 2001, *The Responsibility to Protect: Report of the International Commission on Intervention and State Sovereignty*, Ottawa: International Development Research Centre.

Idema, Wilt L. & Beata Grant, 2004, *The Red Brush: Writing Women of China*, Cambridge: Harvard University Asia Center.

Im, Manyul, 1999, "Emotional Control and Virtue in the Mencius", *Philosophy East & West* 49(1): 1-27.

Ivanhoe, Philip J., 2010, "Review of Peter K. Bol, *Neo-Confucianism in History*", *Dao: A Journal of Comparative Philosophy* 9(4): 471-475.

Jeans, Roger B., Jr., 1997, *Democracy and Socialism in Republican China: The Politics of Zhang Junmai(Carsun Chang), 1906-1941*, Lanham, MD: Rowman & Littlefield.

Jenco, Leigh K., 2010a, "'Rule by Man' and 'Rule by Law' in Early Republican China: Contributions to a Theoretical Debate", *Journal of Asian Studies*, forthcoming.

Jenco, Leigh K., 2010b, *Making the Political: Founding and Paradox in the Political Theory of Zhang Shizhao*, Published online by Cambridge University Press.

Jensen, Lionel M., 1997, *Manufacturing Confucianism: Chinese Traditions and Universal Civilization*, Durham: Duke University Press.

Jiang, Qing(蒋庆), 2003, 『政治儒学: 当代儒学的转向、特质与发展(Political Confucianism: The Changing Direction, Particularities, and Development of Contemporary Confucianism)』, Beijing: Sanlian Shudian(Harvard-Yenching Academic Series).

Jiang, Qing(蒋庆), 2010, 『政治儒學・續編 ― 王道政治與儒教憲政: 未來中國政治發展的儒學思考(A Sequel to Political Confucianism - Kingly Politics and Confucian Constitutionalism: Confucian Reflections on the Future Development of Chinese Politics)』, Unpublished.

Jiang, Qing, 2012, (Daniel Bell and Fan Ruiping, eds.) *A Confucian Constitutional Order*, Princeton: Princeton University Press.

Kang, Xiaoguang(康晓光), 2005,『仁政: 中国政治发展的第三条道路(Humane Government: A Third Road for the Development of Chinese Politics)』, Singapore: Global Publishing Co.

Kang, Xiaoguang(康晓光), 2012,「儒家宪政论纲(An outline of Confucian Constitutionalism)」,『历史法学(Historical Jurisprudence)』1: 84-122.

Kasoff, Ira E., 1984, *The Thought of Chang Tsai*, Cambridge: Cambridge University Press.

Keith, Ronald C. & Lin Zhiqiu, 2003, "The 'Falun Gong Problem': Politics and the Struggle for the Rule of Law in China", *The China Quarterly* 175: 623-642.

Keith, Ronald C., 1991, "Chinese Politics and the New Theory of 'Rule of Law'", *The China Quarterly* 125: 109-118.

Kim, Sungmoon, 2009, "Self-Transformation and Civil Society: Lockean vs. Confucian", *Dao: A Journal of Comparative Philosophy* 8(4): 383-401.

Kim, Sungmoon, 2011, "The Virtue of Incivility: Confucian Communitarianism Beyond Docility", *Philosophy and Social Criticism* 37(1): 25-48.

Ko, Dorothy, 1994, *Teachers of the Inner Chambers: Women and Culture in Seventeenth-Century China*, Stanford, CA: Stanford University Press.

Kupperman, Joel J., 1991, *Character*, Oxford: New York.

Lauren, Paul Gordon, 1998, *The Evolution of International Human Rights: Visions Seen*, Philadelphia: University of Pennsylvania Press.

Lee, Ming-huei(李明輝), 1991a,「儒學如何開出民主與科學?(How Can Confucianism Generate Democracy and Science?)」, In『儒家與現代意識(Confucianism and Modern Consciousness)』, Taibei: Wenlu chubanshe, 1-17.

Lee, Ming-huei(李明輝), 2001,「牟宗三思想中的儒学与康德(Confucianism and Kant in Mou Zongsan's Thought)」, In『当代儒学的自我转化(The Self-Transformation of Contemporary Confucianism)』, Beijing: Zhongguo Shehui Kexue Chubanshe, 48-80.

Lee, Ming-huei(李明輝), 2005a,「性善说与民主政治(Theories of Good Nature and Democratic Politics)」, In『儒家视野下的政治思想(Political Thought in Confucian Perspective)』, Beijing: Beijing daxue chubanshe, 22-46.

Lee, Ming-huei(李明輝), 2005b,「存心伦理学、责任伦理学与儒家思想(Ethics of Conviction, Ethics of Responsibility, and Confucian Thought)」, In『儒家视野下的政治思想(Political Thought in Confucian Perspective)』, Beijing: Beijing daxue chubanshe, 66-87.

Lee, Ming-huei(李明輝), 2005c,「儒家政治哲学与责任伦理学(Confucian Political Philosophy and Ethics of Responsibility)」, In『儒家视野下的政治思想(Political Thought in Confucian Perspective)』, Beijing: Beijing daxue chubanshe, 109-119.

Lee, Ming-huei, 2008, "Wang Yangming's Philosophy and Modern Theories of Democracy: A Reconstructive Interpretation", *Dao: A Journal of Comparative Philosophy* 7(3): 283-294.

Lee, Pauline, 2000, "Li Zhi and John Stuart Mill: A Confucian Feminist Critique of Liberal Feminism", In Li Chenyang(ed.), *The Sage and the Second Sex: Confucianism, Ethics, and Gender*, Chicago: Open Court, 113-132.

Lee, Pauline, 2011, *Li Zhi李贄(1527-1602), Confucianism and The Virtue of Desire*, Albany, NY: SUNY Press.

Legge, James, 1967, *Li Chi: Book of Rites*, New York: University Books.

Legge, James, 1985, *The Ch'un Ts'ew with The Tso Chuen*, Taipei: Southern Materials Center.

Levey, M., 1991, *Chu Hsi as a "Neo-Confucian": Chu Hsi's Critique of Heterodoxy, Heresy, and the "Confucian" Tradition*, Unpublished University of Chicago: Chicago, IL.

Li, Buyun, 2001, "On The Three Existential Types of Human Rights", In Stephen C. Angle & Marina Svensson(eds.), *Chinese Human Rights Reader*, Armonk, New York: M.E. Sharpe, 333-343.

Li, Chenyang, 2012, "Equality and Inequality in Confucianism", *Dao: A Journal of Comparative Philosophy* 12(3).

Li, Lanfen(李兰芬), 2008, 『当代中国德治研究(Research in Contemporary Chinese Virtue Politics)』, Beijing: Renmin chubanshe.

Li, Yushi(栗玉仕), 1996, 「伦理本位与以德治国 — 梁漱溟社会伦理思想研究 (Ethical Basis and Using Virtue for Governance: Research on Liang Shuming's Social Ethical Thought)」, 『齐鲁学刊(Qilu Journal)』 6: 12-18.

Liang, Qichao, 2001, "On Rights Consciousness", In Stephen C. Angle & Marina Svensson(eds.), *Chinese Human Rights Reader*, Armonk, New York: M.E. Sharpe, 5-15.

Lin, Anwu(林安梧), 1998, 『儒學革命論: 後新儒學哲學的問題向度(A Confucian Revolution: Problematic Aspects of Post-New-Confucian Philosophy)』, Taibei: Xuesheng Shuju.

Lin, Anwu(林安梧), 2004, 「从"外王"到"内圣":以"社会公义"论为核心的儒学 — 后新儒学的崭新思考(From 'outer Kingship' to 'Inner Sagehood': Taking 'Social Justice' as the Core of Confucianism—Brand New Reflections on Post-New-Confucianism)」, *Zhejiang shehui kexue* 1.

Lin, Anwu(林安梧), 2008, 「后新儒学及"公民儒学"相关问题之探讨(Investigating Issues Concerning Post-New-Confucianism and 'Civic Confucianism')」, *Qiushi xuekan* 1: 13-20.

Liu, Lydia H., 1995, *Translingual Practice: Literature, National Culture, and Translated Modernity in China, 1900-1937*, Stanford: Stanford University Press.

Liu, Shao-chi, 1964, *How to Be a Good Communist*, Beijing: Foreign Language Press.

Lo, Chung-shu, 1949, *Human Rights in the Chinese Tradition*, New York: Columbia University Press.

Luo, Guojie(罗国杰) & Xia Weidong(夏伟东), 2001, 「论"以德治国"的历史、理论与实践(On the History, Theory, and Practice of 'Use Virtue to Govern the State')」, 『高校理论战线(The Theoretical Line in Higher Education)』 6: 6-14.

Luo, Qinshun, 1987, (Bloom, Irene, trans.) *Knowledge Painfully Acquired*, New York: Columbia University Press.

Luo, Zhitian(罗志田), 2007, 「天下与世界: 清末士人关于人类社会认知的转变

― 侧重梁启超的观念(All-under-Heaven and World: The Transformation of Late-Qing Intellectuals' Understanding of Human Society)」, 『中国社会科学(Chinese Social Sciences)』 5: 191-204.

Lynn, Richard John, 1994, *The Classic of Changes: A New Translation of the I Ching, as Interpreted by Wang Bi*, New York: Columbia University Press.

Macauley, Melissa, 1998, *Social Power and Legal Culture: Litigation Masters in Late Imperial China*, Stanford, CA: Stanford University Press.

Makeham, John(ed.), 2012, *Learning to Emulate the Wise: The Genesis of Chinese Philosophy as an Adcademic Discipline in Twentieth-Century China*, Hong Kong: Chinese University of Hong Kong Press.

Makeham, John, 2003, "The Retrospective Creation of New Confucianism", In Makeham, John(ed.), *New Confucianism: A Critical Examination*, New York: Palgrave, 25-53.

Makeham, John, 2008, *Lost Soul: "Confucianism" in Contemporary Chinese Academic Discourse*, Cambridge: Harvard University Asia Center.

Mann, Susan & Cheng Yu-yin, 2001, *Under Confucian Eyes: Writings on Gender in Chinese History*, Berkeley: University of California Press.

Maritain, Jacques, 1949, "Introduction", In UNESCO(Ed.), *Human Rights: Comments and Interpretations*, New York: Columbia University Press, 9-17.

McDowell, John, 1979, "Virtue and Reason", *The Monist* 62: 331-350.

McNamee, Stephen J. & Robert K. Miller Jr., 2009, *The Meritocrcy Myth*, Lanham: Rowman & Littlefield.

Mencius, 1970, (D.C. Lau, trans.) *Mencius*, London: Penguin.

Mengzi, 2008, (Van Norden, Bryan, trans.) *Mengzi: With Selections from Traditional Commentaries*, Indianapolis: Hackett.

Metz, Thaddeus, 2001, "Respect for Persons and Perfectionist Politics", *Philosophy and Public Affairs* 30(4): 417-442.

Metzger, Thomas A., 2005, *A Cloud Across the Pacific: Essays on the Clash Between Chinese and Western Political Theories Today*, Hong Kong: Chinese University of Hong Kong Press.

Metzger, Thomas A., 2012, *The Ivory Tower and the Marble Citadel: Essays on Political Philosophy in Our Modern Era of Interacting Cultures*, Hong Kong: Chinese University of Hong Kong Press.

Meyers, Diana, 1997, "Emotion and Heterodox Moral Perception", In Diana Meyers(ed.), *Reminists Rethink the Self*, Boulder, Colorado: Westview, 197-218.

Mou, Zongsan(牟宗三), 1954,『王陽明致良知教(Wang Yangming's Teaching of Extending Good Knowing)』, Taibei: Zhongguo wenhus shuju.

Mou, Zongsan(牟宗三), 1975,『現象與物自身(Phenomena and Things-in-Themselves)』, Taibei: Xuesheng Shuju.

Mou, Zongsan(牟宗三), 1983,『中國哲學十九講(Nineteen Lectures on Chinese Philosophy)』, Taibei: Xuesheng Shuju.

Mou, Zongsan(牟宗三), 1989,『五十自述(Autobiography at Fifty)』, Taibei: Ehu chubanshe.

Mou, Zongsan(牟宗三), 1992,『道德的理想主義(Moral Idealism)』, Taibei: Xuesheng Shuju.

Mou, Zongsan(牟宗三), 2005,「论黑格尔的辩证法(on Hegel's Dialectical Method)」, In『生命的学问(Life Learning)』, Guilin: Guangxi Shifan Daxue chubanshe, 176-186.

Mou, Zongsan(牟宗三, 1991,『政道與治道(Political Authority and Governance)』, Taipei: Xuesheng Shuju.

Mou, Zongsan, Zhang Junmai, Xu Fuguan & Tang Junyi, 1989,「为中国文化敬告世界人士宣言(A Manifesto to the World's People's on Behalf of Chinese Culture)」, In Feng Zusheng(封祖盛)(ed.),『当代新儒家(Contemporary Confucianism)』, Beijing: Sanlian Shudian, 1-52.

Munro, Donald, 1969, *The Concept of Man in Ancient China*, Stanford: Stanford University Press.

Munro, Donald, 1977, *The Concept of Man in Contemporary China*, Ann Arbor: University of Michigan Press.

Neville, Robert Cummings, 2000, *Boston Confucianism: Portable Tradition in the*

Late-Modern World, Albany: SUNY Press.

Neville, Robert Cummings, 2008, *Ritual and Deference: Extending Chinese Philosophy in a Comparative Context*, Albany: SUNY Press.

Nylan, Michael, 2008, "Boundaries of the Body and Body Politic in Early Confucian Thoguht", In Daniel A. Bell(ed.), *Territorial Boundaries and Confucianism*, Princeton: Princeton University Press, 85-110.

Ocko, Jonathan K. & David Gilmartin, 2009, "State, Sovereignty, and the People: A Comparison of the 'Rule of Law' in China and India", *Journal of Asian Studies* 68(1): 55-100.

Olberding, Amy, 2009, 'Ascending the Hall': Style and Moral Improvement in the *Analects*, *Philosophy East & West* 59(4): 503-522.

Ownby, David, 2009, "Kang Xiaoguang: Social Science, Civil Society, and Confucian Religion", *China Perspectives* 4.

Parekh, Bhikhu, 1999, "Non-Ethnocentric Universalism", In Tim Dunne & Nicholas J. Wheeler(eds.), *Human Rights in Global Politics*, Cambridge: Cambridge University Press, 128-159.

Peerenboom, Randall P., 1998, "Confucian Harmony and Freedom of Thought: The Right to Think Versus Right Thinking", In Wm. Theodore DeBary & Tu Wei-ming(eds.), *Confucianism and Human Rights*, New York: Columbia University Press, 235-260.

Peerenboom, Randall P., 2002, *China's Long March toward Rule of Law*, Cambridge: Cambridge University Press.

Peng, Guoxiang(彭国翔), 2010, 「道德与知识: 从宋明理学到现代新儒学 — 对现代新儒学的一个发生学解说(Morality and Knowledge: From Song-Ming Neo-Confucianism to Contemporary New Confucianism — A Geneological Narrative of Contemporary New Confucianism)」, In 『儒家传统与中国哲学:新世纪的回顾与前瞻(The Confucian Tradition and Chinese Philosophy: Review and Prospect of a New Century)』, Shijiazhuang: Hebei renmin chubanshe, 169-196.

Philpott, Dan, 2010, Sovereignty, *The Stanford Encyclopedia of Philosophy*, Summer 2010 Edition.

Pines, Yuri, 2009, *Envisioning Eternal Empire: Chinese Political Thought in the Warring States Era*, Honolulu: University of Hawaii Press.

Punzo, Vincent A., 1996, After Kohlberg: Virtue Ethics and the Recovery of the Moral Self, *Philosophical Psychology* 9(1): 7-23.

Rawls, John, 1999, *The Law of Peoples*, Cambridge, MA: Harvard University Press.

Roberts, Robert C., 1991, "Virtues and Rules", *Philosophy and Phenomenological Research* LI(2): 325-343.

Rosemont Jr., Henry, 1988, "Why Take Rights Seriously? A Confucian Critique", In Leroy S. Rouner(ed.), *Human Rights and the World's Religions*, Notre Dame: University of Notre Dame Press, 167-182.

Rosemont Jr., Henry, 1998, "Human Rights: A Bill of Worries", In William Theodore deBary & Tu Wei-ming(eds.), *Confucianism and Human Rights*, New York: Columbia University Press, 54-66.

Rosenlee, Li-Hsiang Lisa, 2006, *Confucianism and Women: A Philosophical Interpretation*, Albany: SUNY Press.

Sarkissian, Hagop, 2010, "Minor tweaks, major payoffs: The problems and promise of situationism in moral philosophy", *Philosopher's Imprint* 10(9).

Schnall, S., J. Haidt, G. L. Clore & A. H. Jordan, 2008, "Disgust as embodied moral judgment", *Pers Soc Psychol Bull* 34(8): 1096-1109.

Schwitzgebel, Eric, 2009, "Do Ethicists Steal More Books?", *Philosophical Psychology* 22: 711-725.

Seligman, Adam B., Robert P. Weller, Michael J. Puett & Bennett Simon, 2008, *Ritual and its Consequences: An Essay in the Limits of Sincerity*, New York: Oxford University Press.

Sen, Amartya, 2000, "Merit and Justice", In Kenneth Arrow, Samuel Bowles & Steven N. Durlauf(eds.), *Meritocracy and Economic Inequality*, Princeton: Princeton University Press.

Shan, Yuhua(单玉华), 1998, 「治法与德治辨析(Distinguishing Rule by Law and Rule by Virtue)」,『法学家(The Jurist)』6: 20-28.

Sher, George, 1997, *Beyond Neutrality: Perfectionism and Politics*, Cambridge: Cambridge University Press.

Shusterman, Richard, 1997, *Practicing Philosophy: Pragmatism and the Philosophical Life*, New York: Routledge.

Slingerland, Edward, 2011, "The Situationist Critique and Early Confucian Virtue Ethics", *Ethics* 121(2): 390-419.

Slote, Michael, 2001, *Morals from Motives*, Oxford: Oxford University Press.

Snow, Nancy E., 2010, *Virtue as Social Intelligence: An Empirically Grounded Theory*, New York: Routledge.

Song, Ruozhao, 1999, "*Analects* for Women", In William Theodore deBary & Irene Bloom(eds.), *Classic of Filial Piety for Women*, New York: Columbia University Press, 827-831.

Swanton, Christine, 2003, *Virtue Ethics: A Pluralistic View*, Oxford: Oxford University Press.

Tan, Sor-hoon, 2004, *Confucian Democracy: A Deweyan Reconstruction*, Albany: SUNY Press.

Tan, Sor-hoon, 2010, "Authoritative Master Kong (Confucius) in an Authoritarian Age", *Dao: A Journal of Comparative Philosophy* 9(2): 137-149.

Tan, Sor-hoon, unpublished, "Why Confucian Democracy?".

Tang, Zhonggang(汤忠钢), 2008, 『德性与政治: 牟宗三新儒家政治哲学研究 (*Virtue and Politics: Research on Mou Zongsan's New Confucian Political Philosophy*)』, Beijing: Zhongguo Yanshi chubanshe.

Tessman, Lisa, 2005, *Burdened Virtues: Virtue Ethics for Liberatory Struggles*, Oxford: Oxford University Press.

Tiwald, Justin, 2008, "A Right of Rebellion in the *Mengzi*?", *Dao: A Journal of Comparative Philosophy* 7(3): 269-282.

Tiwald, Justin, 2011a, "Confucianism and Human Rights", In Cushman, Thomas(ed.), *The Routledge Handbook of Human Rights*, New York: Routledge.

Tiwald, Justin, 2011b, "Review of Stephen C. Angle, *Sagehood: The Contemporary*

Significance of Neo-Confucian Philosophy", *Dao: A Journal of Comparative Philosophy* 10(2): 231-234.

Tiwald, Justin, 2011c, "Reply to Stephen Angle", *Dao: A Journal of Comparative Philosophy* 10(2): 241-243.

Tu, Wei-ming, 1991, "Cultural China: The Periphery as the Center", *Daedulus* 120(2): 1-32.

Tu, Wei-ming, 1996, *A Confucian Perspective on Human Rights: The Inaugural Wu Teh Yao Memorial Lecture*, Singapore.

Van Norden, Bryan W., 2007, *Virtue Ethics and Consequentialism in Early Chinese Philosophy*, New York: Cambridge University Press.

Wakeman, Frederic, Jr., 1973, *History and Will: Philosophical Perspectives of Mao Tse-tung's Thought*, Berkeley: University of California Press.

Walsh, Sean Patrick, unpublished, "Varieties of Moral Luck in Ethical and Political Philosophy for Confucius and Aristotle".

Wang, Dade(王大德), 1996, 「牟宗三先生良知坎陷說之詮釋(An Interpretation of Mr. Mou Zongsan's Theory of Restriction of Good Knowing)」, In Lee Ming-huei(李明輝)(ed.), 『牟宗三先生與中國哲學之重建(Mr. Mou Zongsan and the Reconstruction of Chinese Philosophy)』, Taibei: Wenlu Press, 399-412.

Wang, K., 2003, "Some Possible Effects of 'Rule by Virtue' in Chinese Society Today", From http://bic.cass.cn/English/InfoShow/Arcitle_Show_Conference_Show_1.asp?ID=346&Title=The%20Roles%20of%20Values%20and%20E thics%20in%20Contemporary%20China&strNavigation=Home-%3EForu m&BigClassID=4&SmallClassID=9

Wang, Mengou(王夢鷗), 1980, 『禮記今註今譯(Book of Rites)』, Taipei: Shangwu Press.

Wang, Robin R.(ed.), 2003, *Images of Women in Chinese Thought and Culture: Writings from the Pre-Qin Period through the Song Dynasty*, Indianapolis: Hackett.

Wang, Yangming(王陽明), 1983, 『傳習錄詳註集評(Record of Practice with Detailed Annotations and Collected Commentary)』, Taipei: Xuesheng Shuju.

Wang, Yangming, 1963, (Chan, Wing-tsit, trans.) *Instructions for Practical Living*,

New York: Columbia University Press.

Wawrytko, Sandra A., 2000, "Prudery and Prurience: Historical Roots of the Confucian Conundrum Concerning Women, Sexuality, and Power", In Li Chenyang(ed.), *The Sage and the Second Sex: Confucianism, Ethics, and Gender*, Chicago: Open Court, 163-197.

Wilson, Thomas A., 1996, "The Ritual Formation of Confucian orthodoxy and the Descendants of the Sage", *Journal of Asian Studies* 55(3): 559-584.

Winston, Kenneth, 2005, "The Internal Morality of Chinese Legalism", *Singapore Journal of Legal Studies*, 313-347.

Wood, Alan T., 1995, *Limits to Autocracy: From Sung Neo-Confucianism to a Doctrine of Political Rights*, Honolulu: University of Hawaii Press.

Woodruff, Paul, 2001, *Reverence: Renewing a Forgotten Virtue*, Oxford: Oxford University Press.

Xu, Empress, 1999, "Instructions for the Inner Quarters", In William Theodore deBary & Irene Bloom(eds.), *Analects for Women*, New York: Columbia University Press, 831-836.

Xu, Fuguan(徐復觀), 1980, 『學術與政治之間(Between Scholarship and Politics)』, Taipei: Xuesheng shuju.

Xunzi(荀子), 1979, (Li Tisheng(李滌生), ed., trans.) 『荀子集釋(Xunzi, with Collected Interpretations)』, Taipei: Xuesheng Shuju.

Xunzi, 1998-1994, *Xunzi: A Translation and Study of the Complete Works*, Stanford: Stanford University Press.

Yang, Bojun, 1984, *Mengzi Yizhu*, Hong Kong: China Press, Hong Kong Branch.

Yearley, Lee H., 1990, *Mencius and Aquinas: Theories of Virtue and Conceptions of Courage*, Albany: SUNY Press.

Young, Iris Marion, 1990, "Five Faces of oppression", In *Justice and the Politics of Difference*, Princeton: Princeton University Press, 39-65.

Yu, Dan(于丹), 2006, 『于丹『论语』心得(*Yu Dan's Insights Into the Analects*)』, Beijing: Zhonghua Shuju.

Yu, Ying-Shih(余英時), 2004,「現代儒学的回顾与展望(Review of and Prospects for Contemporary Confucianism)」, In『現代儒学的回顾与展望(Review of and Prospects for Contemporary Confucianism)』, Beijing: Sanlian Shudian, 132-186.

Zhang, Feng, 2010, "The Tianxia System: World order in a Chinese Utopia", *China Heritage Quarterly* 21: 1-4.

Zhang, Shizhao(章士釗), 2000,『章士釗全集(Complete Works of Zhang Shizhao)』, Shanghai: Wenhui Chubanshe.

Zhao, Tingyang(赵汀阳), 2005,『天下体系: 世界制度哲学导论(The All-Under-Heaven System: An Introduction to the Philosophy of a World Institution)』, Nanjing: Jiangsu jiaoyu chubanshe.

Zhao, Tingyang(赵汀阳), 2006a,「"预付人权": 一种非西方的普遍人权理论 ("Credit Human Rights": A Non-Western Universal Theory of Human Rights)」, *Zhongguo Shehui Kexue* 4: 17-30.

Zhao, Tingyang(赵汀阳), 2006b, "Rethinking Empire from a Chinese Concept 'All-under-Heaven'(Tian-xia天下)", *Social Identities* 12(1): 29-41.

Zhao, Tingyang(赵汀阳), 2008, The Self and the other: An Unanswered Question in Confucian Theory, *Frontiers of Philosophy in China* 3(2): 163-176.

Zhao, Tingyang(赵汀阳), 2009a,『坏世界研究:作为第一哲学的政治哲学(Investigations of the Bad World: Political Philosophy as the First Philosophy)』, Beijing: Renmin daxue chubanshe.

Zhao, Tingyang(赵汀阳), 2009b, "A Political World Philosophy in terms of All-under-heaven(Tian-xia)", *Diogenes* 221: 5-18.

Zhao, Tingyang(赵汀阳), 2012, "All-Under-Heaven and Methodological Relationism: An old Story and New World Peace", In Fred Dallmayr and Zhao Tingyang(eds.), *Chinese Political Thought Today: Debates and Perspectives*, Lexington: University of Kentucky Press.

Zheng, Jiadong(郑家栋), 2000,『牟宗三(Mou Zongsan)』, Taibei: Dongda Tushu gongsi.

Zhu, Xi & Lu Zuqian, 1967, (Wing-tsit Chan, trans.) *Reflections on Things at Hand*,

New York: Columbia University Press.

Zhu, Xi, 1991a, (Ebrey, Patricia Buckley, trans.) *Chu Hsi's Family Rituals: A Twelfth-Century Chinese Manual for the Performance of Cappings, Weddings, Funerals, and Ancestral Rites*, Princeton: Princeton University Press.

Zhu, Xi, 1991b, (Wittenborn, Allan, trans.) *Further Reflections on Things at Hand*, Lanham: University Press of America.

옮긴이의 말

스티븐 앵글 교수는 1980년대 초 예일대학교 재학 시절 중국과 유학Confucianism에 관심을 갖고 동아시아학을 연구하기 시작했다. 그가 국내의 유학 연구자들에게 알려지기 시작한 것은 2009년에 출간한 『성인의 경지: 신유학 사상의 현대적 의미』라는 저서를 통해서다. 이 책의 서문에서 저자가 말하듯이 그는 중국 신유학의 형이상학, 윤리학, 심리학 등을 서구 현대인에게 소개하고 나아가 서양철학과 중국 신유학이 비판적 대화에 동참할 수 있는 계기를 마련하고자 했다. 다만 저자 스스로 아쉬워했던 점은 당시 신유학의 정치철학이란 주제를 명료하게 해명하지 못했고 성인sages과 정치politics가 어떻게 조화를 이룰 수 있는지 답하지 못했던 것이다. 그는 20세기 유학철학자인 대만의 석학 머우쭝싼牟宗三의 사상과 만나면서 성인과 정치, 도덕과 정치의 만남을 새롭게 사유할 실마리를 얻었다고 말한다. 『진보적 유학을 향하여』라는 책은 바로 이 물음에 대한 저자 자신의 답변이다.

앵글 교수가 소개하듯이 머우쭝싼 신유학 연구의 핵심 쟁점 중 하나는 "신외왕新外王"이라는 새로운 정치철학을 수립하는 것이다. "내성內聖"에 기반한 현대의 "새로운 정치학"으로서 신외왕은 머우쭝싼에 의하면 유학의 도덕과 만난 현대과학 그리고 민주주의 제도를 의미한다. 머우쭝싼의 신외왕론을 논평하면서 앵글 교수가 주목한 "자기규제self-restriction" 개념은 머우쭝싼이 강조한 양지良知의 "자아감함自我坎陷"을 영역한 표현이다. 저자는 머우쭝싼의 "자기규제"를 헤겔적 의미의 "자기부정self-negation(자아부정自我否定)", 즉 인식주체의 변증법적인 자기부정의 과정으로 이해한다. 머우쭝싼은 "감함坎陷"이란 표현을 『역경』64괘를 구성하는 8괘의 하나인 감坎[☵] 괘에서 가져왔다. 도덕의 근원으로서 양지 본체가 자신을 구덩이에 빠뜨리듯이 스스로 규제하고 제한한다는 의미를 표현한 말이다. 이 개념은 유학 전통에 기반한 도덕적 인식주체, 즉 양지가 자신을 스스로 부정하고 전환시킴으로써 과학적 인식주체, 정치적 판단 주체로 전화하는 능력을 가졌음을 보여주기 위해 고안된 것이다.

머우쭝싼은 전통적인 유교 국가와 현대 공산주의국가가 저지른 극단적 윤리 과잉의 태도, 즉 도덕에게 "삼켜진swallowed" 정치가 초래한 문제를 해결하는 것이 현대 신유학 정치 기획의 핵심이라 보았다. 머우쭝싼은 성인됨sagehood을 추구하는 도덕morality 없이는 정치도 존재할 수 없지만, 법과 권리, 제도 등을 포함해서 정치는 반드시 도덕으로부터 독립적이어야 한다고 믿었다. 그는 완전한 덕이라는 유학의 도덕적 이상을 실현하기 위해서 자기규제가 사실상 필수적이라고 주장한다. 성인sage은 법을 마지 못해 따르는 것이 아니라 정치적 규범과 제도에 따라 자발적으로 자신을 규제함으로써 자신의 덕을 드러낸다. 덕에 대한 통찰은 모든 이의 권리를 보장하는 객관적인 구조에 의거해서 스스로를 규제해야 한다. 오직 그럴 때만 완전한 덕의 실현도 가능하다는 말이다.

머우쭝싼의 자아감함론은 도덕 주체가 자기규제, 즉 자기를 부정함으로써 과연 도덕적 인식에서 나아가 과학적 인식을 제대로 성취할 수 있는지, 도덕 인식과 과학 인식을 온전하게 결합한 관점인지 등 여러 측면에서 지속적으로 비판받았다. 앵글 교수는 양지 본체라는 도덕 주체와 이에 대한 지적 직관에 기반한 머우쭝싼의 도덕 형이상학으로부터 일정한 거리를 두고 있다. 그래서 자신은 머우쭝싼의 형이상학 이론에서 독립해서 정치와 관련된 자기규제, 자아감함론만 가져온다는 점을 명시한다. 다만 도덕과 정치 주체를 연결하는 머우쭝싼의 신외왕론에 대해서도 만만치 않은 비판이 있었다. 앵글 교수가 인용하듯이 장칭蔣慶은 머우쭝싼이 유학 담론을 근본적으로 서양의 틀에 맞춰 변형하고 있다고 지적한다. 머우쭝싼이 말하는 이른바 "3세대" 유학이라는 것은 사실 "서양학(서학西學)"이라는 지적이 그것이다.

앵글 교수는 이 책에서 "신정치New Politics(신외왕新外王)"를 지향하는 머우쭝싼의 구상이 유학적 전통을 변형하고 확장하는 중요한 의미를 갖는다고 적극적으로 평가한다. 머우쭝싼이 서양학에 경도된 것이 아니라 칸트, 헤겔, 불교 등 다양한 지적 자원들을 동원해서 유학적인 사회윤리의 비전, 정치사상을 재편했다고 본 것이다. 앵글 교수는 정치철학에 대한 진보적 유학의 관점을 옹호하기 위해서 법, 권위, 인권, 의례, 억압, 존중의 문제에 주목한다. 법과 권위, 의례와 존중은 유학 전통에서도 논의해왔지만 인권, 권리, 억압의 문제는 본격적으로 다루어지지 않았다. 저자는 머우쭝싼의 자아감함론을 실마리로 유학의 도덕론과 현대 정치, 민주적 제도가 어떻게 만날 수 있는지 시험해본다. 그가 제시하는 진보적 유학이 천하 만물의 관점에서 인권과 권리를 포용하고, 구조적 억압을 비판하는 사회 비판적 무기로 기능할 수 있는지 따져볼 만하다.

이 책의 또 다른 미덕은 현대유학 이론가들의 다양한 관점과 최신 쟁점을 소개한 점이다. 저자는 중국 사상과 유학철학을 역사적으로 소개하는 철학사가들, 유학 부흥 운동가들을 앞서 소개한 다음 제도적 유학institutional Confucianism의 대표 사상가로 장칭에 주목한다. 2003년에 출간된 장칭의 『정치적 유학: 현대유학의 변화 방향, 특수성 그리고 발전』은 내성이 아닌 외왕의 측면에서 유학의 본질을 해명한다. 머우쭝싼과는 다른 방식으로 유학 정치의 고유성을 제도 유학으로 해명한 작품이라 할 수 있다. 저자는 머우쭝싼의 학문적 지지자들 가운데 칸트적 현대 신유학Kantian New Confucianism이라고 이름 붙일 수 있는 창조적인 경향이 있는데, 그 대표적 인물로 대만의 리밍훼이李明輝를 소개한다. 리밍훼이는 민주주의가 인간의 선한 본성을 기반으로 하며 정치적 자유는 도덕적 자유에 기초해야 한다는 관점에서 유학의 민주주의 이론을 재구성하면서 칸트철학과의 유사점을 활용한다. 한편 앵글 교수는 비판적 현대 신유학Critical New Confucianism이라고 부르는 연구 경향과 이를 대표하는 또 다른 대만 철학자 린안우林安梧의 관점에 주목한다. 린안우는 머우쭝싼의 도덕 형이상학을 비판했고, 사회정의와 정치적 책임을 강조하며 독재정치, 가부장제, 남성 우월주의 등을 비판하는 포스트모던한 사회적 유학을 지지한다. 린안우는 이러한 유학을 "시민 유학市民儒學(公民儒學)"이라고도 부른다. 앵글 교수는 점차 더 많은 관심을 받고 있는 유학의 정치철학에 대한 다른 접근으로 신고전 유학Neo-Classical Confucianism을 소개한다. 신고전주의자들은 공자, 맹자, 순자가 오늘날 살아 있다면 현대의 정치적 문제에 어떻게 답할지 직접 질문한다. 유학자들은 민주주의를 지지할까, 인권에 대해 무엇이라고 답할까? 분배정의와 자본주의에 대해서는 어떤 입장을 표명할까? 조셉 첸Joseph Chan, 바이통동白彤東, 판루이핑範瑞平 등이 모두 이 범주에 속할 수 있다. 저자가 가장 주목하며 공감하는 마지막 유학 연구의 경향은 그가 "종합적 유학 연구자들Synthetic Confucians"로 지칭하는 부류이다. 앵글 교수는 이들이 다양한 전통과 관점을 인정하면서도 이를 하나의 종합적 형식의 "유학"으로 통합하고자 시도한다고 말한다. 로저 에임스Roger Ames, 로버트 네빌Rovert Neville, 소훈 탄Sor-hoon Tan, 황위쉰黃玉順, 다니엘 벨Daniel Bell, 토머스 메츠거Thomas Metzger 등이 이 부류에 속한다. 저자는 이들과 유사한 노선에서 유학과 서양철학의 심층적 대화를 지향한다.

저자의 가장 최근 저서는 『도덕적 성장: 유학적 삶의 지침서』(2022)다. 그는 공자와 맹자, 순자, 주희와 왕수인을 중심으로 유학의 도덕적 교훈이 현대인들에게 어떤 의미를 던지는지 조명한다. 그는 유학적 성찰, 의례, 공감에 초점을 맞추며 유학이 현대인의 삶의 조화와 균형에 어떤 도움을 주는지 설명한다. 또한 저자는 최근에 『진보적 유학과 그 비평가들: 유학 심장부에서의 대화(Yutang Jin 공저, 2024)』를 비롯한 세 권의 공저에도 참여했다. 2017년부터 앵글 교수는 베이징에서 중국 현대유학 연구자들과 일련의 대화를 나누면서 유학과 현대성의 관계, 유학을 철학, 종교와 비교하는 문제, 현대유학 사상가인 캉유웨이와 머우쭝싼의 위상, 저자 자신이 "진보적 유학"이라고 부르는 것의 가능성에 대해 지속적으로 토론해왔다. 2024년의 저작들은 『진보적 유학을 향하여』에서 저자가 던진 질문과 답을 보완하는 의미를 담고 있다.

머우쭝싼을 비롯한 중국과 대만, 동아시아 지식인들이 유학의 전통과 현대 정치를 연결하기 위한 노력은 지금도 계속되고 있다. 우리는 서양의 제도로서 민주주의 그리고 권리, 인권, 자유의 문제에 유학 전통이 어떻게 답할 수 있는지 아직도 고민 중이다. "진보적 유학"으로 저자가 표방한 정치철학은 유학이 천하 만물의 권리에 기반해서 개인의 인권을 해명하고 의례와 법, 덕 정치의 조화를 구현할 수 있으며, 구조적 억압에 저항하는 유효한 무기가 될 수 있다고 주장한다. 그가 말하는 현대 정치에서 유학의 재구성은 동아시아 전통사상으로서 유학과 근대성 문제에 대한 서구 지식인의 충실한 답변이라고도 할 수 있다. 오래된 유학의 정치적 자산과 서구 근현대의 민주주의 제도 사이에서 오늘 우리는 어떤 정치적 실천과 이념을 지향하고 있을까?

 한국의 독자들이 우리의 역사, 과거를 되짚고 정치의 이상과 미래를 고민할 때 이 책이 조금이나마 도움이 되기를 바라며 옮긴이의 말을 마친다. 책의 번역을 바로잡고 교정하는 데 세심한 도움을 주신 임양희 편집장님과 강민용 편집자님께 이 자리를 빌려 감사 인사를 드린다. 그리고 이 책이 출간되어 한국 독자들에게 소개될 수 있도록 배려해주신 이학사 강동권 대표님께도 깊은 감사 말씀을 드린다.

2024년 10월
옮긴이

찾아보기

ㄱ

가정적으로 공유된 장subjunctively shared arena 206, 210
가치values 10, 15, 19-23, 25-26, 34, 37-41, 43, 46-48, 50-52, 56-62, 65-67, 72, 78-82, 87, 93, 99, 101-102, 108-112, 115, 117-118, 120-123, 134, 139-141, 145, 151-152, 157-158, 161-162, 166, 168, 170, 173-174, 177-181, 183-184, 193, 196, 198, 202-210, 212-214, 220-221, 237, 250-251, 255-256, 258-264, 270-271, 276-277, 280-281, 284
간춘송干春松Gan Chunsong 38, 271-272, 286
감함坎陷 61-64
강정일당姜靜一堂 11
강제coercion 96-97, 258, 261
개방성openness 34, 150, 163-164, 204, 238, 257, 262, 273

개인individual 9-10, 20-21, 33, 35, 49, 60, 64-65, 67-68, 71, 74, 78-79, 93-94, 102, 111, 113, 115-116, 120, 122-123, 128, 132-134, 139, 149, 152, 154-156, 158, 165, 170, 172, 176, 180, 182-183, 188, 190, 195, 201, 207-208, 215, 224, 227, 231-232, 237, 240, 243, 245, 247-249, 254, 258, 260-261, 263, 268, 270, 274, 277, 279
객관성objectivity 80
결여emptiness 94, 262
경敬 229
경외reverence 262
경쟁 논증Competitive Argument 102
경직성rigidity 261
고염무顧炎武 75, 129
공리주의 107, 213-214
공산주의 23, 40, 60, 137, 152
공자 19-20, 25-27, 116, 119, 130, 188, 191, 194, 199-200, 210, 217, 223-

224, 226-227, 241, 258, 274, 276
공자학원 25
공적인 사생활private as public 234
관용tolerance 163, 202, 278-279, 283
관점perspectives 10, 16, 44, 46-48, 53-54, 57, 64-67, 79-81, 90, 93-95, 111-114, 119-122, 136, 138, 146, 149, 159, 162-163, 169, 176-181, 183-184, 192, 195, 200, 202, 207, 214, 227, 237, 248, 252, 259, 262, 264, 273-274, 284
교화敎化 93, 152
구체적인 보편적 실재concrete universal 178
국가 기초 의회(國體院) 118
국가 완벽주의state perfectionism 277
국가 종교national religion 95, 100, 103
군자gentleman 90, 92, 99, 110, 192, 212, 224, 228-229, 244
굳건함fixity 228
궈치융郭齊勇Guo Qiyong 36-37
권리right 35, 56, 60-61, 65, 69, 71, 78, 80, 90-91, 98-99, 103-105, 113, 115-117, 123, 138-139, 141-142, 154, 157-158, 165-166, 168-181, 183-184, 216-219, 263, 270, 277-284
권리 기반right-based의 자유주의 60
권리 의식rights consciousness 284
권위authority 15, 54-56, 80, 83-86, 89-92, 94-97, 99-101, 103, 106, 110-111, 113-114, 116, 120, 135, 138, 147-150, 165, 175, 180, 195,

200, 258-259, 261, 266, 273, 286
권위 제도authority system 95
규방inner chambers 233-234, 236
규제restriction 27, 61, 63, 65, 67-68, 71, 75-76, 80, 116, 134, 188-189, 192, 269
그레이엄, 앵거스Angus C. Graham 246
기氣 31, 246
김성문 17, 216-218

ㄴ

나흠순羅欽順 128
내성內聖 35, 39, 73, 250-251
내외內外 233-234, 250
『내훈內訓』 236
널리 알리는 것publicity 142
네빌, 로버트Rovert Neville 28, 46
『논어』 26-28, 69-71, 75, 92, 95, 110, 116, 119, 147, 186-189, 194, 196-197, 200, 210, 223-226, 235, 239, 241-242, 257-258, 261, 267
논파 불가능 무오류성indefeasibility 261
누스바움, 마사Martha Nussbaum 283
능정감凌廷堪 191, 193, 195

ㄷ

다원주의Pluralism 271-276, 278-279
대리권agency 71, 91-92, 99
대인worthy 228-229, 238-239
대중masses[民] 93-94, 98-100, 103-106, 111, 113
대중 권리popular right 90

대중 주권popular sovereignty 90
대화dialogue 19, 32-33, 164-165, 204-205, 262, 273
덕
  덕 윤리 214, 227, 232, 237, 248
  덕 정치/덕의 정치virtue politics 16, 55, 125-126, 137, 140, 142-146, 148, 192
  덕-예-정치virtue-ritual-politics 271, 285
  덕이 있는 통치virtuous rule 59
  덕치德治/덕에 의한 통치rule by virtue 25, 125-126, 133, 143, 146, 148
  부과된 덕burdened virtues 249, 251-252
  예절의 덕virtue of propriety 57, 215
  자유주의의 덕liberal virtue 218
  행할 수 있는 덕doable virtue 186-187, 221
덩샤오핑鄧小平 98, 143
데리다, 자크Derrida Jacques 30
도道the Way 9, 28, 109, 131, 223-224
도덕 35, 41, 56, 60-61, 63-64, 68, 73-74, 127-128, 137, 139-141, 144-146, 149-150, 157, 164, 168, 170, 177, 183, 186, 189, 194, 228, 231, 236, 249-250
  도덕교육 53, 55, 152-153, 191, 229, 239, 255, 265, 277-278
  도덕적 개선 133, 242
  도덕적 마음[心] 61, 64, 66, 73-74

  도덕적 실재 40, 61, 278
  도덕적 운moral luck 240-242, 245-246, 254, 263, 266
  도덕적 정당화 158
  도덕적 평범성moral mediocrity 69
  선천적 도덕의식 66
  체계적인 도덕적 불운systematic bad moral luck 248, 264
  향원적 도덕鄕愿的道德 186
돌봄caring 94, 171
동중서董仲舒 267
뒤르켐 202
듀이, 존John Dewey 33, 46, 95, 194, 230
드베리, 테오도르Theodore deBary 285-286
드워킨 166
뚜웨이밍杜維明Tu Wei-ming 102, 117, 238, 272

ㄹ

락기란駱綺蘭 236
량수밍梁漱溟Liang Shuming 23-24, 143, 161
량치차오梁啓超Liang Qichao 94, 132-135, 150, 216, 284
레닌 144
로젠리, 리사Lisa Rosenlee 237-238, 258
로즈몬트, 헨리Henry Rosemont 168-169, 194
로충수羅忠恕Lo Chung-shu 167-168
롤즈, 존John Rawls 119, 181

류샤오치劉少奇 23
류수셴劉述先Liu Shuxian 272
리란펀李蘭芬Li Lanfan 145
리理/일관성Coherence 31, 61, 107-112, 114-116, 131, 177, 185, 190, 203
리밍훼이李明輝Lee Ming-huei 42-43, 49, 169-170
리쩌허우李澤厚Li Zehou 161
린, 리차드Richard Lynn 62
린안우林安梧Lin Anwu 42, 44-45, 49

ㅁ
마리탱, 자크Jacques Maritain 157-158
마샬, 카이Kai Marchal 17, 275
마오쩌둥毛澤東 23, 30, 98, 142-143, 275
마음과 본성의 학문(心性之學) 39, 269
만물일체萬物一體 10, 33
맑스 144
맑스주의 22, 31, 41, 46, 287
맹자 45, 87-95, 111, 113, 120, 147-148, 197, 199, 212, 223-224, 238, 241, 243-244
『맹자』 84, 86-87, 89-92, 95-96, 98-99, 103-106, 111, 119, 147-148, 187, 194, 197, 199, 212, 214, 224, 232, 238-239, 241-245, 254, 256, 281
머우쭝싼牟宗三Mou Zongsan 8, 15, 22, 24, 31, 34-36, 38-39, 41-44, 49-50, 54-56, 59-77, 79-81, 83, 111, 116-117, 125, 129, 134, 137-142, 148-153, 157-158, 161, 165, 168, 170, 173-180, 183-185, 191, 218, 239, 254, 269, 272-273, 277-279, 284-285
먼로, 도널드Donald Munro 92
먼로, 앤Anne Munro 16
메이어스, 다이애나Diana Meyers 265
메츠거, 토머스Thomas Metzger 47, 150, 186-187, 221, 278
『명이대방록明夷待訪錄』 129, 224
무력powerlessness 248
무력화immobilization 231, 248
문화culture 17, 25, 38-40, 47, 99-103, 118, 123, 132-134, 164, 188, 210, 233, 237, 249, 272-273, 275
　문화 제국주의cultural imperialism 248, 250
　문화 중국cultural China 102
　문화민족주의cultural nationalism 101
　문화상대주의cultural relativism 272
　문화적 식민자cultural colonizer 102
　문화주의Culturalism 271-273
민民 55, 85, 87-88, 93-95, 99, 104-106, 111, 113, 176, 180, 230, 238-239, 243-244
민심popular 99, 118
민심 정당성popular legitimacy 103
민의民意 103-104, 119-121
민족국가nation-state 154, 162, 175, 178-179
민주주의 24, 42-43, 45, 73, 76, 93, 95, 97-98, 104, 117-121, 145
　사회민주주의 41

자유민주주의 41, 96, 104-105, 117, 173, 219, 269
제헌적 민주주의constitutional democracy 53

ㅂ

바이통동白彤東Bai Tongdong 45, 51-52, 85, 119-121, 123, 273
반소惠班 236
방동수方東樹 193
배려considerateness 202
배회하는 영혼 285-286
백성民people 28, 55, 57, 85, 87-93, 99, 104, 106, 111, 113, 176, 179-180, 189, 192, 223, 230, 238-239, 243-244, 247
버스롱, 존John Berthrong 254
버스, 사라Sarah Buss 205
법 15, 35, 54-56, 60-61, 68, 80-82, 97, 117, 123, 125-130, 132-136, 138-145, 147-148, 150-153, 156, 174-176, 180-181, 185, 190, 216-220, 270, 274, 277-279, 282-284
   가짜 법적 정당화sham legal legitimation 158
   법에 의한 원칙적 통치principled rule by law 141
   법에 의한 통치rule by law 125, 133
   법의 얕은 통치thin rule of law 141
   법적 정당화 158
   법치法治/법의 통치rule of law 33, 48, 55, 80, 123, 125-126, 132, 136-137, 140-149, 216-217, 219,
221, 273, 281-283
   보조 수단 체계로서의 법law as a system of second resort 151
   비법지법非法之法 129
벨, 다니엘Daniel Bell 16, 27, 39, 45, 47, 103, 117, 120-121, 164, 210, 211
보조 수단 체계system of second resort 282
보편적 일관성天理Universal Coherence 109, 131
보호 책임Responsibility to Protect 155-156, 165, 182
본성 39, 43, 65, 80, 91-92, 170, 214, 230, 246, 258, 269
분배정의 45, 121, 264, 266-267
블럼, 아이린Irene Bloom 92-93
비역사주의ahistoricism 45
비제도적 제도anti-institutional institutions 129
비트겐슈타인 33, 148
뿌리깊은 글로벌 철학rooted global philosophy 34, 46, 273

ㅅ

사대부 여성들gentrywomen 234
사람(들)the People 28, 93, 111-116, 118, 120-122, 127, 130, 135-136, 140-142, 153, 180
사유화privatization 234
사회 비판Social Criticism 49, 57, 223, 225, 254-255, 264
사회 행동주의 249
사회적 차별social distinctions 232

사회주의 47, 72, 144, 146, 267
삼중 정당성three-fold legitimacy 118
상상력imagination 262
상제上帝 86
새로운 정치(학) 35, 269
선비(士) 229, 276
설득persuasion 96-97, 258-259
성별 232-234, 237, 240
성인 군주sage king 110, 132, 147
성인sages 11, 15, 20, 33, 60, 67-68, 76, 81, 110-112, 114, 117, 129, 135, 138-140, 148-149, 175, 189, 191-192, 199-200, 208, 223, 228-229, 236, 238, 240, 247, 254, 258, 265, 281-283
성인됨/성인의 경지sagehood 15, 20, 60, 110, 138-139, 149, 229, 258, 265
셰어, 조지George sher 278
소유小儒 229
소인小人 94, 238-239
소통communication 7, 55, 183, 202-209, 257-258, 270
손복孫復 189
송렴宋濂 236
수양cultivation/discipline 11, 23, 39, 57, 64, 71, 93, 128, 152, 195, 197, 201-202, 206, 221, 228, 237, 243, 254, 283
순자 45, 106, 127, 201, 211, 227-228, 256, 266
『순자』 92, 189, 202, 228, 266
쉬푸관徐復觀Xu Fuguan 24, 191-192

슝스리熊十力Xiong Shili 23-24
스완튼, 크리스틴Christin Swanton 113, 231-232
시민불복종 82, 142
신성sacred 99-100, 118
신외왕新外王 35
신의(信) 28, 251
신정치New Politics(新外王) 77
심리학 57, 69-70, 173, 225-226, 229, 251, 280

ㅇ

아렌트, 한나Hannah Arendt 96, 258
아리스토텔레스 31, 53, 76, 267, 283
안녕well-being 55, 94, 166, 171-172, 223
양식patterning(文) 188
양지良知 74, 76, 91
억압 없는 존중Deference without Oppression 223-268
억압oppression 54, 57, 123, 211, 225, 231-233, 235, 237-241, 246-255, 260, 263-265, 268, 284
억압의 국면들faces of oppression 260
억압적이지 않은 위계질서non-oppressive hierarchy 262
에임스, 로저Roger T. Ames 46, 93, 95, 194-195, 218
엘스타인, 데이비드David Elstein 17, 61, 118, 209
연속성 논증Continuity Argument 101-102
엽적葉適 129
영, 아이리스 매리언Iris Marion Young

248, 250
예ritual/ritual propriety 10, 46, 52, 57, 185, 187-200, 202-205, 207-216, 218-221, 223, 226-229, 257, 266, 269-271, 274-276, 280, 285, 287
　국가 의례state rituals 275, 285
　시민적 의례civic rituals 279
　의례rituals 10, 13-14, 19, 51, 53-54, 56, 58-59, 131, 185, 202, 209, 219-220, 264, 276, 279, 285
　의례적인 관계ritualistic relations 217
　의례화ritualization 32, 169, 199
　예禮 52, 56-57, 185, 188, 181, 214, 216, 220
　예 순수주의ritual purism 191
　메타적 예metarites 200
　소통으로서의 예의civility-as-communication 202, 204
　예의civility 56-57, 185-188, 201-222
　예의courtesy 196
　예절propriety 57, 185, 187, 191, 204-205, 214-216, 221, 235
예비 보조장치fallback auxiliary apparatus 169
예비/대비책fallback 170, 172
예외 사항defeater 260-264, 267
오류 가능성fallibilism 262-263, 273, 278-279
오륜五倫 232
오조吳藻 236
온건한 완벽주의moderate perfectionism

277-279
완벽주의perfectionism 277-278, 283
왕다더王大德Wang Dade 81
왕부지王夫之 44
왕안석王安石 128
왕양명王陽明 15, 32, 63, 74, 76, 130, 223-224, 240
왕정상王廷相 129
왕커핑王克平Wang Keping 145
외왕外王 73, 251
우건유吳根友Wu Genyou 37
『여논어女論語』 235
『여효경女孝經』 235
우드, 앨런Alan Wood 189
우드러프, 폴Paul Woodruff 219
우환 의식concern consciousness(憂患意識) 254
원매袁枚 236
월시, 숀Sean Walsh 17, 242, 247
위계적 우월성hierarchial superiority 96
위계질서 51, 58, 123, 211, 238, 255-257, 259-260, 262, 264, 267-268, 274
위안다오Yuandao 38
위안스카이袁世凱Yuan Shikai 132
위잉스余英時Yu Ying-shih 69, 286
위축diminishment 231
유교 서원Confucian temples 275-276, 285-286
유교儒敎 38
유단于丹Yu Dan 26-28, 69
유별(別) 232
유연한 자발성fluid spontaneity 215

유학
  비판적 현대 신유학Critical New Confucianism 43-44, 49
  선 기반good-based의 유학 60
  시민 유학市民儒學(公民儒學) 44
  신고전 유학Neo-Classical Confucianism 45, 49
  신유학철학자Neo-Confucian philosopher 107
  유학 교육 32, 39, 136, 218, 265, 276
  유학 부흥 운동가들Confucian revivalists 37, 185
  유학 사상 174, 216, 286
  유학 전통 의회(通儒院) 118
  유학 정부 97, 101
  유학 정치 153, 167, 220, 287
  유학들Confucianisms 20
  유학적 교회 275, 286-287
  유학철학/유학철학자Confucian philosophy/philosopher 13, 15-16, 21, 32-34, 37, 46, 48, 66, 87, 93, 186, 191
  재건주의 유학reconstructionist Confucianism 41, 193
  제도적 유학/제도적 유학자instituitional Confucianism/Confucian 38, 45, 49, 55, 73, 84-85, 95, 99, 118, 146, 185, 198, 269, 272-273, 275, 286
  종합적 유학 연구자Synthetic Confucians 46
  좌파적 유학 45, 47
  진보적 유학Progressive Confucianism 7, 9, 11, 19, 21-22, 36, 49-54, 56-57, 70, 74, 85, 105, 115-116, 120-124, 126, 134, 157185-186, 211, 223, 230, 253, 255, 263-264, 270, 273-277, 279-282, 284, 287
  철학으로서의 유학Confucianism-as-philosophy 29-34
  칸트적 현대 신유학Kantian New Confucianism 42
  현대 신유학comtemporary New Confucianism 42, 59, 118, 174, 269, 272, 287
  현대유학 연구자contemporary Confucians 8-9, 21, 35-48, 57, 108, 110-111, 117, 158, 165, 167, 211, 218, 240, 248, 254-255, 268
윤리
  관계적인 윤리적 성장relational ethical growth 208
  사회윤리 77
  역할 윤리role ethics 194
  유학 윤리 16, 35, 49, 52-53, 55, 62, 66, 196, 211, 214, 225, 251-252, 255, 263-264
융합convergence 53, 95, 131, 148, 270
의righteousness 89, 170
의식ceremonies 13, 129, 188, 276
이일분수理一分殊 272
이지李贄 233, 237
이구李覯 198
인人 93-94, 99

인仁 19, 52, 70-71, 89, 94, 177, 183,
    188, 196, 244, 254
인권 35, 45, 48, 54, 56, 123, 141, 153-
    159, 161, 165-175, 177-178, 181,
    183, 216, 218, 263, 270, 284
인민people 28, 101, 170
인민 의회(庶民院) 118
인의예지신仁義禮智信 236, 277
인치人治rule by man 142-143, 145-146
인하이광殷海光Yin Haiguang 137
일반의지general will 162
임윤지당任允摯堂 11

ㅈ
자기규제[자아감함自我坎陷]self-restric-
    tion 35-36, 49, 54-56, 59-83, 85,
    113, 116, 140, 152, 158, 170, 173-
    174, 178, 269-270, 279-284
자기부정self-negation(自我否定) 61-62
자기인식self-awareness 71
자기주장적인 권리self-asserting entitle-
    ment 170
자득自得 71
자오쯔양趙紫陽Zhao Ziyang 98
자오팅양趙汀陽Zhao Tingyang 17, 48,
    56, 156-157, 159-166, 173, 178-
    179, 181-183, 218
장스자오章士釗Zhang Shizhao 48, 56,
    122, 131-137, 139, 148-150, 152-
    153, 273
장재張載 190
장제스蔣介石 137
장쥔마이張君勱Zhang Junmai 23-24

장쩌민江澤民 25, 98, 143-144
장칭蔣慶Jiang Qing 9, 31, 38-43, 51,
    73-74, 76-77, 84-85, 96, 99, 118,
    120-121, 273, 275, 286
재량권(權) 194, 197
전능성omnivalenc 261
접근 가능한 약칭[간략한 표현]accessible
    shorthand 208
정도政道 83
정의justice 131, 141, 165-166, 178, 195
정이程頤 128
정치 세계의 최고 원칙 67, 80, 175
정치politics 132-140
정치사상 56, 150
정치적 가치 59-60, 67, 72, 78, 81,
    139-141, 151, 158, 178-179, 271,
    280-281
정치철학Political Philosophy 15-16, 21,
    34-36, 38, 42, 44-49, 51, 54-55, 58,
    61-62, 115, 119, 138, 159, 162, 168-
    169, 187, 226, 232, 253, 269-271, 273,
    276, 287
제도制度 126-131
젠더 10, 195, 211-212, 260
젠코, 리Leigh Jenco 17, 132-135
조신함prudery 233
조화調和 15, 25-26, 52, 58, 66, 107-
    109, 130-131, 139, 152, 166, 208,
    259, 264-265
존경respect 132, 186, 200-203, 205,
    207, 214, 259, 263, 277
존중deference 10, 51, 54, 58, 115, 170,
    181, 195, 206, 219-220, 226, 255-

찾아보기 325

264, 266-267, 274
종교 8, 14, 27, 29, 38-39, 51, 95, 100, 103, 273, 286-287
주권sovereignty 84-85, 154-156
주변화 248
『주자가례朱子家禮』 190
주희朱熹 15, 111, 113, 128, 190, 229, 258
중국식 사회주의 146
지배governance 91, 127, 130
지배의 원죄 249, 252
지지 가치supportive values 121, 262, 264-265, 273, 279
진량陳亮 129
진보적 유학progressive confucianism 7, 9, 19, 21-22, 36, 49-54, 56-57, 70, 74, 85, 115-116, 120-124, 126, 134, 185-186, 211, 223, 230, 253, 255, 263-264, 270, 273-277, 279-282, 284, 287

ㅊ

착취 248
처칠, 윈스턴 282
천天 40, 55, 84-89, 91, 98-100, 112, 106-107
천라이陳來Chen Lai 36-37
천명天命 84, 86
천밍陳明Chen Ming 9, 37-38
천부인권God-given rights 157
천하天下 48, 56, 87-88, 161-163
천하 만물 156, 159, 161-164, 166, 177-181, 183-184
천하 만물의 권리The Rights of All Under Heaven 157, 165, 174, 178, 181, 183-184
철학사가들philosophical historians 36-37
청충잉成中英Cheng Chung-ying 44
체계적인 무력화immobilization 231
첸, 조셉Joseph Chan 45, 63, 151, 169-170, 172-173, 277
첸신이陳倩儀Chan SinYee 10, 238
최대주의 57, 187-190, 192-193, 198, 200-201, 204, 207, 221
최소 수혜자 우선의 원칙 266
최소주의 187, 189-190, 197, 201, 203-205, 213, 215, 219, 221, 274, 287
추론reasoning 64-67, 78-79

ㅋ

칸트 24, 42-43, 49, 74, 76-77, 107, 158, 273, 277
칸트주의 213-214
칸트철학 42-43
칼훈, 체셔Cheshire Calhoun 201-205, 211, 213-214, 219
캉유웨이康有爲Kang Youwei 8, 95, 162
캉샤오광康曉光Kang Xiaoguang 40-42, 55, 85, 95-106, 118, 275, 286
코, 도로시Dorothy Ko 233-236, 252
쿠퍼만, 조엘Joel Kupperman 245, 247
크레딧credit 165, 218

ㅌ

탄, 소훈Sor-hoon Tan 17, 95, 116, 230, 266

탈주술화disenchanted 43
탕중강湯忠鋼Tang Zhonggang 44-45, 77
탕쥔이唐君毅Tang Junyi 16, 24, 50, 81, 191, 277-279, 283
태주학파泰州學派 240
테스만, 리사Lisa Tessman 248-249, 251-253
통치governance/rule 25, 55, 59, 91, 99, 105, 115, 125, 127, 132-133, 135-136, 138, 140-141, 143-146, 247
통합 논증Unity Argument 102-103
투과성permeability 233
특수주의particularism 171, 225, 273
티왈드, 저스틴Justin Tiwald 17, 90, 172, 280

ㅍ

판루이핑範瑞平Fan Ruiping 17, 41, 45, 146-148, 151, 170-173, 193, 198-201, 219, 272
퍼스 46
펑귀샹彭國翔Peng Guoxiang 37
펑유란馮友蘭Feng Youlan 25, 29, 31
페미니즘 238, 247, 265, 273
푸코 33

ㅎ

하버마스 44, 158
하이데거 47
함양cultivation/discipline 32, 59, 139, 145, 229, 232, 235, 240, 244, 249-251, 284

함재학 218
행위자agents 78, 104-105, 113, 171, 214, 227, 255, 263
향약鄕約village compacts 129
향원鄕愿village worthy 186-187, 221
헤겔 24, 61-62, 69, 71, 77, 175, 273
현자worthy 85, 91, 117
홀, 데이비드David Hall 93, 95, 194, 218
홍위병들Red Guards 142
화귀펑華國鋒 98
황위쉰黃玉順Huang Yushun 17, 46
황종희黃宗羲 75, 129-130, 224, 286
효孝 19, 166, 171
후스胡適Hu Shi 29
후야오방胡耀邦 98
후진타오胡錦濤 25
희생sacrifice 10, 87, 251, 261